U0548536

本书为中国教育学会教育科研重点课题“学习力与抗逆力：中学生学业发展的双螺旋机制研究”（编号：202200433101A）成果

初中生学习与发展核心问题

苏林琴　崔宇康◎著

知识产权出版社
全国百佳图书出版单位
—北京—

图书在版编目（CIP）数据

初中生学习与发展核心问题 / 苏林琴，崔宇康著. —北京：知识产权出版社，2024. 12.
ISBN 978-7-5130-9637-9

Ⅰ. G632. 46

中国国家版本馆 CIP 数据核字第 2024AE9900 号

内容简介

初中生学习和发展是基础教育领域的重点问题。本书通过定量研究探讨初中生学习与发展的核心问题，即学业压力、学习适应、学习收获和学习力、抗逆力两大内驱力的相互关系，并在此基础上进一步分析学习力在学业压力和学习收获之间、抗逆力在学业压力和学习适应之间的调节作用。本书的研究成果有助于更全面地了解初中生学习与发展的问题，更有针对性地开展相应的教育教学工作。

本书可供相关教育行政部门、教师和家长及相关研究者参考。

责任编辑：安耀东　　　　**责任印制**：孙婷婷

初中生学习与发展核心问题

CHUZHONGSHENG XUEXI YU FAZHAN HEXIN WENTI

苏林琴　崔宇康　著

出版发行：知识产权出版社有限责任公司　　**网　　址**：http://www.ipph.cn

电　　话：010－82004826　　http://www.laichushu.com

社　　址：北京市海淀区气象路 50 号院　　**邮　　编**：100081

责编电话：010－82000860 转 8534　　**责编邮箱**：anyaodong@cnipr.com

发行电话：010－82000860 转 8101　　**发行传真**：010－82000893

印　　刷：北京中献拓方科技发展有限公司　　**经　　销**：新华书店、各大网上书店及相关专业书店

开　　本：720mm×1000mm　1/16　　**印　　张**：15.5

版　　次：2024 年 12 月第 1 版　　**印　　次**：2024 年 12 月第 1 次印刷

字　　数：247 千字　　**定　　价**：96.00 元

ISBN 978-7-5130-9637-9

前 言

本书为中国教育学会教育科研重点课题“学习力与抗逆力：中学生学业发展的双螺旋机制研究”（编号：202200433101A）的研究成果。

初中生学习和发展是基础教育领域的重点问题。初中生处于个体发展的关键时期，身心发展不平衡，同时还要面对初中阶段越发沉重的课业负担，应对中高考政策的改革，承受来自父母、教师、社会期望的压力，这些可能造成初中生学业情绪消极、学习动机不足、学习适应不良等状况。学业压力过大会对学习成绩，甚至对知识、能力和价值观等方面产生负面影响。因此，初中生的学业压力、学习适应和学习收获的现状及相互关系备受关注。

抗逆力和学习力是支撑学生学习和发展的重要内在驱动力。一方面，如果学业压力得不到缓解，长期处于学习适应不良状态，面对学业压力和困境没有抗逆力支撑，学生的学业成就及心理健康可能受到极为严重的负面影响。另一方面，学习力是学生完成学业生涯必备的一项学习技能，而当前初中生完成学习任务时的毅力不足，存在学习困难、兴趣不足或容易放弃等问题，亟待关注和解决。

本书使用《中学生学业压力源问卷》《学习适应量表》《初中生学习收获问卷》《初中生学习力问卷》《儿童青少年抗逆力量表》，对北京市、浙江省等地初中生群体进行调查研究，回收问卷 2907 份，其中有效问卷 2300 份，使用 SPSS 23.0、AMOS 21.0 和 Mplus 7.0 软件对数据进行分析，利用

独立样本 T 检验、单因素方差分析、聚类分析、相关分析和回归分析等方法，探讨初中生学习与发展的核心问题——学业压力、学习适应、学习收获、学习力和抗逆力的现状、人口学差异以及两两之间的关系，并在此基础上进一步分析抗逆力在学业压力和学习适应之间、学习力在学业压力和学习收获之间的调节作用。

研究发现，初中生整体存在一定的学业压力，学习适应良好，学习收获尚可，学习力和抗逆力水平较高。初中生学业压力、学习适应、学习收获、学习力和抗逆力在性别、年级、生源地、学校所在地、是否独生子女、是否单亲家庭和父母亲文化程度等人口学变量上均存在不同程度的差异。基于抗逆力各维度的聚类分析，初中生的抗逆力包括发展型、健康型、积极型三种类型；基于学习力各维度聚类分析，初中生存在卓越型、易挫型和刻板型三种学习类型。学业压力与学习适应、学习收获呈显著负相关；学业压力与抗逆力呈显著负相关；学习力与学习收获呈显著正相关；抗逆力及各维度对学习适应有显著正向影响；学业压力与学习力呈显著负相关；学习力及各维度对学习收获有显著正向影响。控制人口学变量的影响后，结果基本一致。此外，抗逆力在学业压力和学习适应之间、学习力在学业压力与学习收获之间存在调节作用。

基于数据分析和文献研究结果，本书认为缓解初中生学业压力，提升抗逆力和学习力水平，促进学习适应，增加学习收获，需要政府、学校、社会、家庭和学生多主体共同参与。具体来说，初中生应制定合理目标，主动调整心态，明确自身学业规划，适度调整自我发展压力；利用朋辈互助学习，提升学习交流能力；学习过程中注重方法和效率，有意识强化学习策略；遇到困境调整情绪，主动求助。父母应为孩子的成长设置合理的期望值；采用积极的教养方式，主动表达爱与期望，给予适度的期望压力；创建良好的家庭氛围，减小挫折压力，提高学习坚韧性；注重方式方法的引导，考虑两性差异。学校要营造合作学习的氛围，淡化竞争压力；根据不同年级和不同类型学生的特点，提供差异化的学习指导；制定弹性学习任务和要求，缓解任务要求压力，提升学生的学习建构力；有针对性地开展心理健康教育，提升学生的抗挫折能力；多关注学生的优势而非劣势，构建抗逆力心理健康教育课程体系，帮助学生建立全面的亲社会联结。政府应优化教育资源配置，缩小城乡教育质量差距；构建社会支持系统，提升抗逆力水平；改革教育评价体制，减小外部环境给予学生的学业压力。

本书由苏林琴、崔宇康和胡秀敏共同完成，崔宇康、胡秀敏负责数据分析，苏林琴负责问卷发放、书稿统筹和校对。

囿于作者的工作能力和学术水平，本书还存在许多不足之处，期望学术界同行和广大读者不吝指正，共同促进中学生的学习与发展！

目 录

第一章　绪论 / 001

一、问题的提出 / 002

二、研究意义 / 008

三、文献综述 / 008

四、概念界定 / 052

五、研究思路和方法 / 053

第二章　初中生学习与发展核心问题研究设计 / 056

一、研究目的 / 056

二、研究内容与假设 / 057

三、研究对象 / 058

四、研究工具 / 060

第三章　初中生学习与发展核心问题现状调查 / 079

一、初中生学业压力、学习适应和学习收获的描述性分析 / 079

二、初中生学业压力、学习适应和学习收获人口学变量差异分析 / 081

三、初中生学业压力、学习适应和学习收获的结果分析与讨论 / 114

第四章　初中生学习与发展核心问题的关系 / 127
一、初中生学业压力、学习适应和学习收获的相互关系 / 127
二、初中生学业压力、学习适应和抗逆力的相关分析 / 128
三、初中生学业压力、学习收获和学习力的相关分析 / 130
四、初中生学业压力、学习适应与抗逆力的回归分析 / 131
五、初中生学业压力、学习收获和学习力的回归分析 / 150
六、初中生学习与发展核心问题的相互关系 / 168

第五章　初中生学习与发展的内驱力 / 174
一、初中生学习力和抗逆力的描述性分析 / 174
二、初中生抗逆力和学习力的人口学变量差异分析 / 175
三、初中生抗逆力和学习力结果分析与讨论 / 194
四、初中生抗逆力对学业压力和学习适应的调节作用分析 / 199
五、初中生学习力对学业压力和学习收获的调节作用分析 / 201

第六章　初中生抗逆力和学习力类型及差异 / 203
一、初中生抗逆力类型及差异分析 / 203
二、初中生学习力类型及差异分析 / 209

第七章　初中生学习与发展问题的改善建议 / 217
一、学生明确学业发展规划，提升情绪调节能力 / 217
二、家庭设置合理成长期望，给予有效心理支持 / 223
三、学校营造合作学习氛围，注重潜在能力培养 / 228
四、政府优化教育资源配置，改革教育评价体制 / 236

第一章 绪论

人才培养是一个系统工程，本应连贯的人才培养过程被划分成小学、中学与大学几个完全独立的学习阶段。2020 年 1 月，教育部印发《关于在部分高校开展基础学科招生改革试点工作的意见》，决定自 2020 年起，在部分高校开展基础学科招生改革试点（“强基计划”），取消自主招生，探索建立以统一高考为基础的多维度考核评价学生的招生模式，这也意味着大学部分人才培养需求已下移至中学阶段。中学期间所形成的抗逆力、学习力会持续影响大学期间的学习与发展。学业压力、学习适应、学习收获、抗逆力和学习力是中学生学习能力和心理健康水平的重要表征，也是中学生学习与发展的重要评价指标。

近年来中高考政策频繁变革，学生面临较大的学业压力，北京、浙江等地区是政策改革的试验区，对这些省份初中生学习情况的研究有助于及时了解情况。本书将学业压力、学习适应、学习收获作为初中生学习与发展的核心问题，将学习力与抗逆力作为初中生学习与发展的内驱力展开研究。

一、问题的提出

（一）学业压力是影响初中生学习与发展的重要因素

初中是青少年发展的关键时期，这一时期因学习内容和难度的增加、身心发育过程中个体—社会化分离等，可能给青少年造成一定的学业压力。研究发现，初中生的内在学习动机在小学、初中和高中三个学段中处于最低水平，面临更大的学业压力，学业负担最重。[1] 因此，减轻初中生学业压力成为基础教育改革的重点和难点，更是改革的核心。

1955—2021 年，教育部等部委多次就中小学生减负问题颁布专门的政策文件。如 1955 年的《关于减轻中小学生过重负担的指示》，这是新中国第一份“减负”文件。2018 年，“减负”是中国教育最重要的关键词之一，教育部等部委一年之内连发 6 个关于中小学减负的政策文件，也称“史上最严减负年”。其主要内容包括：严控作业量、严打违法校外课外培训班、严禁各类形式的“杯赛”，甚至严控小学三至六年级家庭作业不超过 60 分钟，初中家庭作业不超过 90 分钟等。尤其是 2018 年 12 月 18 日教育部等九部门联合发布的《中小学生减负措施》（也称“减负三十条”），有关中小学生减负措施有 12 条，严格校外培训机构管理有 5 条，家庭履行教育监护责任有 4 条，强化政府管理监督有 9 条；从学校、社会、家庭和政府等角度进行规范，几乎覆盖了中小学减负的全部内容。2021 年 7 月 24 日，中共中央办公厅、国务院办公厅印发的《关于进一步减轻义务教育阶段学生作业负担和校外培训负担的意见》（简称“双减”），对如何减轻义务教育阶段学生作业负担和校外培训负担做出了明确规定——“减轻学生不合理的作业负担：减少作业总量，提高作业质量，强化教师职责，减轻家长负担；同时减轻校外培训负担”，为学生彻底“减负”。

“减负”背后所隐含的问题是学生学业负担过重，学业压力过大，甚至

[1] 曲文弘，周燕. 中小学生学习力水平调查研究——以济南市为例[J]. 现代教育，2017(10)：13.

带来的心理健康问题。“减负”不一定“减压”。学业压力存在个体感知差异，同样的学习环境和压力，不同性别、家庭环境或心理健康水平不同的学生所感知到的压力也不相同。学业负担只是学生感知到的一种压力。减少课业负担，并不能降低同伴学业竞争；也不能降低父母、教师和社会的期望值；减少课外培训的“影子教育”，也难以缓解中、高考带来的无形压力。当前无论社会、学校还是家庭，对初中生的评价仍以考试分数为主，尤其是中考作为人生第一次大型升学考试，普职分流的严峻现实使得初中生在进入中学阶段就开始背负巨大的学业压力。研究显示，40%左右的中学生觉得学业压力较大，学校、家庭和学习是他们压力的主要来源，而且学业压力对学业成绩有重要影响。❶

学生长期承受过大的学业压力会造成学习倦怠，甚至会出现学习成绩下降、学习适应不良等状况，进而引发一系列心理问题。现实生活中因学业压力过大而轻易结束生命的新闻也屡见不鲜，我们在惋惜生命的同时也应该反思如何帮助初中生缓解学业压力。研究发现，学业压力不仅会降低学习效率进而影响学习成绩，而且会造成沮丧、焦虑、抑郁、自卑等负面情绪的积累，不利于学生的身心发展。❷ 学业压力已成为影响初中生最主要的生活事件❸，减轻学业压力对初中生的身心健康发展尤为重要。如何缓解初中生学业压力，让学生快乐学习、有效学习，提升学习质量，帮助学生更好地成长是当前迫切需要关注的问题。

（二）学习适应是衡量初中生学习与发展的关键指标

近年来，为完善育人方式、增强学生综合素质，全国各省份分批进行中、高考综合改革。中、高考是学生生涯最重要的考试，每一个微小的变

---

❶ 张文海，申继亮. 中学生学业压力、成就目标与学业成绩的关系研究[J]. 西南师范大学学报(社会科学版)，2006(6)：6-8.

❷ 田秀菊. 减负视角下初中生学业压力的特点与干预[J]. 教学与管理，2016(27)：80-82.

❸ 冯永辉，周爱保. 中学生生活事件、应对方式及焦虑的关系研究[J]. 心理发展与教育，2002(1)：71-74.

动都牵动着亿万学生的心，评价方式的改变也会影响学生的学习行为。以北京市为例，2020 年北京市教委发布《关于进一步推进高中阶段学校考试招生制度改革的实施意见》，采取“新中考”方案，即五选三选考制，2021 年又调整为“新新中考”方案，实行全科考试，历史与地理、生物与化学分别择优 1 门计入中考成绩。2025 年，北京市中考政策又将迎来重大调整，考试科目由 10 门减少到 6 门。考试政策的频繁变动，无疑会对学生的学习适应产生重要影响。2020 年 1 月，教育部印发《关于在部分高校开展基础学科招生改革试点工作的意见》（又称“强基计划”），决定自 2020 年起，在部分高校开展基础学科招生改革试点，取消自主招生，探索建立以统一高考为基础的多维度考核评价模式。这不仅意味着学生要面临全新的考试科目、计分方式和招生模式，也意味着大学的部分人才培养需求和要求下移至中学阶段。初中生能否迅速适应变化的政策和评价方式，已成为影响其学习与发展的关键因素。

中小学生心理素质由认知、个性和适应三个维度组成，适应是个体生存和发展必要的心理因素之一。[1] 学习适应是初中生心理适应的主要内容，学习适应不良成为中学生常见的学习心理问题。我国目前有相当比例的初中生存在不同程度的学习适应问题[2]，具体表现为学习习惯不良、学习技能缺失、学习情绪消极、学习动机不足。初中生学习适应不良的问题，不仅会影响学习成绩，阻碍学业进步，还会对心理素质的发展产生消极影响，进而产生心理问题。研究发现，学习适应是学生心理素质的重要成分[3]，学习适应的改善可以避免学业拖延[4]，进而提高学业成绩[5]，促进学生的人格发展和心理健

---

❶ 张大均，冯正直. 关于学生心理素质研究的几个问题[J]. 西南大学学报(社会科学版)，2000(3)：56-62.

❷ 张利. 中学生学习适应性及其衔接教育研究[D]. 重庆：西南大学，2007：28-31.

❸ 田澜. 我国中小学生学习适应性研究述评[J]. 心理科学，2004(2)：248-250.

❹ 罗杰，周瑗，潘运. 性别在大学生学习适应与学习倦怠关系中的调节作用[J]. 中国特殊教育，2013(6)：70-74.

❺ 朱晓斌，朱金晶. 初中生学习拖延与学习适应性学业成绩的关系[J]. 中国学校卫生，2011(10)：50-51.

康。[1] 总之，初中阶段既是个体身心成长的重要时期，也是学生学习适应发展的关键时期，应对初中生的学习适应给予更多关注。

（三）学习收获是初中生综合发展评价的重要范畴

2014 年，教育部印发《关于全面深化课程改革落实立德树人根本任务的意见》，提出“将组织研究提出各学段学生发展核心素养体系，明确学生应具备的适应终身发展和社会发展需要的必备品格和关键能力”“加快推进考试招生制度改革，注重综合考查学生发展情况”。[2] 因此，对中学生的评价应重视综合素养，尤其是能力和价值观的收获与成长应纳入培养和评价范围。2019 年 6 月，国务院办公厅发布《关于新时代推进普通高中育人方式改革的指导意见》，提到“把综合素质评价作为发展素质教育、转变育人方式的重要制度，强化其对促进学生全面发展的重要导向作用”“加强对学生理想、心理、学习、生活、生涯规划等方面指导”“适应学生全面而有个性发展的教育教学改革深入推进”等。初中是高中的前置阶段，对高中育人方式变革的要求同样应下移至初中，这样才能实现人才培养的一体化。基于人才培养一体化的考量和评价需要，单纯地考虑学习成绩容易忽视学生价值观的收获和发展，初中生正值价值观初步形成阶段，评价方式对其发展具有重要的引导作用，应以学习收获来衡量初中生的学习与发展情况。在高等教育阶段，学习收获一直用来评价学生在学习过程中认知、能力、情感和价值观等方面的综合提升。皮特（Peter）等人认为学习收获是经过一段时间的学习或者体验学习过程后，知识、能力和技能等方面的收获，包括认知收获、非认知收获等。[3]

---

[1] 宋广文. 中学生的学习适应性与其人格特征、心理健康的相关研究[J]. 心理学探新，1999(1)：44-47.

[2] 教育部. 关于全面深化课程改革落实立德树人根本任务的意见[EB/OL]. (2014-04-08)[2023-02-16]. http://old. moe. gov. cn/publicfiles/business/htmlfiles/moe/s7054/201404/xxgk_167226. html.

[3] EWELL P T. Recruitment, retention and student flow: a comprehensive approach to enrollment management research[J]. Journal of manufacturing processes, 1985(1): 32-50.

（四）抗逆力和学习力是影响初中生学习与发展的核心内驱力

抗逆力理论伴随着积极心理学思潮发展而来，面对压力有效调整、应对、适应是其核心内涵。社会各群体都会面临复杂多变的压力，而初中生处于发展的重要阶段，正值心理断乳期，既要适应身心发展伴随的自我概念、人际交往等方面的挑战，又要应对繁重学业带来的压力。这些挑战和压力是他们成长道路上必经的，如果不能积极、有效应对，没有形成抗挫折能力或者抗逆力水平较低，就不能很快地从挫折中走出并重新形成良好的适应能力，会引发一系列问题，如学习成绩下降、社交问题、心理问题等。已有研究表明，抗逆力是一种心理协调和适应能力❶，能够引领个体在恶劣环境中正确处理不利因素，创造出积极正面的结果❷；帮助学生找到应对学业困境、获得积极成长的力量与资源❸，唤起个体自尊自信，促进个体成长动力，最终协助个体走出困境。❹ 因此，提升抗逆力水平对于初中生调节学业压力具有重要意义。

近年来，学习力成为学习科学、教育技术学等多个学科关注的热点话题。《中国学生发展核心素养》总体框架指出，自主发展成为学生发展的核心要素，其具体表现之一就是学会学习。“强基计划”逐步取消自主招生，注重学生基础的多维度评价方式，这意味着大学部分人才培养需求已下移至中学阶段。“强基计划”“高中育人方式变革”“核心素养”等都对学生的学习力培养提出诉求，它不仅是学生胜任当前学习任务的决定性因素，也是在今后学业发展中获得成功的关键要素。当前初中生学习力发展不均衡，主要体现在两个方面：一是群体内部的不平衡，部分初中生缺乏学习

---

❶ 沈之菲. 抗逆力：一种重要的心理品质[J]. 思想理论教育，2010(18)：73-78.

❷ 高建忠. 青少年抗逆力的培养[J]. 中学政治教学参考，2016(6)：62-63.

❸ 韩丽丽. 学困生抗逆力风险因素与保护因素分析——基于对 266 名学困生的问卷调查[J]. 首都师范大学学报(社会科学版)，2014(6)：118-125.

❹ 田国秀，侯童. 优势取向的学校社会工作辅导路径探析——对学习困境中学生实务介入的个案研究[J]. 中国青年政治学院学报，2012(1)：138-142.

计划，学习毅力和积极性不足，对所学知识理解不深刻，“惯性”等待学习，不会主动进行知识迁移；二是学习力内部结构发展不平衡，学习力的原发层、内发层和外发层发展水平不一。❶ 初中阶段学生开始进入青春期，具有较强的可塑性，不仅是身体各方面快速成长的时期，也是智力、能力和良好习惯形成的最佳时期，是学习力发展的关键期，应采取积极的教育措施培养其学习力，促进学生的学习和发展。❷

当前部分初中生习惯在教师监督、考试压力下进行学习，自主性较差。这种被动学习会导致学业压力过大，学习适应不良，进而影响学习质量。而且在压力应对过程中，部分学生缺乏完成学习任务的毅力，遇到难题或者自己不感兴趣的知识就轻易放弃，没有充足的学习力来完成整个学业生涯。研究显示，在某种程度上评价促进和引导学生学习的意义大于教学内容的意义。这里的评价并非只是“考试”，而是用一系列全面的、多维度的方法，对学生个体的学习状况进行判断。一个适合学生发展的评价，不但可以激发学生的学习兴趣和学习动机，提高学生对学业评价的满意度，而且评价影响学生学习的质量，而学生学习的质量正逐步成为表征教育质量的重要指标。❸ 过分关注初中生学业成绩，忽视综合能力的发展和收获，可能会给学生的整体发展带来重要的影响。初中生处于人生发展的特殊阶段，身心发展极度不平衡。如果学业压力得不到有效缓解，并且长期处于学习适应不良状态，面对压力和困境没有抗逆力的支撑，初中生的学业成就及心理健康就会受到极为严重的负面影响。

学业压力、学习适应和学习收获是关系到学生学习与发展的核心问题，有必要关注其现状与问题，并探究抗逆力、学习力在学业压力、学习适应和学习收获之间的调节作用，由此提出帮助初中生缓解学业压力、促进学习适应、提高学习收获的切实可行的举措。

---

❶ 姚慧. 初一学生学习力特征例举及影响因素分析[J]. 上海教育科研,2009(2):59.

❷ 程小明. 初中数学学习力的培养探究[J]. 新课程研究,2015(1):125-126.

❸ 郭芳芳. 学生评价及其与本科生学习关系的研究[D]. 北京:清华大学,2013:2.

二、研究意义

本书通过测量初中生学业压力、学习适应与学习收获的现状，探索三者之间的相互关系及学习力、抗逆力在三者之间的调节机制，充实学生学习与发展的研究内容，丰富教育心理学有关学生学习的理论知识，为青少年发展和心理健康教育提供有效的理论参考，为中小学教育教学工作提供理论指导。

本书通过分析学业压力、学习适应、学习收获在人口学变量上的差异，找出每个变量可能的影响因素，以及三者之间相互的作用机制，尤其是通过分层回归模型分析学习力和抗逆力分别在学业压力、学习适应和学习收获之间的调节作用；在数据分析的基础上提出缓解初中生学业压力、适应学习、提高学习收获的举措，促进学生的学习与发展，也为教师的教育教学工作提供实践依据，并为学校心理健康教育提供切实的数据支撑。

三、文献综述

（一）关于学业压力的相关研究

1. 关于学业压力内涵的研究

20 世纪 30—40 年代，国外学者开始聚焦心理压力研究。拉扎勒斯（Lazarus）等将压力定义为人与无法承受的、超越应对资源并伤害其健康的环境之间的特殊关系，并主张压力取决于个体如何认识以及如何应对。[1] 学业压力的概念源于压力，目前尚无统一界定。大部分研究认为，学业压力是学习者应对外部环境所产生的一种心理感受或心理反应。如世界卫生组织认为，学业压力是学习者在学习的过程中遇到的困难所带来的担忧和焦虑的

[1] LAZARUS R S, LAUNIER R. Stress-related transactions between person and environment[M]. Berlin: Springer, 1978: 287-327.

心理反应。[1] 米斯拉（Misra）认为，学业压力是学生在面对家长和老师的期望和较难的学业任务时，自身心理产生不适的感觉。[2] 麦乔治（McGeorge）认为，学业压力是学生努力完成学习目标的过程所产生不适和紧张的感受。[3] 卡拉曼（Karaman）认为，学业压力是学生面对外界在学习中产生的一种负担和紧张的感受。[4] 维纳（Venna）等人将学业压力定义为一种与学业失败、对未来或失败的可能性所带来的挫败感有关的精神上的困扰或痛苦。[5] 康文逊（Convingtion）将学业压力视作学生实现学习目标过程中产生的消极感受。[6] 卡维斯（Carveth）则认为学业压力是学生极度渴望知识但又没有充足时间探索的矛盾冲突。[7] 普特温（Putwain）认为学业压力是学生对学业表现结果的担忧。[8]

20 世纪末，国内学者开始关于学业压力的研究。林崇德将学业压力视为学习引发的心理压力让学生感受到的紧迫和心理负担，并受环境和个体自身期望的影响，如考试和升学、父母和教师期望等。[9] 陈旭认为，学业压

---

[1] MAES M, SONG C, LIN A, et al. The effects of psychological stress on humans: increased production of pro-inflammatory cytokines and th1-like response in stress-induced anxiety[J]. Cytokine, 1998(4): 315.

[2] MISRA R, MCKEAN M, WEST S, et al. Academic stress of college students: comparison of student and faculty perceptions[J]. College student journal, 2000(2): 236.

[3] MCGEORGE E L, SAMTER W, GILLIHAN S J. Academic stress, supportive communication, and health a version of this paper was presented at the 2005 international communication association convention in new york city[J]. Communication education, 2005(4): 365.

[4] KARAMAN M A, WATSON J C. Examining associations among achievement motivation, locus of control, academic stress, and life satisfaction: a comparison of us and international undergraduate students[J]. Personality and individual differences, 2017(11): 10-11.

[5] VENNA S, GUPTA J. Some aspects of high academic stress and symptoms[J]. Journal of personality and clinical studies, 1990(1): 7-12.

[6] ATKINS M, BROWN G. Effective teaching in higher education[M]. London: Methuen & Co. Ltd., 1988: 50-93.

[7] CARVETH J A. Survival strategies for nurse-midwifery students[J]. Journal of nurse midwifery, 1996(1): 50-54.

[8] PUTWAIN D. Researching academic stress and anxiety in students: some methodological considerations[J]. British educational research journal, 2007(2): 207-219.

[9] 林崇德，杨治良，黄希庭. 心理学大辞典[M]. 上海：上海教育出版社，2003：1490.

力是当学生的学习任务超过自身学习水平，无法完成学习任务或者达不到学习要求时产生的一种不适感觉。❶ 龙安邦和范蔚等人持同样的观点，认为学业压力是当学习任务过重，学生在身体和心理上产生的不适感受。❷ 龚志慧将学业压力定义为学习者在学习过程中感受到的各学科在学业上的压力。❸ 徐嘉骏也认为学业压力是学习引起的心理负担和紧张，保持适度的学业压力可以提高学习效率。❹ 葛岩认为，学业压力是指由于学习的多方面因素，如学习任务难度、学习结果、他人期望等引起的心理压力。❺

综上所述，国内外学者对学业压力内涵的研究，或从压力源的角度，认为是学生感受到的内外部环境要求而产生的心理紧张或不适；或从学业出发，认为是为达到某种学业目标而产生的焦虑。总的来说，他们基本都认同学业压力是学生在学习过程中，感知到的内部因素和外部环境发生的矛盾和冲突，在身体和心理两方面产生的不适反应。本书关注初中生在学习生活中感知到的压力源及压力水平，将学业压力定义为学习者对超出自己应对能力或可能威胁到自身的学业内外环境要求的反应或感受。❻

2. 关于学业压力的测量学研究

国内外学者对压力的研究文献较为丰富，测量工具较多，但专门研究学业压力的量表并不多。从被试来看，大学生和高职院校学生是学业压力测量的主要群体。如多布森(Dobson) 编制的《大学生学业压力问卷》使用

---

❶ 陈旭. 中学生学业压力、应对策略及应对的心理机制研究[D]. 重庆:西南师范大学,2004:20.

❷ 龙安邦,范蔚,金心红. 中小学生学业压力的测度及归因模型构建[J]. 教育学报,2013(1):121-122.

❸ 龚志慧. 知觉到的学业压力对初中生学业自我概念、学业成就行为的影响[D]. 长春:东北师范大学,2005:9.

❹ 徐嘉骏,曹静芳,崔立中,朱鹏. 中学生学业压力问卷的初步编制[J]. 中国学校卫生,2010(1):68-69.

❺ 葛岩. 初中生学业压力与考试焦虑、自我效能及学习策略的关系研究[D]. 长春:东北师范大学,2008:7.

❻ 陈旭. 中学生学业压力、应对策略及应对的心理机制研究[D]. 重庆:西南师范大学,2004:20.

范围较广。[1] 布兰克斯坦（Blankstein）等人编制的《大学生日常烦扰量表》从生活事件出发，测量学生的学业压力。[2] 20 世纪后半叶，国内学者也开始关注学业压力的测量，着手改良和修订适合我国教育情况的量表。其中如梁宝勇、郝志红根据《大学生心理健康测评系统》的调查情况，编制《大学生心理应激量表》等。[3] 关于学业压力的测量工具大致可分为两类：一类是通过调查学生的生活事件，了解、分析学生的压力源；另一类是了解个体面临压力情境或事件时的身心反应，从压力感知的角度测量学业压力。

（1）学业压力源的测量。

压力源的测量一般从两个角度进行：一是主要从生活事件和生活适应性水平的角度考察；二是从压力反应或体验角度评估和测量压力，重点了解个体在面临压力情境或事件时的身心反应，进而考察压力感受的程度及压力源的类型。因此，对压力源的测量其实也包含压力水平测量。2004 年陈旭编制的《中学生学业压力源问卷》，共 62 个题项，采用 5 点计分，分为任务要求压力、挫折压力、竞争压力、期望压力、自我发展压力 5 个维度，量表 α 系数为 0.90，各分量表与总问卷的相关系数介于 0.62 ~ 0.88。研究发现，初中生学业压力水平呈现先下降后上升的特点，初二年级学生的学业压力最小。[4] 此后诸多研究在此问卷的基础上展开。如王勍编制的《中学生学业压力问卷》，共 27 个题项，采用 5 点计分，将学业压力分为竞争压力、环境压力、挫折压力和学习成绩压力 4 个维度，问卷 α 系数为 0.92，各因素与问卷总分中等偏高相关，信效度均符合测量学要求。研究发现，年级、学校类型和成就目标定向对中学生学业压力的 4 个维度均有显著

---

[1] DOBSON C, METCALFE R. Reliability and validity of the student stress inventory[J]. British journal of educational psychology, 1983, 53: 121-125.

[2] BLANKSTEIN K R, FLETT F L, KOFEDIN S. The brief college hassles scale: development? validation and relation with pessimism[J]. Journal of college student development, 1991, 32: 258-264.

[3] 梁宝勇，郝志红.《中国大学生心理应激量表》的编制[J]. 心理与行为研究，2005(2): 81-87.

[4] 陈旭. 中学生学业压力、应对策略及应对的心理机制研究[D]. 重庆：西南师范大学，2004: 37-44.

的预测作用。[1] 徐嘉骏从社交、教师、父母、个体自身以及学业等压力源进行考虑，编制了《中学生学业压力问卷》，包含 21 个题项，各分量表及总量表的 α 系数在 0. 63~0. 81，具有较好的信度和效度。[2] 田澜编制的《大学生学业压力感问卷》，由家庭期望、学习条件、学业前景、学业结果、学业竞争、学业氛围、学业负担 7 个分量表组成。该问卷共 42 个题项，采用 5 点计分，α 系数为 0. 94。研究发现，家庭期望是当代大学生最主要的学业压力来源，并且大学生的学业压力在是否独生子女上具有显著差异。[3]

（2）学业压力水平感知测量。

高泽拉（Gadzella）为了解大学生在校园遇到的应激事件及所做出的反应编制了《学生生活压力量表》[4]；米斯拉（Misra）等人使用此量表发现美国学生压力水平显著高于国际学生，强调了压力管理的文化差异性。[5] 恩瓦迪亚尼（Nwadiani）编制的《学业压力问卷》也用于测量大学生的学业压力感受，共 31 个题项，预测信度为 0. 92。[6] 我国学者葛岩编制了《学业压力觉知水平测量问卷》，共 13 个题项，采用 3 点计分，内部一致性系数为 0. 81，相关系数为 0. 54，信度和效度良好。该量表将学业压力分为平时压力和未来压力两个维度。平时压力即日常学习、课堂作业、学业成绩等近期事件带给学生的压力；未来压力即父母期望、中高考、未来就业等长期事件带给学生的压力。研究发现，普通初中学生的学业压力显著大于重点初中的学生。[7]

---

[1] 王勍. 成就目标定向、时间管理倾向与学业压力的相关研究[D]. 福州：福建师范大学,2008:23-29.

[2] 徐嘉骏,曹静芳,崔立中,朱鹏. 中学生学业压力问卷的初步编制[J]. 中国学校卫生,2010(1):68-69.

[3] 田澜,邓琪. 大学生学业压力感问卷的初步编制[J]. 中国行为医学科学,2007(8):753-755.

[4] GADZELLA B M. Student-life stress inventory: identification of and reactions to stressors[J]. Psychological reports,1994(2):395-402.

[5] MISRA R,CASTILLO L G. Academic stress among college students: comparison of american and international students[J]. International journal of stress management,2004(2):132-148.

[6] OFOEGBU F,NWADIANI M. Level of perceived stress among lectures in nigerian universities[J]. Journal of instructional psychology,2006(3):66-74.

[7] 葛岩. 初中生学业压力与考试焦虑、自我效能及学习策略的关系研究[D]. 长春：东北师范大学,2008:20-22.

总体来看，国外学者对大学生学业压力的测量较多，国内学者对中学生学业压力测量时以自编问卷为主，从不同的视角对学业压力源及压力感知水平进行测量。本书主要测量初中生的学业压力源及压力感知水平，综合考虑文化背景、被试年龄以及研究需求等因素，选取陈旭编制的《中学生学业压力源问卷》。

3. 关于学业压力影响因素的研究

学业压力水平存在个体主观感知差异，压力大小受到学生自身心理健康水平，家庭氛围和学校环境等因素的影响。压力的产生和感知会因内外部环境的变化而造成差异。综合来看，影响学业压力的因素主要包括个体、学校和家庭等方面。

个体因素涉及心理健康水平、性别等。学者们普遍认为学业压力与个体的心理健康水平存在较大程度的负相关，李虹[1]、李金钊[2]分别对大学生、中学生群体进行研究得出此结论。卡斯洛（Kaslow）[3]、科尔（Cole）[4]和希尔斯曼（Hilsman）[5]发现，学业压力会使学生出现抑郁情绪，我国学者李海垒和张文新的研究也验证了这一结论，并进一步发现同伴支持在学业压力和抑郁之间起一定的缓冲作用。[6]李焰的研究发现学业压力会导致中学生心理焦虑。[7]在性别对学业压力的影响这一问题上，学者们存在分歧。米斯

---

❶ 李虹，林崇德. 大学生的压力与心理健康［J］. 心理学报，2003(2)：222-230.

❷ 李金钊. 应对方式、社会支持和心理压力对中学生心理健康的影响研究［J］. 心理科学，2004(4)：213-215.

❸ KASLOW N J，REHM L P，SIEGEL A W. Social-cognitive and cognitive correlates of depression in children［J］. Journal of abnormal child psychology，1984(4)：605-620.

❹ COLE D A. Preliminary support for a competency-based model of depression in children［J］. Journal of abnormal psychology，1991(2)：181-190.

❺ HILSMAN R，GRABER J. A Test of the cognitive diathesis-stress model of depression in children：academic stressors，attributional style，perceived competence，and control［J］. Journal of personality & social psychology，1995(2)：370-380.

❻ 李海垒，张文新. 青少年的学业压力与抑郁：同伴支持的缓冲作用［J］. 中国特殊教育，2014(10)：87-91.

❼ 李焰，张世彤. 中学生特质焦虑与其影响因素的模型建构［J］. 心理学报，2002(3)：289-294.

拉（Misra）等人发现性别差异会影响学生对学业压力源的感知和反应。❶刘明艳认为学业压力在性别上有显著差异，女生的压力要大于男生❷，黄春萍❸、朱巨荣❹、车文博❺等持相同观点。田秀菊认为男生的学业压力显著高于女生❻；厉飞飞❼等人研究发现中学生的学业压力无显著的性别差异。这说明性别是否会对学业压力产生影响结论并不一致。

学校因素主要包括年级、学校班级环境以及学业成绩等。在年级对于学业压力的影响上，学者们结论不一。大部分学者认为初二学生面临的学业压力最大，如程静发现初二学生在学业压力以及挫折压力、任务要求压力维度上显著高于初一学生。❽ 林惠茹以深圳地区中学生为研究对象，发现不同年级学生的学业压力有显著差异，初二年级学生由于学习知识难度加大、作业繁重，导致学生学业压力较大，学生在初二开始出现两极分化的现象。❾ 刘在花研究发现，中学生学业压力具有先降低后上升的特点，初二学生的学业压力水平最低。❿ 李蓓蕾等人发现，重点初中的学业压力显著低

---

❶ MISRA R,MCKEAN M,RUSSO T. Academic stress of college students:comparison of student and faculty perceptions[J]. College student journal,2000(36):236-245.

❷ 刘明艳. 中学生学业压力源、学习倦怠与睡眠质量的关系及其模型建构[D]. 福州:福建师范大学,2010:43-49.

❸ 黄春萍,项海青,程彬,裘欣. 杭州市中学生心理压力影响因素分析[J]. 中国学校卫生,2006(9):47-48.

❹ 朱巨荣. 中学生学业压力、学习动机、学习自信心与学业成就的关系研究[D]. 武汉:华中师范大学,2014:19.

❺ 车文博,张林,黄冬梅. 大学生心理压力感基本特点的调查研究[J]. 应用心理学,2003(3):3-9.

❻ 田秀菊. 减负视角下初中生学业压力的特点与干预[J]. 教学与管理,2016(27):80-82.

❼ 厉飞飞,徐艳. 苏北中学生学业压力现状及与家长陪读的关系[J]. 中国健康心理学杂志,2018(11):47-48.

❽ 程静. 中学生学业压力、心理资本与心理健康的关系研究[D]. 武汉:华中师范大学,2018:23-25.

❾ 林惠茹. 深圳特区初二年级幸福课探究——以东湖中学为例[D]. 武汉:华中师范大学,2012:56-58.

❿ 刘在花. 学业压力对中学生学习投入的影响:学业韧性调节作用[J]. 中国特殊教育,2016(12):68-76.

于普通初中以及打工子弟初中的学业压力，班级环境与学生学业压力之间呈现稳定的负相关。[1] 部分学者关注了学业压力和学业成绩的关系。多林格（Dollinger）发现学业压力对于学业成绩有一定的影响[2]，林蕴博的研究验证了这一点，二者呈显著负相关。[3] 野晓航认为，适度的压力有利于学生学业成绩的提高。[4] 汤林春则发现，学生的课业负担与学业成绩并没有很大的关系，即使有，也是轻微的负相关；并且学生感觉课业负担较轻松时学业成绩最好。[5] 刘素等人也得出了相似的结论：保持较小学业压力将对青少年的学习成绩产生更积极的影响。[6] 葛岩认为师生关系、生生关系以及学业负担等会对学生的学业压力产生影响。[7] 马和民认为，学生的学业压力主要来自学校，老师布置的作业繁重加上考试所带来的不适和紧张感，会让学生产生压力。[8]

影响初中生学业压力的家庭因素有父母情感支持、父母文化程度、父母期望以及是否独生子女等。肖莉娜发现父母的情感支持可以调节学业压力。[9] 童星发现父母学历对初中生学业负担有显著正向影响[10]，厉飞飞的研究验证了这一结论，并发现父母文化程度分别对学业压力中的挫折压

---

[1] 李蓓蕾，邓林园，陈珏君，倪虹. 初中生班级环境与学业压力的关系——北京市重点、普通及打工子弟三类中校的多群组结构方程模型分析[J]. 教育学报，2017(3)：57-68.

[2] GREENING L，DOLLINGER S J. Rural adolescents' perceived personal risks for suicide[J]. Journal of youth & adolescence，1993(2)：211-217.

[3] 林蕴博. 希望特质、学业压力与学业成绩的相关研究[J]. 现代教育科学，2012(10)：72-74.

[4] 野晓航. 论初中学生学业压力与学业成绩的关系[J]. 中国教育学刊，2003(8)：47-49.

[5] 汤林春，傅禄建. 课业负担与学业成绩关系的实证研究[J]. 上海教育科研，2007(12)：32-36.

[6] 刘素. 青少年健康行为和学业压力对学习成绩的影响[J]. 中国健康教育，2019(3)：239-242.

[7] 葛岩. 中学生学业压力与考试焦虑、自我效能感及学习策略的关系研究[D]. 长春：东北师范大学，2008：21-24.

[8] 马和民. 新编教育社会学[M]. 上海：华东师范大学出版社，2002：340-346.

[9] 肖莉娜，梁淑雯，何雪松. 青少年学业压力、父母支持与精神健康[J]. 当代青年研究，2014(5)：29-34.

[10] 童星. 不同家庭背景初中生学业负担的差异分析[J]. 上海教育科研，2016(9)：32-35.

力、竞争压力有显著影响。[1] 史密斯（Smith）研究发现大学生主要压力来源于家庭过高的期望。[2] 我国学者李文道[3]、赵芳等[4]也发现父母的期望会让中学生产生学业压力。张佩调查发现，非独生子女的学业压力显著高于独生子女，特别是在竞争压力、任务要求压力、挫折压力、期望压力等维度上。[5]

赵晓旭认为生源地会对初中生学业压力产生显著影响，农村学生因教育资源等限制，会有较大的压力。[6] 王勍认为，父母的文化程度也会对学业压力产生影响，大专教育程度的父母，其孩子的压力感受低于初中以下学历父母的孩子。[7] 童星也发现父母学历对初中生学业负担有显著正向影响。[8] 张晓玲等人认为，家庭压力是初中生学业压力的主要来源之一，家长的期望会给孩子带来压力。[9]

综合来看，个体的心理健康水平、性别以及所在年级、学校班级环境和学业成绩等，都会对学生的学业压力感知水平产生影响，而父母的情感支持、文化程度、对孩子的期望以及是否独生子女等，也会在一定程度上影响学业压力水平。这些影响因素将作为本书人口学变量设计的依据。

---

❶ 厉飞飞，徐艳．苏北中学生学业压力现状及与家长陪读的关系［J］．中国健康心理杂志，2018（11）：47-48.

❷ SMITH S N. Approaches to a study of three chinese national groups［J］. British journal of educational psychology，2001（71）：429-441.

❸ 李文道，邹泓．中学生压力生活事件、人格特点对压力应对的影响［J］．心理发展与教育，2000（4）：8-13.

❹ 赵芳，赵烨烨．父母的过高期待与中学生的压力关系的研究［J］．青年研究，2005（8）：11-19.

❺ 张佩．初中生学业压力现状调查分析［J］．吉林省教育学院学报（下旬），2014（2）：84-86.

❻ 赵晓旭．初一、初二学生学业情绪和学业压力的现状、关系及对策［D］．天津：天津师范大学，2013：34-37.

❼ 王勍．中学生成就目标定向、时间管理倾向与学业压力的相关研究［D］．福州：福建师范大学，2008：47-49.

❽ 童星．不同家庭背景初中生学业负担的差异分析［J］．上海教育科研，2016（9）：32-35.

❾ 张晓玲，杜学元．中学生学业压力源的社会学分析及对策［J］．内蒙古师范大学学报（教育科学版），2005（6）：2-5.

（二）关于学习适应的相关研究

1. 关于学习适应内涵的研究

国外关于学习适应的研究，最早可以追溯到皮亚杰（Piaget）对适应的论述。他认为，适应是通过丰富或发展主体的动作以适应客体变化的过程，包括同化和顺应两个部分。[1] 学习适应不仅是通过同化和顺应达到平衡的过程，也是建构新的认知图式的过程。[2] 在此基础上，维果茨基（Vygotsky）提出个体适应学习是通过交互来实现的，即学习者和学习任务之间的交互。[3] 贝克（Baker）和希里克（Siryk）把学习适应定义为个体努力实现学习目标、积极对待学习、适应学习环境的过程。[4]

20 世纪 90 年代起，国内学者开始关注学习适应，对其概念的界定也很丰富，出现了学习适应、学习适应性、学业适应等不同的定义。学者们通常将这些名词交替使用、相互替换。部分学者从能力角度界定学习适应，如：周步成认为学习适应是学习者在学习过程中克服困难并收获成效的能力[5]；田澜认为学习适应是学生根据环境变化调节自我状态的能力[6]；徐浙宁将学习适应定义为学习者自我调节以满足学习环境要求的能力[7]；李孝更认为学习适应是个体根据自身需要及环境的变化，努力调整自我、克服困难的能力。[8] 也有学者从过程的角度定义学习适应，如林崇德认为学习适应

---

[1] 林崇德. 发展心理学[M]. 北京：人民教育出版社，2006：51-52.

[2] 陈琦，刘儒德. 当代教育心理学[M]. 北京：北京师范大学出版社，2007：36-37.

[3] 苏林琴. 适应 · 参与 · 评价 · 收获：高等院校学生发展质量评价研究[M]. 北京：人民出版社，2018：33.

[4] BAKER R W，SIRYK B. Measuring adjustment to college[J]. Journal of counseling psychology，1984(2)：179-189.

[5] 周步成. 学习适应性测验手册[S]. 上海：华东师范大学，1991：3.

[6] 田澜. 我国中小学生学习适应性研究述评[J]. 心理科学，2004(2)：502-504.

[7] 徐浙宁，郑妙晨. 国内"学习适应性"研究综述[J]. 上海教育科研，2000(5)：51-53.

[8] 李孝更. 硕士研究生学习适应性及其影响因素分析——基于江苏 6 所高校教育学研究生的实证研究[J]. 学位与研究生教育，2015(7)：44-51.

是个体调整自我与环境的关系以实现平衡的过程❶；冯廷勇将学习适应定义为学习者根据学习需要，自我调节以达到与环境平衡的过程❷；林苗苗也将学习适应看作个体为应对学习环境，进行自我调整，攻坚克难，取得较好学习成果的过程。❸

总的来看，目前对于学习适应虽没有公认的定义，但可以发现国内外关于学习适应的界定都包含三个要素：学生、学习环境以及改变。本书将学习适应定义为个体根据自身需要及环境要求，不断调整自我，取得较好学习效果的能力。

2. 关于学习适应的测量学研究

20 世纪 80 年代，国外学者开始研究学习适应的测量工具。初期，大多数学者以大学生为主，将学习适应视为适应的一部分来进行测量。帕斯卡雷拉（Pascarella）等人编制了一系列的《大学生适应性问卷》（*Institutional Intergration Scale*，IIS），并将学习适应分为学习目标、学习行为和学习效率 3 个维度。❹ 齐托（Zitow）编制的《大学生适应性水平问卷》（*The Collage Adjustment Rating Scale*，CARS），用于评估大学生对于压力事件（包括学业压力）的应对。❺ 贝克（Baker）和希里克（Siryk）编制了《大学生适应性问卷》（*The Student Adaptation To College Questionnaire*，SACQ），包括学习适应性、社会适应性、个人情绪适应性和对大学的依附性 4 个维度。该量表的内部一致性系数为 0.89~0.95，学习适应性分量表为 0.81~0.91，信度和效度良好。❻ 不过，以上量表都不是专门测量学习适应的工具，为此，西蒙（Simon）编制了《大学生反应与适应性量表》（*Test of Reaction and Adaptation To*

---

❶ 贝乐琪琪格. 汉语国际教育硕士留学生学习适应调查研究[D]. 济南：山东大学，2018：12.

❷ 冯廷勇，苏缇，胡兴旺，李红. 大学生学习适应量表的编制[J]. 心理学报，2006(5)：762-769.

❸ 林苗苗. 在港内地大学生学习适应研究[D]. 上海：华东师范大学，2016：25-26.

❹ PASCARELLA E T. College environmental influences on students' educational aspirations[J]. The journal of higher education，2016(1)：1-66.

❺ ZITOW D. The college adjustment rating scale[J]. Journal of college student personnel，1984(4)：160-164

❻ BAKER R，SIRYK B. SACQ：Student adaptation to college questionnaire manual[M]. Los Angeles：Western Psychological Services，1999：256.

Collage，TRAC)，专门用于测量大学生的学习适应性，包含50个题项，采用7点计分，并将学习适应分为信念（学习第一位、学习方法、注意）、情感（恐惧失败、焦虑、学习难度）和行为（考试准备、同伴帮助、求助教师）。各分量表的内部一致性系数均大于0.70，显示出良好的心理测量学特征。研究发现，女生在信念和行为适应上明显好于男生。❶

国内应用最广泛的学习适应量表是周步成编制的《学习适应性测验》。该量表共150个题目，采用3点计分，折半信度为0.71~0.86，重测信度为0.75~0.88，有较好的信度。其中，初中生部分包含4个分量表，分别是学习态度、学习技术、学习环境和身心健康。❷ 我国台湾学者陈英豪、李坤崇编制了《学习适应量表》，将学习适应分为学习方法、学习习惯、学习态度、学习环境和身心适应5个维度，调查对象为小学四年级至初中三年级学生。❸ 该量表共60个题项，采用4点计分，信度、效度良好，在台湾地区广泛使用。孙春晖、郑日昌对此量表在大陆地区的适用性进行了研究，发现该量表整体结构效度较好，学习环境分量表结构效度较低。❹ 冯廷勇认为，学习适应受动机、态度、能力、环境以及教学模式等因素的影响，据此编制了《大学生学习适应量表》，共29个题项，采用5点计分，各因素内部一致性系数大于0.7。研究发现，不同学科、年级、性别的学生学习适应状况存在显著差异。❺ 张宏如和李伟明编制的《大学生学习适应性量表》，共50个题项，采用5点计分，包含动机、环境、能力、身心适应和教育风格等维度，内部一致性系数为0.93，各维度之间的相关系数在0.55~0.77，具有较好的信度、效度。研究发现，大学生学习适应水平总体偏低，对学习

---

❶ SIMON L，ROLAND R. Test of reaction and adaptation in college(trac)：a new measure of learning propensity for college students[J]. Journal of educational psychology，1995(2)：293-306.

❷ 周步成.学习适应性测验手册[D].上海：华东师范大学，1991.

❸ 陈英豪，林正文，李坤崇.学习适应量表[M].台北：心理出版社有限公司，1991：1.

❹ 孙春晖，郑日昌.《学习适应量表》的验证性因素分析[J].心理学探新，2001(2)：59-64.

❺ 冯廷勇，苏缇，胡兴旺，李红.大学生学习适应量表的编制[J].心理学报，2006(5)：762-769.

环境的适应最差，其余依次为教育风格、身心健康、学习动机和学习能力。[1]

综上，国内外学者对于学习适应的测量以大学生群体居多，大陆学者基于学习适应的概念和结构编制出不同的量表，如周步成将学习适应分为学习态度、学习环境、学习技术和身心健康；冯廷勇将学习适应分为学习动机、教学模式、学习能力、学习态度、学习环境5个维度；张宏如则认为学习适应还包括教育风格适应。台湾学者陈英豪编制的《学习适应量表》包括学习方法、学习习惯、学习态度、学习环境和身心适应5个维度，在台湾地区广泛使用，也有学者对其在大陆地区的适应性进行研究，发现拟合性良好，可以推广到大陆地区使用。该量表维度设置合理、全面，题量适中，囊括学习生活的方方面面，是一套可以迅速、有效了解初中生学习适应水平的工具，本书用其作为测量学习适应的工具。

3. 关于学习适应影响因素的研究

目前，国内关于学习适应的研究大都聚焦在大学新生、少数民族、流动人口子女、寄宿生及听障生等特定人群。对于初中生群体学习适应的研究相对较少，影响因素主要涉及个体、学校、家庭等。

影响初中生学习适应的个体因素有性别、人格特征、自我效能感和心理健康水平等。王鹏[2]、谭荣波[3]、姚茹[4]等人发现，女生的学习适应显著优于男生。聂衍刚进一步发现，女生在学习适应的学习动机、学习方法、学校环境、家庭环境以及学习期望等维度上优于男生。[5] 白晋荣[6]、王惠萍[7]的研

[1] 张宏如,李伟明. 大学生学习适应性现状研究[J]. 江苏工业学院学报(社会科学版),2006(2):66-68.

[2] 王鹏. 中学生学习适应性与学业自我效能感关系的研究[D]. 长春:东北师范大学,2012:12-13.

[3] 谭荣波. 初一学生学习适应性的回归分析[J]. 现代教育科学,2009(6):26-27.

[4] 姚茹. 中小学学困生学习心理发展现状及教育对策研究[J]. 中国特殊教育,2014(1):90-96.

[5] 聂衍刚,郑雪,张卫. 中学生学习适应性状况的研究[J]. 心理发展与教育,2004(1):23-28.

[6] 白晋荣,刘桂文,郭雪梅. 中学生学习适应性的研究[J]. 心理科学进展,1997(2):61-64.

[7] 王惠萍,李克信,时建朴. 农村初中生学习适应性发展的研究[J]. 应用心理学,1998(1):49-54.

究则发现农村男中学生的学习适应更差。哈特（Harter）等人的研究指出，女生因为容易受到外界评价的干扰，在青春期会体会到更多的心理矛盾冲突，而男生则较少有这种现象，性格差异会使男女生对待学习任务和学习内容的侧重点不同，进而造成学习适应性的差异。[1] 德西雷（Desiree）发现在移民学生群体中，学习适应具有显著的性别差异。移民学生中的女生学业成绩更好，受到更高的关注和期望，也更易得到来自同伴、教师的支持与保护。[2] 切梅尔姆（Chemers）研究发现，自我效能感对学习适应性有显著正向预测作用。[3] 我国学者石常秀[4]、施跃健[5]的研究也验证了这一结论。宋广文发现学习适应与人格特征有关。[6] 文芳进一步研究发现主动性人格与学习适应性显著正相关[7]，王伟[8]、马素红[9]和李芳婕[10]对大学生的研究也验证了这一结论。学者们也关注初中生学习适应对心理健康的影响，宋广文

---

❶ HARTER S. The self-perception profile for children [J]. Journal of educational psychology, 1985 (27): 52-61.

❷ QIN - HILLIARD D B. Gendered expectations and gendered experiences: immigrant students' adaptation in schools[J]. New directions for student leadership, 2003(100): 91-109.

❸ CHEMERS M M, GARCIA B F. Academic self-efficiency and first college student performance and adjustment[J]. Journal of educational psychology, 2001(1): 55-64.

❹ 石常秀. 初中生学习适应性、学习自我效能感与学业成绩研究[J]. 中国科技信息, 2007(2): 212-213.

❺ 施跃健. 中职生学习自我效能感及其与学习适应性的关系[J]. 中国学校卫生, 2007(6): 515-516.

❻ 宋广文. 中学生的学习适应性与其人格特征、心理健康的相关研究[J]. 心理学探新, 1999(1): 44-47.

❼ 文芳. 中学生主动性人格的特点及其与学习适应性之间的相关研究[J]. 教育测量与评价, 2014(11): 41-46.

❽ 王伟, 雷雳, 王兴超. 大学生主动性人格对学业成绩的影响: 学业自我效能感和学习适应的中介作用[J]. 心理发展与教育, 2016(5): 579-586.

❾ 马素红. 主动性人格与大一新生学校适应的关系[J]. 中国健康心理学杂志, 2017(5): 751-754.

❿ 李方婕. 大学新生学习适应与主动性人格的关系: 未来取向与学习投入的中介作用[D]. 郑州: 河南大学, 2018: 41-44.

发现二者呈正相关[1]，随后于华林[2]的研究验证了这一结论。但罗峥等人发现，学习适应和心理健康水平呈倒 U 形曲线相关，学生的学习适应处于中间水平时，心理健康水平反而差。[3]

影响初中生学习适应的学校因素涉及年级、学业成绩、师生关系等。关于年级对学习适应的影响，学者们的研究结论并不一致。张承芬发现，学习适应随年级升高有上升趋势但差异不显著[4]，田澜等人选取济南市初二、高一的学生进行对比研究也验证了这一结论。[5] 钱明则发现，初二学生的学习适应水平总体来说最好，学习适应随年级的增长先上升后下降[6]，这与隋光远[7]等人的研究结论一致。但卢辉[8]、嵩钰佳[9]等发现整个初中阶段学生的总体学习适应水平呈现一种下降的趋势，这与刘晓陵[10]、白晋荣[11]等人的研究结果相吻合。部分学者关注学习适应与学习成绩的关系，戴育红发现中学生的学习适应发展水平与学习成绩水平是相辅相成的，两者存在着极其显著的

---

❶ 宋广文. 中学生的学习适应性与其人格特征、心理健康的相关研究[J]. 心理学探新,1999(1):44-47.

❷ 凌辉. 中学生学习适应性与心理健康状况的相关研究[J]. 中国临床心理学杂志,2002(4):296-297.

❸ 罗峥,贾奇隆,舒悦,王陆. 信息化教学环境下学生学习适应与心理健康的关系——基于潜在剖面分析[J]. 中国远程教育,2018(2):37-43.

❹ 张承芬,张金宝. 关于中学生学习适应性的调查分析[J]. 当代教育科学,2000(1):60-61.

❺ 田澜,肖方明,陶文萍. 关于中小学生学习适应性的研究[J]. 宁波大学学报,2002(1):41-44.

❻ 钱明. 初中生自我概念与学习适应之间的关系研究[J]. 教育测量与评价(理论版),2012(3):38-41.

❼ 隋光远,李晶. 初中优生和差生学习适应性的比较研究[J]. 心理科学,2004(3):643-646.

❽ 卢辉. 初中生学习适应性与学习成绩的相关研究[D]. 上海:华东师范大学,2015:19-24.

❾ 嵩钰佳,常义,马世超,商庆龙. 县镇初中生家庭教养方式与学习适应的关系[J]. 现代中小学教育,2014(6):70-72.

❿ 刘晓陵,方优游,金瑜. 中小学生学习适应的调查研究——以上海 H 区为例[J]. 基础教育,2019(2):56-63.

⓫ 白晋荣,刘桂文,郭雪梅. 中学生学习适应性的研究[J]. 心理科学进展,1997(2):61-64.

依存关系。[1] 随后刘玥[2]的研究验证了这一结论，发现学习适应对学业成绩具有显著的正向预测作用。莱因蒂斯（Rienties）也发现，学习适应顺利的学生往往表现出更好的学习成绩。[3] 桑德拉（Sondra）等人发现，师生关系是影响学生学习适应的重要因素，和谐的师生关系可以使孩子亲近老师，从而拥有良好的学习适应[4]，这与鲍比（Bowlby）[5] 的研究结论相吻合。我国学者李晓东等人也得出了类似的结论。[6]

影响学习适应的家庭因素主要有家庭环境、家庭结构、父母文化程度等。王淑英发现，家庭环境因素中亲密度、知识性、组织性三个维度均与学习适应呈显著正相关，而矛盾性则与学习适应呈显著负相关。[7] 王丹、杨广学研究发现，家庭亲密度的提高能带动学习适应性的提高。[8] 林国珍等人研究发现，良好的家庭结构对智力正常的青少年来说，可以减少青少年的学习困难行为。[9] 谭荣波关注初一学生的学习适应性，并发现非独生子女的学习适应性明显优于独生子女。[10] 关于父母文化程度对初中生学习适应的影响，学者们得出了截然不同的结论：陈锦认为父母的文化水平与初中生的

❶ 戴育红. 中学生学习适应性的研究[J]. 教育导刊,1997(11):24-26.

❷ 刘玥,刘红云,游晓锋. 初一学生学习适应性对学业成绩的调节作用[J]. 基础教育,2015(4):93-104.

❸ RIENTIES B,BEAUSAERT S,GROHNERT T. Understanding academic performance of international students:the role of ethnicity,academic and social integration[J]. Higher education,2012(6):685-700.

❹ SONDRA HB,GARY WL. The teacher-child relationship and children' s early school adjustment[J]. Journal of school psychology,1997(1):61-79.

❺ BOWLBY. Continuity Relationships:Link' s with change in the quality of teacher-children' s early school adjustment[J]. Child development,1996(1):80-102.

❻ 李晓东,聂尤彦,林崇德. 初中二年级学生学习困难、人际关系、自我接纳对心理健康的影响[J]. 心理发展与教育,2002(2):68-73.

❼ 王淑英. 初中生学习适应性与家庭环境、自我控制的关系[D]. 济南:山东师范大学,2018:27-28.

❽ 王丹,杨广学. 青少年情绪—行为问题、家庭功能及其关系的研究[J]. 中国特殊教育,2011(3):52-56.

❾ 林国珍,李娜,金武官. 青少年学习困难相关心理因素分析[J]. 上海精神医学,2005(6):328-330.

❿ 谭荣波. 初一学生学习适应性的回归分析[J]. 现代教育科学,2009(6):26-27.

学习适应性显著相关，父亲的影响更为明显❶；谢西金却发现父母学历、父母职业类型和家庭经济状况等因素对初中生学习适应无显著影响。❷

综上所述，影响初中生学习适应的个体因素有性别、人格特征、自我效能感和心理健康水平等，学校因素包括年级、学业成绩、师生关系等，家庭因素主要有家庭环境、家庭结构、父母文化程度等，这些都将作为本书人口学变量设计的参考因素。

（三）关于学习收获的相关研究

1. 关于学习收获内涵的研究

学习收获（Learning Outcomes）由教育目标发展而来，是衡量学习效益大小和教育产出高低的重要指标。对于学习收获的研究主要集中在高等教育领域，美国高等教育认证委员会（Council for Higher Education Accreditation，CHEA）认为，学生的学习收获是指受教育者个人与学校提供的教育活动或环境进行互动后，或者说，受教育者接受一定时间的学习后，其知识、能力和技能等方面的增长。❸ 帕斯卡累拉（Pascarella）等人认为，学习收获是学习者在学习过程中知识、技能和观念上取得收益。❹ 鲍恩（Bowen）认为，学习收获包括认知学习、实践能力及情感道德发展三方面的内容。❺ 阿斯汀（Astin）认为，学习收获是学生在一定的学习经历之后获得的特定知

---

❶ 陈锦.上海市初中生学习适应性的调查[J].中国组织工程研究,2007(52):180-182.

❷ 谢西金.家庭背景对初中生学习适应性影响的实证研究[J].上海教育科研,2008(5):34-35.

❸ CHEA. Statement of mutual responsibilities for student learning outcomes: accreditation, institutions and programs[R]. Council for Higer Education Accreditation, 2003:5.

❹ PASCARELLA E T, TERENZINI P T. How college affects students: a third decade of research[M]. San Francisco: Jossey-Bass, 2005:37-45.

❺ BOWEN H. Investment in learning: the individual and social value of american higher education[M]. San Francisco: Jossey-Bass, 1977:461-492.

识、技能，包括认知收获及情感收获。❶ 皮特认为，学习收获是指学生参与一系列学习体验后，在知识、技能、能力等方面的收获，根据不同的标准，分为认知和非认知收获，心理和行为收获。❷ 国内有学者将学习收获分为认知能力收获和非认知能力收获，认知能力包括口头表达、写作、分析、推理、问题解决等方面的能力，以及专业知识和专业技能的发展；非认知能力包括价值观、自我认同感、人际关系、道德等方面的发展。❸

学界也有用学习成果、学习成绩、学业成就等概念表示学生的学习发展情况。欧文（Owen）认为，以学生学习和个人发展为核心取得的成果，就是学习成果。对学习成果的评估模型主要有成果导向评估模型、能力导向评估模型、绩效指标评估模型和电子档案评估模型，可以通过选择合适的评估工具、设计评估程序、收集、分析、解释学生的学习和个人发展的成果。❹ 彭正梅认为，学习成绩是指学生对学科知识的认知结果，以学科考试成绩或标准测验成绩作为产出指标。❺ 郑日昌认为，经过教学或训练所获得的知识和技能即为学业成就，所得成就是在相对一个范围内的学习成果。❻ 张连云认为，在学习领域学生掌握的知识技能或成绩水平就是学业成就，应当在日常教育中帮助学生提升水平。❼ 可见这几个概念之间存在重叠和相互替换的情况。

从已有文献来看，学习收获、学习成果、学习成绩和学业成就都关注

---

❶ ASTIN A W. Assessment for Excellence:The philosophy and practice of assessment and evaluation in higher education[M]. Washington DC:Rowman & little field publishers,2012:134-156.

❷ EWELL P T. Assessing educational outcomes[J]. Journal of the american college of cardiology,1998,31(2):234.

❸ 郭林彬. 基于学习收获的大学生发展研究[D]. 北京:北京工业大学,2014:29-30.

❹ BORITZ J E,CARNAGHAN C A. Competency-based education and assessment for the accounting profession:a critical review[J]. Accounting perspectives,2014,2(1):7-42.

❺ 本纳,彭正梅. 超越知识取向的投入控制和能力取向的产出控制:论经验、学习和教学之间的关系[J]. 教育学报,2009(1):33-48.

❻ 郑日昌. 心理测量[M]. 长沙:湖南教育出版社,1987:288.

❼ 张连云. 小学儿童亲子依恋、教师接纳、同伴接纳、学业成就与孤独感的关系[D]. 贵阳:贵州师范大学,2007:11-13.

学生在学习过程中的所得，学习成绩侧重于学科知识的学习结果，学习成果除了对知识的关注，还考察学习过程中学生技能的发展。学业成就虽然也考察学生知识和技能的发展，但相比学习成果有明确的范围，是指个体学业领域。学习收获相较于其他概念，还注重学生价值观的发展，更加全面。当前对于中学生的评价不应只关心学习成绩，应更加注重各方面素质的综合发展。虽然我国在基础教育领域对学生学习收获的研究还相对较少，目前仍在不断探索，但从国家政策趋势以及学生发展需求来看，用综合的学习收获来评价中学生的学习与发展已是势在必行。综合前人理论，本书认为，学习收获是学生在学习过程中，在认知、能力和价值观方面所取得的可测量、可感知的发展。

2. 关于学习收获的测量学研究

在高等教育领域，对大学生学习收获的测量主要采取标准化测试、自陈式量表、课业考试成绩等，其中标准化测试与自陈式量表较为常见。如美国通过标准化测验评估大学生的学习情况。标准化测验是把大学生的学习成果数量化，大学生学习评估（the Collegiate Learning Assessment，CLA）是其中代表之一。CLA 在一定文章或数量数据的基础上，采取问卷形式，问卷由受过训练的阅卷人员进行评阅，依据这个结果来评价学生的阅读理解能力、文字表达能力和批判性思维能力等。特别值得注意的是，CLA 不是在某一时间点进行的测量，而是注重大学教育带给学生的附加价值，因此在大学的第一个学年和最终学年进行测量。同时，与其说这种测验是考察个别学生的学习成绩，不如说它是以高校整体学习成绩作为测量对象和目标。经济合作与发展组织在美国标准化测验研究的基础上，研制出《高等教育学习收获评估》，就是以自我报告的形式对学生进行全面调查，根据学生发展的自我评价，对学生的学习收获情况进行判断。[1] 比较有代表性的调查工具还有印第安纳大学开发的“全国大学生学习性投入调查”（National Survey of Student Engagement，NSSE）。2009 年，清华大学教育研究院引

[1] 李湘萍，周作宇，梁显平. 增值评价与高等教育质量保障研究：理论与方法述评[J]. 清华大学教育研究，2013(4)：40-45.

进了 NSSE 工具并进行汉化修订，编制了《中国大学生学习与发展追踪调查问卷》（*China College Student Survey*，CCSS）。目前 CCSS 团队每年均对问卷的信度和效度进行分析，数据显示问卷的 α 系数平均都在 0.8 以上，具有较好的信度和效度，并且 CCSS 也构建了全国常模，在反复试测后发现研究结果具有科学性，可以广泛推广。❶ 也有一些学者关注学习成绩或学业成就方面的研究，如陈权通过必修课的成绩衡量大学生的学业成就，通过比较学分绩点，反映学生学习的好坏，随机抽取了江苏大学 596 名学生。学业成绩来源于高校的教务系统，信息真实可靠。研究发现，大学生情绪智力会影响学生的学业成绩。❷ 赵川平主要从教师视角来研究学生所需获取的学习成果，采用定性分析方法评价学生的学习成果，对美国工程标准（Engering Criteria 2000，EC200）的 11 项学习成果及其分类属性进行研究，注重对学生职业能力和学业方面的评价。❸

基础教育领域，国内外学者更多关注学生的学业成就，常常用两种方法来测量：总平均成绩和标准化成就测验。文特尔（Wentzel）在测量基础教育阶段学生学业成就时，从阅读、语言艺术、数学、科学和历史几个方面出发，收集学生的平均学年成绩。❹ 马利基（Malecki）在学业成就的测量上采用学习能力倾向测验（Scholastic Aptitude Test，SAT）。SAT 是具备教育经验的教师和专门从事研究的人员共同开发的一种测量成绩的工具，虽然较为客观，但受操作等因素影响，使用受限。国内学者主要是以初中生的各学科成绩为依据，作为评价学业成绩和学业成就的标准。魏翠翠在教师期望对初中生学业成就的研究中，考虑到教师在实际教学中可能会因为主科和副科有区分对待，选取不同地区各一所中学 592 人进行调查，将三个主

---

❶ 韩晓玲. 基于 NSSE-CHINA 的大学生学习投入影响因素分析[D]. 南京：南京邮电大学，2014：43-46.

❷ 陈权. 情绪智力与大学生成就动机、社会成就及心理健康的关系研究[D]. 南京：南京医科大学，2007：13-14.

❸ 赵川平. 重视学生学习成果研究提升高等工程教育质量[J]. 中国高教研究，2009(7)：90-91.

❹ WENTZEL，K R. Does being good make the grade social behavior and academic competence in middle school[J]. Journal of educational psychology，1993，85(2)：357-364.

科期末成绩转化为标准分，进行相加求和作为标准，可以清楚反映学生的学习情况，发现较高的成就动机对学业成就有促进作用。[1] 赵红霞选取克拉玛依市教育局统一组织的初一、初二年级的统一命题的语文、数学、英语三门课的考试成绩，抽取 14 所中学 6000 余名学生。在数据处理时，为保证数据可信度，分别将语文、数学、英语三门课的原始成绩转化为标准分，之后再将这三门课的标准分相加计算总分，得出学校文化会影响学生的学业成绩。[2]

综上，目前基础教育领域尚没有成熟的学习收获量表，本书结合阿斯汀的学生发展理论，参考刘在花等编制的《中学生学习投入问卷》以及清华大学 CCSS 调查问卷中大学生学习收获的内容，采用李克特 4 点计分，编制《中学生学习收获问卷》，分为知识收获、能力收获和价值观收获 3 个指标进行考察。

3. 关于学习收获影响因素的相关研究

综合来看，影响学生学习收获的因素主要有个体因素、学校和家庭因素。

个体因素主要分为心理因素和生理因素两类。罗德尔（Roedel）等人的研究表明，有强烈目标定向的大学生学习成就高于目标定向较弱的大学生。[3] 巴顿（Button）选择在校的心理学系大学生进行调查研究，得出平均学分绩点（Grade Point Average，GPA）与学习目标定向是正相关关系，但是成绩目标定向与 GPA 却没有显著正相关。[4] 宾特里奇（Pintrich）等人调查了各动机成分在课堂学习中与自主学习及学业成就的关系，结果表明，

[1] 魏翠翠. 教师期望对初中生学业成就、创造力的影响[D]. 济南：山东师范大学，2008：24-26.

[2] 赵红霞. 影响初中生学业成绩差异的机制研究——回归分析模型的探讨[D]. 上海：华东师范大学，2011：39-43.

[3] WOLTERS，C A. Understanding procrastination from a self-regulated learning perspective[J]. Journal of educational psychology，2003(1)：179-187.

[4] BUTTON B S，MATHIEU J E，ZAJAC D M. Goal orientation in organizational research：a conceptual and empirical foundation. [J]. Organizational behavior & human decision processes，1996(1)：26-48.

掌握目标倾向与策略的应用及学习成就有显著的正相关。[1] 除了心理因素，有学者认为生理因素对学习收获也有很大影响。孙睿君研究发现，大学生学业成就存在显著的性别和专业差异，主要表现为女生在学习成绩、获奖情况等方面优于男生，不同专业学生的学习成绩相差较大。[2] 王宇在对上海市中学生的调查发现，性别对学业成绩影响很大，不同学科的比较发现，女生整体的学业成绩要好于男生。[3]

学校和家庭是影响学生学习收获的重要因素。学校因素包括教师期望和课堂学习环境，家庭因素包括家庭收入、家庭背景和家长关注。布罗菲（Brophy）认为，教师的期望会影响学生的成绩，通过对教师对待不同学生成绩的实验发现，教师态度在不同学生之间发生变化，他们会给高分组学生更多提示。[4] 埃利亚斯（Elias）的研究表明，性别和种族差异没有教师期望对学生的成就影响大。教师期望出现高低分时，会使学生的成绩在一个合理范围内浮动。[5] 唐浩霖认为，课堂学习环境会影响学生的学习收获，课上活动多会提高学生对于知识的理解，从而提高学习收获。[6] 高耀等人研究发现，大学生学习成绩受家庭经济状况的影响，高收入家庭的学生成绩比低收入家庭的学生更加优秀。[7] 郭俊等研究家庭背景对大学生学业表现的影响时发现，家庭经济收入对大学生挂科门次、课程出勤率均有显著影响。[8] 李德亮在比较寄宿和走读两类高中生的学业成绩和心理健康状况时发现，

---

[1] PINTRICH P R. Motivation and classroom learning[M]. New York: John Wiley & Sons, Inc., 2003: 103-122.

[2] 孙睿君，沈若萌，管浏斯. 大学生学习成效的影响因素研究[J]. 国家教育行政学院学报，2012(9): 65-71.

[3] 王宇. 上海市中学生学业成绩特征及影响因素的研究[D]. 上海：华东师范大学，2008: 31-36.

[4] GOOD T L. Research on teacher expectations[J]. Ability grouping, 1984. 42-83.

[5] WEINSTEIN R S. Reaching higher: the power of expectations in school.[M]. Cambridge: Harvard University Press, 2002: 44-60.

[6] 唐浩霖. 工科大学生学习收获的实证研究[D]. 北京：北京理工大学，2015: 43-46.

[7] 高耀，刘志民，方鹏. 家庭资本对大学生在校学业表现影响研究——基于江苏省20所高校的调研数据[J]. 高教探索，2011(1): 137-143.

[8] 郭俊，李凯，张璐帆，马颖. 家庭背景对大学生学业表现影响的实证研究[J]. 教育学术月刊，2012(8): 29-34.

学生未学会独立会使适应力变差，独立时间早的学生更能适应高中的寄宿生活，是否寄宿对高中生的学业成绩有显著影响。❶ 王士雷在研究影响高中生学业成就的因素时发现，缺少家长关注的学生普遍会有低落情绪，主观幸福感偏低，会影响学生的学业成就。❷

综上所述，性别、专业、成就目标、教师期望、课堂学习环境以及家庭背景和经济收入状况等，都会对学生的成绩或收获产生影响。本书将综合考虑上述影响因素，选取对学业压力、学习适应和学习收获具有共性影响的人口学变量。

（四）关于抗逆力的相关研究

1. 关于抗逆力内涵的研究

Resilience 起源于美国，其动词形式 resile 源于拉丁语 resilire，有“弹回”“恢复原状”的含义。由于语言和文化背景的差异，我国对于 Resilience 的译法至今尚未统一，台湾学者称之为“复原力”，香港学者称之为“压弹”❸，大陆学者称之为“心理弹性”❹“韧性”❺“抗逆力”❻ 等，叫法不一。其中“抗逆力”的翻译更加形象具体，既能体现其以个体能力为核心的本质，又包含了个体从逆境中得到恢复和发展的含义。本书采用“抗逆力”作为 Resilience 的翻译，在使用过程中，其与心理韧性、心理弹性、复原力等含义相近，可交叉使用。

---

❶ 李德亮.寄宿和走读高中生学业成绩及心理健康状况比较研究——山东省实验中学为个案[D].济南:山东师范大学,2007:41-46.

❷ 王士雷.高中生主观幸福感对学业成就影响的研究[D].长春:东北师范大学,2008:27-31.

❸ 岳晓东.压弹:大学生心理素质培养的新方向[C].第八届高校心理健康与心理咨询学术交流会论文集,2004:105-114.

❹ 席居哲,桑标.心理弹性(Resilience)研究综述[J].健康心理学杂志,2002(4):314-316.

❺ 于肖楠,张建新.韧性(Resilience)——在压力下复原和成长的心理机制[J].心理科学进展,2005(5):658-665.

❻ 范燕宁.抗逆力在青少年成长过程中的两面性特点[J].中国青年研究,2006(11):10-12.

20世纪70年代中期，加梅齐（Garmezy）发现抗逆力对心理健康的巨大作用。❶ 安东尼（Anthony）发现，父母精神异常的儿童也能拥有较强的适应能力和健康的心理水平，并把这些儿童称为“适应良好的儿童”（Invulnerable Children）。❷ 至今，抗逆力也没有统一的科学定义。部分学者将抗逆力视作个体所具有的能力、特质，如加梅齐指出，抗逆力的核心是个体恢复到经历应激事件之前的良好状态的能力。❸ 拉扎勒斯（Lazarus）将抗逆力看作个体从消极经历中恢复过来，并且灵活适应外界多变环境的能力。❹ 诺曼（Norman）将抗逆力视作个体即使处于不利情况下也能迅速适应的能力。❺ 马克斯特姆（Markstrom）认为，抗逆力是即使遭遇不幸也能克服、适应、成长的能力。❻ 沃纳（Werner）认为，抗逆力是使个体在困境中能力不受损害的个性品质，是脆弱性和危险因素的积极平衡。❼ 有学者把抗逆力看作动态的发展过程，如拉特（Rutter）指出，抗逆力是面对困境或创伤事件的反应，是应对危机的过程，而非个体单一不变的固定特质。❽ 卢塔尔（Luthar）和贝克尔（Becker）认为，抗逆力是个体即使经历了显著的逆境，也能成功地维持正向适应的动力运作现象。❾ 美国心理学会将抗逆力定

❶ 库图，李士兴. 有一种力量叫复原力[J]. 哈佛商业评论，2003(7):50-57.

❷ ANTHONY E J E, COHLER B J E. The invulnerable child. [M]. New York: Guilford Publications Inc. 1987:124.

❸ GARMEZY N. Children in poverty: resilience despite risk[J]. Psychiatry-interpersonal & biological processes, 1993(1):127-136.

❹ LAZARUS R S. From Psychological stress to the emotions: a history of changing outlooks[J]. Annual review of psychology, 1993(1):1-21.

❺ NORMAN J. Constructive narrative in arresting the impact of post-traumatic stress disorder[J]. Clinical social work journal, 2000(3):303-319.

❻ MARKSTROM C A, MARSHALL S K, TRYON R J. Resiliency, social support, and coping in rural low-income appalachian adolescents from two racial groups[J]. Journal of adolescence, 2000(6):693-703.

❼ WERNER E E. Resilience in development[J]. Current directions in psychological science, 2010(3):81-84.

❽ RUTTER M. Resilience: some conceptual considerations [J]. Journal of adolescent health, 1993(8):690.

❾ LUTHAR S S, CICCHETTI D, BECKER B. The construct ofresilience: a critical evaluation and guidelines for future work[J]. Child development, 2000(3):543-562.

义为个体面对困难、挫折、逆境并得到良好适应的过程。[1] 也有学者把抗逆力视为一种结果，如马斯廷（Masten）认为抗逆力是个体的适应或发展遇到重大威胁，但仍然拥有好的结果。[2]

20 世纪 80 年代末，国内学者开始接触抗逆力的研究，对于抗逆力的定义也多借鉴国外已有研究成果。田国秀强调抗逆力是个体所具有的抗御困境并恢复正常适应的能力，是在人生各阶段都具有的能力。[3] 沈之菲则认为，抗逆力是指个体身处困难、挫折、失败等逆境时的心理协调和适应能力。[4] 席居哲认为，抗逆力是指个体在危险境地中未受影响、身心仍保持良好状态的能力。[5] 王枫将抗逆力定义为个体面临挫折时，自我积极调控，得以恢复和发展的能力。[6]

综上所述，国外学者对于抗逆力研究相对深入，从特质、过程、结果等不同角度对其进行定义；国内研究仍处于探索阶段。国内外学者对于抗逆力的定义尽管存在差异，但核心都包括能力、过程、结果三方面。因此，本书将抗逆力定义为个体面临困难、挫折及重大压力时通过调控获得良好适应与发展的能力。

2. 关于抗逆力的测量学研究

20 世纪 80 年代起，学者们尝试编制一系列测量抗逆力水平的量表，如 80 年代出现的分别由施瓦泽（Schwarzer）和谢勒（Sherer）编制的《自我效能感量表》、90 年代布洛克（Block）和克里门（Kremen）的《自我韧性量

---

[1] 刘芙蓉，李晓瑾，李文姬．心理弹性测评工具研究进展［J］．护理研究，2015（26）：3211-3214.

[2] MASTEN A S. Ordinary magic. resilience processes in development.［J］. American psychologist，2001（3）：227.

[3] 田国秀．从“关注问题”到“关注优势”——学校心理健康教育的视角转换［J］．中国教师，2007（5）：7-10.

[4] 沈之菲．青少年抗逆力的解读和培养［J］．思想理论教育，2008（1）：71-77.

[5] 席居哲，左志宏．心理弹性（Resilience）研究的回顾与展望［J］．心理科学，2008（4）：995-998.

[6] 王枫．中学生抗逆力的测量与团体干预研究［D］．上海：上海师范大学，2013：20-21.

表》以及巴通（Bartone）等人的《性格韧性量表》。❶ 随着时间的推移和研究的深入，随后的量表逐渐建立起了相对完整的抗逆力结构模型，如《成人抗逆力量表》（*Resilience Scale for Adults*，RSA）由弗利博格（Friborg）等人于2001年编制，是测量促进成人抗逆力保护性因素的研究工具，共45个题项，将成人抗逆力分为个体能力、社会能力、家庭一致性、社会支持和个体组织性5个维度。❷ 恩戈（Ungar）等人于2009年编制了《儿童青少年抗逆力量表》（*the Child and Youth Resilience Measure*，CYRM-28），专门用于测量9~23岁青少年的抗逆力水平。该量表共28个题项，分为个体支持、家庭支持和社会支持3个维度。❸ CYRM-28运用广泛，如戴格尼尔特（Daigneault）❹、利本伯格（Liebenberg）❺ 分别用此量表对加拿大法语地区不同种族文化背景的青少年心理弹性进行跨文化领域的测量和调试。凯马林（Kaymarlin）❻ 也验证了此量表在南非青少年群体中的有效性。康纳（Connor）和戴维森（Davidson）于2003年编制的《康纳-戴维森抗逆力量表》❼（*Connor-Davidson Resilience Scale*，CD-RISC）共25个题项，包含坚韧、力量和乐观3个维度，采用5点计分。也有学者将其翻译成《心理弹性

---

❶ 席居哲，左志宏. 心理韧性者甄别诸法[J]. 心理科学进展，2009(6)：189-195.

❷ HJEMDAL O. Preliminary results from the development and validation of a norwegian scale for measuring adult resilience[J]. Journal of norwegian psychological assessment，2001(38)：310-317.

❸ UNGAR M，LIEBENBERG L. Cross-cultural consulation leading to the development of a valid measure of youth resilience：the international resilience project[J]. Studia psychologica，2009(2)：259-268.

❹ DAIGNEAULT I，DION J. Psychometric properties of the child and youth resilience measure(cyrm-28) among samples of french canadian youth[J]. Child abuse & neglect，2013(2)：160-171.

❺ LIEBENBERG L，UNGAR M，VIJVER F V D. Validation of the child and youth resilience measure-28(cyrm-28) among canadian youth[J]. Research on social work practice，2012(2)：219-226.

❻ GOVENDER K，COWDEN R G，ASANTE K O，et al. Validation of the child and youth resilience measure among south african adolescents[J]. Plos one，2017，12(10)：36-43.

❼ CONNOR K M，Davidson J R T. Development of a new resilience scale：the connor-davidson resilience scale(CD-RISC)[J]. Depression and anxiety，2003(2)：76-82.

量表》，有较广泛的应用。辛格（Singh）[1]、诺塔里奥（Notario）[2]和古恰尔迪（Gucciardi）[3]分别在印度青少年、西班牙人、澳大利亚板球运动员等群体中验证了该量表的信效度。我国学者于肖楠对该量表进行了汉化[4]，雷万胜采用此研究工具，发现性别、年龄、城乡和是否独生子女是影响大学生心理韧性的因素。[5]该量表虽然在不同群体中得到广泛应用，但也有研究发现其具有跨样本因素波动性[6]，不适用于不同的文化背景。

国内学者对于抗逆力的测量主要通过改编国外已有量表或自编量表的方式。如沈之菲以《美国加州健康儿童调查》（*California Healthy Kids Survey*）中抗逆力指标为基础编制了《中学生抗逆力测试问卷》。该问卷采用4点计分，共47个题项，分为2个因子。沈之菲使用该工具对上海市中小学生进行抽样调查，发现他们大多数具有中等以上的抗逆力水平，女生抗逆力水平明显高于男生。[7]李海垒等对《青少年心理韧性量表》（*Healthy Kids Resilience Assessment*，HKRA）进行汉化修订，将心理韧性分为外部保护因子和心理韧性特质因子。[8]田国秀等人则对《儿童青少年抗逆力量表》进行修

---

[1] SINGH K, YU X N. Psychometric evaluation of the connor-davidson resilience scale (CD-RISC) in a sample of indian students[J]. Journal of psychology, 2010(1):23-30.

[2] NOTARIO P B, MARTINEZ V V, TRILLO C E. Validity and reliability of the spanish version of the 10-item CD-RISC in patients with fibromyalgia[J]. Health and quality of life outcomes, 2014(1):14.

[3] GUCCIARDI D F, JACKSON B. The connor-davidson resilience scale(CD-RISC): dimensionality and age-related measurement invariance with australian cricketers[J]. Psychology of sport and exercise, 2011(4):429-433.

[4] 于肖楠，张建新. 韧性（Resilience）——在压力下复原和成长的心理机制[J]. 心理科学进展，2005(5):658-665.

[5] 雷万胜，陈树，陈锦添. 大学生心理韧性研究[J]. 中国健康心理学杂志，2008(2):155-157.

[6] CAMPBELL-SILLS L, STEIN M B. Psychometric analysis and refinement of the connor-davidson resilience scale(CD-RISC): validation of a 10-item measure of resilience[J]. Journal of traumatic stress, 2010(6):1019-1028.

[7] 沈之菲. 上海市中小学生应激性生活事件、应对方式及抗逆力的实证研究[J]. 思想理论教育，2009(5):72-77.

[8] 李海垒，张文新，张金宝. 青少年心理韧性量表（HKRA）的修订[J]. 心理与行为研究，2008(2):98-102.

订，形成中文版的《儿童青少年抗逆力量表》，包括社会支持力、家庭支持力和个人抗逆力 3 个因子，共 28 个条目，采用 5 点计分，内部一致性系数为 0.87，具有较好的信度。其研究发现抗逆力与亲社会行为成显著正相关，与抑郁有显著的负相关。❶ 胡月琴认为，心理韧性由个人力和支持力组成，并发现宽容、支持、尊重和理解的家庭氛围可以提高青少年的心理韧性❷，于 2008 年编制《青少年心理韧性量表》，共 27 题，采用 5 点计分，内部一致性系数为 0.83，信度良好。王枫于 2013 年编制《中学生抗逆力水平测试问卷》，包含 36 个题项，采用 6 点计分，分为人格特征、认知评价、行为动力和社会环境 4 个维度，内部一致性系数为 0.92，相关系数为 0.85，拥有较好的信效度。其研究发现，中学生的抗逆力水平呈现随年龄增长逐渐下降的总趋势；且抗逆力在性别、是否独生子女、父母文化程度等人口学变量上不存在显著差异。❸

综上所述，国外对于抗逆力或心理弹性的测量相对成熟，构建了抗逆力结构模型，如 RSA 量表将抗逆力分为个体能力、社会能力、家庭一致性、社会支持和个体组织性 5 个维度，CYRM-28 量表将抗逆力分为个体水平、亲属水平、社会和文化水平 3 个维度，CD-RISC 量表则由能力、忍受消极情感、接受变化、控制、精神影响 5 个因素构成。国内研究者通过改编或自编，也形成了相对稳定的抗逆力结构和量表，如沈之菲将抗逆力分为内在保护因子和外在保护因子。李海垒将其分为外在保护因子和心理韧性特质因子。田国秀采纳 CYRM-28 的维度，将其归纳为社会支持力、家庭支持力和个人抗逆力 3 个因子。胡月琴则从个体与外部两个方面将抗逆力分为个人力和支持力。王枫则认为抗逆力由人格特征、认知评价、行为动力和社会环境组成。本书在考虑文化背景、适用对象、应用广泛性等因素的基础上，综合国内外关于抗逆力研究的相关文献，采用田国秀编制的《儿童青少年

---

❶ 向小平，田国秀，王曦影，等. 儿童青少年抗逆力测量中文版在北京青少年中的适用性研究[J]. 中国青年研究，2014(5)：5-10.

❷ 胡月琴，甘怡群. 青少年心理韧性量表的编制和效度验证[J]心理学报，2008(8)：902-912.

❸ 王枫. 中学生抗逆力的测量与团体干预研究[D]. 上海：上海师范大学，2013：20-37.

抗逆力量表》（中文版），量表维度充分反映了初中生学习生活的内外部因素即个人、家庭、社会（学校），符合本书的研究设想。

3. 关于抗逆力影响因素的研究

抗逆力水平的影响因素包括个体、家庭、学校和社会等维度。

关于影响抗逆力的个体因素，学者们主要关注了个人特质、个体优势和内在能力。康纳尔和戴维森将抗逆力作为嵌入个体的内在个人品质，使个体能够面对威胁或困境。它是一个多维度的特质变量，受环境、时间、年龄、性别、文化、种族及个体所处生命过程等影响。[1] 博韦（Beauvais）认为，个体优势，如自身能力、抗挫折能力和自我效能感等可以帮助青少年克服逆境。[2] 我国学者刘玉兰等人重点关注儿童抗逆力，并认为儿童抗逆力视角下的社会工作实践应聚焦于寻找困境儿童内在能力并充分发挥儿童的主体作用。[3]

影响抗逆力的家庭因素主要涉及父母教养、亲子关系、家庭氛围等。韦斯特（West）和法林顿（Farrington）认为，合适的父母角色楷模以及和谐的家庭气氛等都是抗逆力的家庭保护因子。[4] 拉特（Rutter）也认同这一观点，强调温暖的亲子关系的重要作用。[5] 加梅齐和斯特曼（Streitman）发现，父母态度是影响儿童复原力的重要因素。[6] 帕特森（Patterson）认为，以家庭凝聚力为核心的抗逆力能够缓解逆境对个体的影响。[7] 席居哲、桑标

---

[1] CONNOR K. Development of a new resilience scale：the CD-RISC［J］. Depression & anxiety，2010（32）：76-82.

[2] BEAUVAIS F，OETTING E R. Drug use，resilience，and the myth of the golden child［J］. 2002. DOI：10.1007/0-306-47167-1_5.

[3] 刘玉兰，彭华民. 儿童抗逆力：一项关于流动儿童社会工作实务的探讨［J］. 华东理工大学学报，2012（3）：1-8.

[4] WEST D J，FARRINGTON D P. The delinquent way of life ：third report of the cambridge study in delinquent development［J］. Princeton paperbacks，1977（24）.

[5] RUTTER M. Resilience in the face of adversity. protective factors and resistance to psychiatric disorder［J］. The British journal of psychiatry，1985（6）：598-611.

[6] GARMEZY N. Chirldren risk：the search for the antecedents of schizophrenia［J］. Schizophr bull，1974（8）：55-125.

[7] PATTERSON J M. Understanding family resilience［J］. Journal of clinical psychology，2002（58）：233-246

等人认为抗逆力与父母教养方式、父母文化程度、家庭类型、家庭收入等在内的家庭生态系统密切相关。❶

影响抗逆力的学校因素主要有师生关系、学校氛围等。拉特认为儿童的抗逆力与良好的师生关系、同伴关系以及校园环境有关。❷ 学者们重点关注了师生关系对儿童抗逆力的作用。柯勒（Cohler）认为，教师通过给予关心和支持可以激发学生的复原力。❸ 这一结论得到了塞利格曼（Seligman）的认可。❹ 伯纳德（Benard）认为学校是提供参与机会、学习经验，并以介入策略协助学生复原的场所。❺ 我国学者向翔在研究中发现，校园活动以及给予学生关注和期望都能促进学生抗逆力的发展。❻ 沈之菲指出在人生过渡期的青少年极易受到外部环境影响，这一时期个体的生理、心理和环境激烈地碰撞和交流，需要通过学校的培养和锻炼来增强青少年的抗逆力。❼

学者们认为社会支持和社区集体等会对抗逆力产生影响。加梅齐发现，建构社会支持和外在资源是抗逆力的保护因素之一。❽ 陈蓓丽在对上海外来女工的抗逆力研究中，通过个案访谈，发现良好的社会支持网络是构成外来女工抗逆力的要素之一。❾ 田国秀通过案例研究发现社区是抗逆力的外部

---

❶ 桑标，席居哲. 家庭生态系统对儿童心理健康发展影响机制的研究[J]. 心理发展与教育，2005(1)：80-86.

❷ RUTTER M. Resilient children[J]. Psychology today，1984(2)：57-65.

❸ COHLER B J. Confronting destruction：social context and life story in the diaries of two adolescents in eastern european ghettos during the shoah[J]. American journal of orthopsychiatry，2012，82(2)：220-230.

❹ SELIGMAN M E P，ERNST R M，GILLHAM J. Positive education：positive psychology and classroom interventions[J]. Oxford review of education，2009(3)：293-311.

❺ BENARD B. Fostering resiliency in kids：protective factors in the family，school，and community[J]. Child development，1991(51)：32.

❻ 向翔. 学校因子影响初中生抗逆力水平的策略研究[J]. 思想理论教育，2011(4)：60-63.

❼ 沈之菲. 青少年抗逆力的解读与培养[J]. 思想理论教育，2008(1)：71-72.

❽ MASTEN A S，BEST K M，GARMEZY N. Resilience and development：contributions from the study of children who overcome adversity[J]. Development & psychopathology，1990(4)：425-444.

❾ 陈蓓丽. 上海外来女工抗逆力研究[J]. 社会工作下半月（理论），2009(2)：42-44.

保护因素之一。[1] 国外学者桑普森（Sampson）、奥杰斯（Odgers）和布鲁恩（Bruhn）等人也证明了集体效能是促进抗逆力的有效特质。[2]

综上，关于抗逆力影响因素的研究涉及个人特质、个体优势、内在能力、教养方式、亲子关系、家庭气氛、师生关系、学校氛围以及社会支持等。总体来看，国外已经形成相对完整的抗逆力研究体系，关注的角度从个体特质到家庭、学校、社区等环境因素，发展到个体与环境的动态交互过程，并提出了一系列的抗逆力发展模型。而国内研究相对起步较晚，目前主要以国外理论为基础进行拓展研究，较多集中在社会工作领域，针对特定人群进行干预治疗，专门针对初中生群体的抗逆力及其对学习的影响的研究相对较少。

（五）关于学习力的相关研究

1. 关于学习力内涵和结构的研究

20 世纪 60 年代，福瑞斯特（Forrester）首次提出“学习力”概念，他认为学习力是个人或组织学习的动力、毅力和能力的综合体现，是把知识资源转换成知识资本的能力，且员工保持学习力对企业发展有促进作用。[3] 随后教育领域也开始逐渐关注学习力问题的研究，包括内涵和结构方面的探索。有的学者认为学习力是一种综合体现。如贺武华认为，学习力是支撑学习者持续不断学习的各种力量因素的综合系统，包括动力系统、行为系统、调节系统、环境支持系统。[4] 张声雄认为，学习力是一个人或一个企业、一个组织学习的动力、毅力和能力的综合体现，包括学习动力、学习

---

[1] 田国秀. 抗逆力研究及对我国学校心理健康教育的启示[J]. 课程·教材·教法，2007(3):87-90.

[2] 田国秀. 抗逆力研究:运用于学校与青少年社会工作[M]. 北京:社会科学文献出版社,2013:9-10.

[3] FORRESTER J W. A new corporate design[J]. Reflection 1965,1(3):32-36.

[4] 贺武华. “以学习者为中心”理念下的大学生学习力培养[J]. 教育研究,2013(3):106-111.

毅力、学习能力。[1] 哈佛大学文理学院院长柯比（Kirby）根据他在哈佛大学的教学管理经验，认为学习力是学习动力、态度、方法、效率、创新思维和创造能力的综合体现。[2] 曲文弘等在柯比的基础上，提出学习力包括学习动机（愿学）、学习兴趣（乐学）、学习方法（会学）、学习习惯（能学）和学习创造力（善学）五个方面。[3]

有学者认为学习力是一种意识形式，如柯尼卡（Crick）将学习力聚焦于一种意识形式，认为这种意识形式以个体独特的性格、价值观和态度通过生活、学习的过程及与世界的联系相融合。学习力可以促进学习意愿和学习结果，提高学习的有效性。[4] 蒋志辉等人也认同学习力是一种意识形式，认为包括学习动力、学习毅力、学习能力、学习互惠力和学习创造力五个方面。[5]

大多数学者认为学习力是一种综合能力。麦格特里克（McGettrick）认为，学习力由学习意愿和学习结果双螺旋构成，且两条链相互作用。[6] 陈意在“双螺旋结构”的基础上将学习力分解为学习意愿和学习能力两个层面，其中学习意愿包括学习态度、学习兴趣和学习毅力三个方面，学习能力包括自主学习力、协作学习力、联结力、信息能力、反思力、迁移力和实践力。[7] 克莱斯顿（Claxton）认为，构成学习力的四个要素分别是顺应力、策应力、反省力和互惠力，即四要素学说。四要素分别从自我管理、外部环

---

❶ 张声雄. 第五项修炼[M]. 上海：上海三联书店，2001：101.

❷ 柯比. 学习力[M]. 金粒，编译. 海口：南方出版社，2005：46.

❸ 曲文弘，周燕. 中小学生学习力水平调查研究——以济南市为例[J]. 现代教育，2007(20)：11.

❹ CRICK R E D. Learning power in practice：a guide for teachers[M]. London：Paul Chapman Publishing，2006：4-5.

❺ 蒋志辉，等. STEM 教育背景下中小学生学习力培养策略研究[J]. 中国电化教育，2017(2)：26.

❻ MCGETTRICK B. Emerging conceptions of scholarship，service and teaching[M]. In Toronto：Canadian Society for The Study of Education. 2002：21.

❼ 陈意. “互联网+”时代初中生学习力现状调查研究[J]. 教育观察，2019(29)：81.

境、反思总结和与他人合作这些方面来描述学习力的内涵。❶ 但由于这四方面难以进行测评与观察，使得学习力仍是一个抽象的概念，具有不可见性与不可测性。英国布里斯托尔大学的“有效终身学习清单”（Effective Lifelong Learning Inventory，ELLI）项目对四要素学说进行了拓展，提出变化和学习、关键好奇心、创造性、学习关系、意义形成、策略意识和顺应力七要素❷，这也成为研究学习力的典型结构。吴振利认为，学习力是系统而深入的发动学习、维持学习、推进学习、改善学习与创新学习之力的组合，包括学习动力、学习毅力和学习能力。❸ 钟志贤也认为学习力是学习毅力、学习效率、学习动力、学习转化力和学习能力的总和。❹ 裴娣娜则认为学习力是学生的生长能力，包括三层次六要素。第一层包括知识经验、策略反思和意志进取，命名为人的基本素质。第二层包括实践活动和协作交往，命名为实现人的发展。第三层是批判与创新。❺ 同样姚慧也提出了学习力的三层结构，认为可以从原发层、内化层和外化层三个层面加以阐述。原发层包括学习的意志、兴趣、动机、价值观等，内化层包括现有的知识基础、智力、记忆力、理解力、思考力、学习的效率以及观察力、分析力、评价力等，外化层包括所学知识的释放力、应用力、适应力、创新力等。❻

国内也有部分学者将学习力作为学习能力或学习品质进行研究。如陈国权指出，学习能力是为适应外部环境的变化，学习者不断获取知识和信

---

❶ CLAXTON G. Building Leamin Power：Helping young people become better learners［M］. Bristol：Tlo Ltd. 2002：51.

❷ CRICK R D, BROADFOOT P, CLAXTON G. Developing an Effective lifelong learning inventory：the ELLI project［J］. Aseessment in education：princaiples, policy & practice, 2004,11(3)：247-272.

❸ 吴振利.“涵养”学习力为创建学习型社会奠基［J］. 中国高等教育,2011(Z3)：63-64.

❹ 钟志贤,林安琪. 赛伯人际管理：提升远程学习者的学习力［J］. 远程教育杂志, 2008(5)：46-47.

❺ 裴娣娜. 学习力：诠释学生学习与发展的新视野［J］. 课程・教材・教法,2016(7)：3-9.

❻ 姚慧. 初一学生学习力特征例举及影响因素分析［J］. 上海教育科研,2009(2)：59.

息，并通过实践改变认知行为和模式，获得持续生存和发展的能力。[1] 事实上，学习能力与学习力是两个不同的概念，两者的内涵及构成要素都不相同。学习能力主要是从智力因素角度来研究学生学习，而学习力除了包括这一能力，还包括学习动力、学习毅力、学习转化力和学习创新力，即注重从智力因素和非智力因素两个方面来培养学生。谷力认为，学习力在学习活动中影响学习过程，在这个过程中养成的心理品质就是学习力。[2] 吴也显在课堂文化重建的研究中，提出学习力在现代教育中有很高的价值，认为学习力是学生必须具备的文化素质，学习力可以作为评价教育质量的依据。[3] 瞿静基于操作性的研究视角，认为学习力是通过知识习得和运用来提升学习的效果，并且在这个过程中可以产生新思维和新行为。[4]

综上，本书认为学习力是一种综合能力，是促进学生从形成学习意愿到实现学习结果的一种能量，能够帮助学生实现自我发展和提高，达到终身学习的目的。

2. 关于学习力的测量学研究

国内外关于学习力测量的研究相对较少，柯尼卡在对学习力结构探索的基础上研制了一套测评系统以及基于这一测评系统开发的提高学习者学习力的干预方案。[5] 英国 ELLI 项目探索出的“蜘蛛图”是一种重要的测量工具，它是一种动态的评估方法。被试通过参加测试进行自我陈述性报告，“蜘蛛图”将会根据报告的情况提供合理的信息反馈。就像蜘蛛有很多脚一样，学习力的每个指标都会对应图上的每一只脚。经过英国 ELLI 项目的反

---

[1] 陈国权，付悦，郑晓明．企业管理者人格类型与个体学习能力关系研究［J］．科研管理，2010（5）：68-78.

[2] 谷力．学习力——个体与环境相互作用的结果［J］．上海教育科研，2009（7）：66-67.

[3] 吴也显，刁培萼．课堂文化重建的研究重心：学习力生成的探索［J］．课程·教材·教法，2005（1）：19-21.

[4] 瞿静．论学习力理念从管理学向教育学领域的迁移［J］．教育与职业，2008（3）：64-65.

[5] CRICK R. Learning power in practice：a guide for teachers［M］. London：Paul Chapman Publishing，2006：4-5.

复试验和改良，最终确定了学习力的七个维度：改变和学习、关键好奇心、意义形成、顺应力、创造性、学习关系和策略意识。❶ 该量表得到国内外学者的广泛认同。如李琼❷、蒋志辉❸等分别在学习力 7 要素的基础上，结合我国中学生的学习情况进行改编。李琼等编制的《中学生学习力问卷》由人口学变量和中学生学习力量表两大部分组成，采用李克特 7 点计分。问卷将改变和学习、批判性好奇心两个要素进行合并，命名为“学习的批判性”；将意义建构、创造力这两个要素合并为“学习的建构性”，包括 5 个维度，32 个题项。对北京市四所中学共 1800 多名学生进行测试，问卷的 α 系数为 0.94，具有较高的内部一致性。结果发现，中学生分为“卓越能动型学习者”“积极机械型学习者”“易挫型学习者”“待提高型学习者”四种类型。❹ 蒋志辉等根据柯尼克对学习力的定义及 ELLI 项目的学习力七个构成要素，将其概括为学习动力、学习毅力、学习能力、学习互惠力和学习创造力五个方面，并探讨了 STEM 教育背景下中小学生学习力培养策略。❺ 田玲在学习力七要素的基础上，编制《中小学生学习力结构问卷》，将学习力分为学习创造力、学习动力、学习能力、学习毅力、学习转化力 5 个维度，抽取沈阳市 1200 名中小学生进行正式调查，问卷共 36 个题项，采用 5 点计分，内部一致性系数为 0.94，表明具有较好的信度。研究发现，2~6 年级学生学习力及各维度发展较为平缓，没有显著差异，7~8 年级开始迅速下降。此外，中小学生学习力在性别水平上存在差异，性别对学习动力和学习能力的影响显著。❻ 曲文弘等将学习力分为学习动机、学习兴

---

❶ 吉安亚. 中小学生学习力、学习动机与学业成绩的关系[D]. 西宁：青海师范大学，2016：18-22.

❷ 贺文洁，李琼，李小红. 中学生学习力：结果、类型与影响因素研究[J]. 教育学报，2017(4)：80-88.

❸ 蒋志辉，赵呈领，周凤伶，等. STEM 教育背景下中小学生学习力培养策略研究[J]. 中国电化教育，2017(2)：26.

❹ 贺文洁，李琼，李小红. 中学生学习力：结果、类型与影响因素研究[J]. 教育学报，2017(4)：80-88.

❺ 蒋志辉，赵呈领，周凤伶，等. STEM 教育背景下中小学生学习力培养策略研究[J]. 中国电化教育，2017(2)：26.

❻ 田玲. 中小学生学习力结构及其发展特点[D]. 沈阳：沈阳师范大学，2012：26.

趣、学习方法、学习习惯和学习创造力5个维度，采用自编《学习力水平量表》，对济南市4884名中小学生进行了学习力水平调查。量表共36个题项，采用5点计分，内部一致性系数为0.94，该问卷整体信度较高。调查发现初中生学习力水平随年级增长而呈逐步下降趋势，初二年级学生的各项指标均低于初一年级的水平，呈现比较明显的“分水岭”态势。❶ 曹立人等则根据学习力四要素理论，编制《高中生学习力问卷》，对浙江省萧山市八所普通高中3245名学生进行调查，问卷共30道题，采用5点计分。调查用探索性因素分析提取学习方法运用力、学习态度调控力、学习自控力和提问互惠力4个因素，量表的内部一致性系数为0.93，经测试具有很高的信度和效度，研究发现学习力主要受认知能力、精神状态、动机水平及学习氛围的影响。❷ 吉安亚同样采用自编《中小学生学习力问卷》，将学习力分为认知因素、情绪因素、意志因素和行为因素，选取盐城市1250名中小学生进行测试，问卷采用5点计分，问卷的内部一致性系数为0.91，信效度良好，有较好的预测作用。❸ 陈意采用自编《“互联网+”时代初中生学习力现状量表》，将学习力分为学习意愿和学习能力2个维度，10个指标，对450名初中生进行测量，问卷共21个题项，采用5点计分，问卷内部一致性系数0.90。研究发现，男女生在学习力及各维度上没有显著差异，各年级学生在学习力及各维度上存在极其显著的差异。❹

综上所述，无论是根据七要素、四要素或是自编问卷，都共同关注学生的学习毅力、创新力、批判思维等核心指标，本书综合考虑各种因素，采用李琼编制的《中学生学习力问卷》作为研究工具。

---

❶ 曲文弘，周燕. 中小学生学习力水平调查研究——以济南市为例[J]. 现代教育，2007(20):11.

❷ 曹立人，王婷，朱琳. 高中生学习力的影响因素研究[J]. 心理与行为研究，2016(6):773-777.

❸ 吉安亚. 中小学生学习力、学习动机与学业成绩的关系[D]. 西宁：青海师范大学，2016:27.

❹ 陈意. “互联网+”时代初中生学习力现状调查研究[J]. 教育观察，2019(29):81-82.

3. 关于学习力影响因素的相关研究

学习力影响因素主要包括个体因素、学校和家庭因素。

个体因素对学生的学习力有很大影响。盖斯勒（Geisler）研究发现，个体采取不同的学习策略会对学习力形成产生影响。❶ 维梅顿（Vermetten）通过研究学习策略、学习观和学习力之间的关系，采用《学习风格问卷》对学习策略进行提取分类。他通过分析不同学习策略下学生的学习观、学习力情况，证明学习策略对学习力形成有促进作用。❷ 田玲发现，中小学生学习力在性别水平上存在差异，主要受学习动力和学习能力的影响。❸ 贺文洁、李琼等研究发现，男生与女生在学习力不同维度及总体上存在显著差异。❹ 吉安亚的研究发现，中小学生学习力除情绪因素外，其他因素没有显著的性别差异。❺ 这与陈意的研究结论不太一致，她的研究发现男女生在学习力及其各维度上均没有显著的差异。而陈意认为各年级学生在学习力及其各维度上存在极其显著的差异。❻ 曹立人研究发现，精神状态、动机水平、学习氛围和认知能力这 4 个因素对学习力有显著正向解释力，身心优势感对学习力有显著负向解释力。❼

学校和家庭环境对学习力有重要影响。柯尼克的研究表明，学生当前的学习力水平受生理遗传因素的影响，也受到个体生活的社会文化背景和

---

❶ GEISLER B E. Methodology, theory, and knowledge in the managerial and organizational sciences: actions and consequences[M]. Quorum, 1999: 73-96.

❷ VERMUNT J D, VERMETTEN Y J. Patterns in student learning: relationships between learning strategies, conceptions of learning, and learning orientations[J]. Educational psychology review, 2004(4): 359-384.

❸ 田玲. 中小学生学习力结构及其发展特点[D]. 沈阳：沈阳师范大学，2012：36.

❹ 贺文洁，李琼，李小红. 中学生学习力：结果、类型与影响因素研究[J]. 教育学报，2017(4)：80-88.

❺ 吉安亚. 中小学生学习力、学习动机与学业成绩的关系研究[D]. 西宁：青海师范大学，2016：38.

❻ 陈意. "互联网+"时代初中生学习力现状调查研究[J]. 教育观察，2019(29)：81-82.

❼ 曹立人，王婷，朱琳. 高中生学习力的影响因素研究[J]. 心理与行为研究，2016(6)：773-777.

学校环境的影响。❶ 曲文弘等发现，初中生学习力水平随年级增长而呈逐步下降趋势，初二年级学生的各项指标均低于初一年级的水平，呈现比较明显的“分水岭”态势。❷ 这与吉安亚的研究结论基本一致，她的研究发现中小学生学习力在情绪因素、意志因素、行为因素和学习力总分均存在显著的年级差异，4 年级和 7 年级得分最高，随着年级升高，学习力降低。❸ 英国的卢什（Rush）通过对照普通课堂环境和四步课堂环境学生的学习情况发现，四步课堂环境对学习力的提升有促进作用。❹ 杨娜提出，在课堂上增加元认知的教学内容，采用合作学习的模式，让学生主动参与到课堂学习的教学方式，比传统上学生被动地听讲、接受更利于培养学习力。❺ 吉安亚的研究发现，中小学生学习力总分、学习力行为因素与学业成绩呈显著正相关，学习力情绪因素与学业成绩呈显著负相关，其他因素与学业成绩的相关不显著。❻ 姚慧的研究发现，不同学习成绩的学生在一定程度上表现出不同的学习力特点，而且家长的评价会影响初中生个体的学习力，对初中生采用积极评价，学习力情况会比较好。❼ 陈坤指出，父母采用不同的教养方式，对孩子学习力的养成有很大差异。❽ 贺文洁等研究发现，家庭的文化资本、父母期望、父母支持对学生学习力的发展具有正向的积极作用；家

❶ DEAKIN C R, HUANG S, AHMED S A, et al. Developing resilient agency in learning: the internal structure of learning power[J]. British journal of educational studies, 2015(2): 121-160.

❷ 曲文弘，周燕. 中小学生学习力水平调查研究——以济南市为例[J]. 现代教育，2007(10):11.

❸ 吉安亚. 中小学生学习力、学习动机与学业成绩的关系研究[D]. 西宁：青海师范大学，2016:37.

❹ CRICK R D. Learning how to learn: the dynamic assessment of learning power[J]. The curriculum journal, 2007(2):135-153.

❺ 杨娜，曾洁. 基于培养学生学习力的学习策略教学探析[J]. 西南民族大学学报，2009(5):103-105.

❻ 吉安亚. 中小学生学习力、学习动机与学业成绩的关系研究[D]. 西宁：青海师范大学，2016:34.

❼ 姚慧. 初一学生学习力特征例举及影响因素分析[J]. 上海教育科研，2009(2):59-61.

❽ 陈坤，梁星星，沈小碚. 论学生学习力的内涵、形成与涵养[J]. 课程与教学，2018(3):41-45.

庭经济资本对男生的学习力有负向预测作用，对女生的影响不显著。[1]

总之，性别、年级、成绩、父母期望、受教育程度等会对学生学习力水平产生影响，问卷在人口学变量选取时综合考虑这些影响因素。

（六）初中生学习与发展核心问题与内驱力的关系研究

1. 学业压力与学习适应的关系研究

研究发现，学业压力与学习适应之间呈显著负相关。王立高对高职生进行调查发现，学生学业压力对学习适应有着直接的负向预测作用。[2] 刘路以大学生为被试也得出相同结论。[3] 部分学者进行了类似的研究，探讨了学业倦怠和学习适应的关系，并认为学习适应良好的学生学习倦怠的情况会相对较轻。杨倩通过对中职生研究发现，学习适应除学习动机外的各维度与学习倦怠以及各维度均呈负相关，即中职生学习适应能力越强，越不容易产生学习倦怠感。[4] 包艳丽[5]、隋丽丽[6]、罗杰[7]等人对大学生的研究也得出了相同的结论。并且，罗杰进一步发现性别在学习适应和学业倦怠之间起调节作用。相对于女生而言，男生出现学习适应问题时，更容易产生学习倦怠。

---

❶ 贺文洁,李琼,李小红. 中学生学习力:结果、类型与影响因素研究[J]. 教育学报,2017(4):87.

❷ 王立高. 高职学生压力、情绪表达和学习适应的关系研究——基于广西壮族自治区的问卷调查[J]. 职业技术教育,2019(2):76-80.

❸ 刘路,石栋梁. 大学生学习适应与学业压力的相关研究[J]. 煤炭高等教育,2015(1):80-84.

❹ 杨倩. 中职生专业承诺、学习适应与学习倦怠的相关研究[D]. 湘潭:湖南科技大学,2017:33-34.

❺ 包艳丽. 理工科院校大学生学习适应与学习倦怠调查研究[J]. 课程教育研究,2016(31):179-180.

❻ 隋丽丽,杨秀文. 大学生学习倦怠现状及学习适应性对其影响[J]. 中国电力教育,2011(11):172-173.

❼ 罗杰,赵守盈. 性别在大学生学习适应与学习倦怠关系中的调节作用[J]. 中国特殊教育,2013(6):69-73.

2. 学业压力与学习收获的关系研究

学者们研究发现，学业压力与学习收获存在相互关系，主要是学业压力对学生的学业成绩的影响。多林格（Dollinger）等发现，学业压力对于学业成绩有一定的影响。[1] 适度压力有助于学生提高学习效率，完成学习任务。感知的学业压力过高或过低，都会造成影响。如野晓航的研究发现，学业压力有正面和负面两种作用。负面压力会让学生一直处于不安和紧张的心理，不利于提升学生成绩。正面作用指压力会促进学习，适度压力对提升学生成绩，促进全面发展都有正向影响。[2] 汤林春研究发现，学生的课业负担与学业成绩并没有很大的关系，即使有也是轻微的负相关，并且学生感觉课业负担较轻松时学业成绩最好。[3] 林蕴博的研究验证了这一点，认为学业压力和学习成绩之间成显著负相关。[4] 张珊珊等人对辽宁省的高中生进行问卷调查，发现学业压力对学习成绩同样是显著的负向预测作用，学业压力在学业情绪和学习成绩之间存在一定的调节作用。[5] 陈秋怡通过对初中生进行访谈和调查发现，学业压力和学习成绩之间存在显著负相关，回归分析结果显示学业压力各维度对学习成绩具有负向作用。[6] 刘素等人对武汉市两所学校的中学生进行抽样调查，发现目前学生感知到的课业负担和升学压力都很大，在控制性别、年级等人口学变量影响后，保持较小学业压力将对青少年的学习成绩产生更积极的影响。[7] 张文海和申继亮以语文、

---

[1] GREENING L, DOLLINGER S J. Rural adolescents' perceived personal risks for suicide[J]. Journal of youth & adolescence, 1993(2):211-217.

[2] 野晓航. 论初中学生学业压力与学习成绩的关系[J]. 中国教育学刊, 2003(8):43-45.

[3] 汤林春, 傅禄建. 课业负担与学业成绩关系的实证研究[J]. 上海教育科研, 2007(12):32-36.

[4] 林蕴博. 希望特质、学业压力与学业成绩的相关研究[J]. 现代教育科学, 2012(10):72-74.

[5] 张珊珊, 张野. 学业情绪和学业压力对高中生学业成绩的调节作用[J]. 中小学心理健康教育, 2017(16):10-11.

[6] 陈秋怡. 学业压力和学习品质对学生学习成绩的影响研究[D]. 上海:华东师范大学, 2018:52-54.

[7] 刘素. 青少年健康行为和学业压力对学习成绩的影响[J]. 中国健康教育, 2019(3):241-242.

数学和外语三科成绩标准分作为学习成绩，研究初中生学业压力和学习成绩的关系，发现低压力组学生的学习成绩要好于另外中等和高压力组的学生，在不同学科上表现略有不同，中学生负性的学业压力越低，学习成绩越容易提高。❶

3. 学业压力与抗逆力的关系研究

大部分研究发现，学业压力和抗逆力呈显著负相关。杨茂芸❷、陈增娟❸、宋潮和王建平❹分别对高中生、初中生、流动儿童进行研究，验证了这一结论。在对学业压力和抗逆力进行研究时，学者们通常会结合第三个变量，探讨三者之间的关系。刘在花发现学业韧性在学业压力与学习投入之间发挥调节作用。❺ 张丽艳的研究表明，心理弹性对体育专业大学生学业压力和学习倦怠具有部分中介效应。❻ 高登峰对在校大学生调查发现，心理弹性是学业压力与心理健康之间重要的中介和调节变量。❼ 安蓉等人发现，大学生心理韧性在情绪智力与学业压力间也起中介作用，培养大学生的情绪智力和心理韧性有助于缓解学业压力，提升心理健康水平。❽

4. 学习适应与抗逆力的关系研究

国内学者普遍认为，学习适应与抗逆力呈显著正相关，并分别对不同

---

❶ 张文海，申继亮. 中学生学业压力、成就目标与学业成绩的关系研究[J]. 西南大学学报，2006(6)：96-97.

❷ 杨茂芸. 高中生学业压力心理韧性与考试焦虑的关系研究[D]. 贵阳：贵州师范大学，2016：33-34.

❸ 陈增娟. 中学生学习倦怠与学业压力、心理弹性的关系研究[D]. 吉林：东北师范大学，2012：51-53.

❹ 宋潮，王建平. 流动儿童社会支持与学业压力的关系，心理韧性的中介作用[J]. 心理学探新，2017(6)：561-566.

❺ 刘在花. 学业压力对中学生学习投入的影响：学业韧性调节作用[J]. 中国特殊教育，2016(12)：68-76.

❻ 张丽艳. 体育专业大学生学业压力与学习倦怠：心理弹性的中介效应[J]. 武汉体育学院学报，2013(10)：95-100.

❼ 高登峰. 大学生学业压力、心理弹性、心理健康的关系研究[D]. 武汉：华中科技大学，2008：49-58.

❽ 安蓉，裴燕燕. 大学生心理韧性在情绪智力与学业压力间的中介作用[J]. 中国学校卫生，2017(7)：1092-1095.

群体进行研究。徐礼平发现，农村留守儿童学习适应、自我意识、社会交往适应以及家庭环境适应维度较非留守儿童差；农村留守儿童心理韧性与其良好社会适应具有内在一致性。要增强农村留守儿童社会适应能力，需不断提升其心理韧性水平。[1] 张鑫通过对高一学生调查发现，心理韧性与学习适应呈显著正相关。[2] 蔡颖等人认为心理压力与心理弹性呈显著负相关，心理弹性与适应呈显著正相关，心理弹性越高，越能更好地应对压力，从而较好地适应。[3] 这与罗杰[4]、蔡云改[5]等人的研究结果一致。

5. 学业压力与学习力关系的研究

研究发现，学业压力与学习力成显著负相关。贾秋林对湖北省初一到高三的学生进行调查研究，结果显示，大部分中学生表示课后作业压力很大，学业负担沉重，学生做作业占据了大部分时间，没有精力进行自主学习，对培养学习力有负向影响。[6] 曹立人等对 3056 名高中生调查发现，良好的精神状态可以有效培养学生的综合学习力，以此提升学习效率。当处在压力较大的学习氛围下，会不利于学习力的培养。[7] 齐德冲基于高中物理学科的特点，发现学业压力对学习力有负向影响，学生过分注重物理学习成绩产生的压力，不利于培养学生的学习力。[8] 徐卫妮通过研究影响语文学

---

[1] 徐礼平，田宗远. 农村留守儿童社会适应状况及其与心理韧性相关性[J]. 中国儿童保健杂志，2013(7)：701-703.

[2] 张鑫. 高一学生社会比较、心理韧性与学习适应性的关系研究[D]. 石家庄：河北师范大学，2011：40-55.

[3] 蔡颖，姚晶宏，蔡丽. 大学生心理压力、心理弹性与入学适应的关系[J]. 黑龙江教育，2015(12)：100-101.

[4] 罗杰，任芬. 大学新生心理韧性潜类别与入学适应[J]. 中国心理卫生杂志，2018(8)：695-699.

[5] 蔡云改. 大学生心理弹性对大学生学习适应的影响[J]. 科技展望，2016(24)：334-335.

[6] 贾秋林. 互联网时代中学生自主学习能力培养研究[D]. 信阳：信阳师范学院，2016：43-44.

[7] 曹立人，王婷，朱琳. 高中生学习力的影响因素研究[J]. 心理与行为研究，2016(6)：773-777.

[8] 齐德冲. 课堂教学提升高中生物理学习力的研究[D]. 扬州：扬州大学，2013：51-52.

困生群体学习力的影响因素，发现语文学科学困生意志力弱，打击后恢复能力较差，挫折的学业压力不利于学困生学习力的提升。[1] 晏海莉基于语文学科的特点，编制《语文学科学习力问卷》。调查发现，目前中学生心理素质较差，感知到的学业压力越大，语文学习力水平越低。[2]

关于学业压力、抗逆力和学习适应之间的关系，柯婧发现学业压力是影响学业不良学生心理弹性的危险性外部因素。[3] 罗毅对广西柳州市中小学生进行研究发现，心理弹性与学业压力呈显著负相关、与学习适应呈显著正相关，并且心理弹性在学业压力与学习适应之间起中介作用。[4] 张格雨对西藏地区大学生的生活压力、心理弹性与学习适应的关系进行的研究发现，心理弹性在二者之间起部分中介效应，生活压力既可以直接对学习适应产生影响，也可以通过心理弹性间接影响学习适应。[5] 虽然已有学者对学业压力、学习适应和抗逆力之间的关系进行研究，但研究对象的区域分布有所局限，如罗毅研究对象为广西壮族自治区中小学生，且侧重于研究中学生与小学生之间的学段差异；张格雨则针对西藏自治区的大学生进行研究。

（七）文献述评

在研究内容上，学者们聚焦于对学业压力、学习适应、学习收获以及抗逆力、学习力的现状、影响因素和相互关系进行研究。对于学业压力与学习适应、学业压力与学习收获；学业压力与抗逆力、学业压力与学习力；学习适应与抗逆力；学习收获与学习力等相互关系也有一些研究基础，但

---

[1] 徐卫妮. 提升语文学困生学习力的教学策略研究[D]. 西安:陕西师范大学,2014:64-65.

[2] 晏海莉. 中学生语文学习力的培养研究[D]. 金华:浙江师范大学,2015:35-36.

[3] 柯婧. 初中学业不良学生心理弹性及其影响因素研究[D]. 西安:陕西师范大学,2011:61-62.

[4] 罗毅. 中小学生学业压力心理弹性与学习适应的关系研究[D]. 北京:北京师范大学,2011:61-62.

[5] 张格雨. 西藏地区大学生生活压力心理弹性学习适应之间的关系[D]. 拉萨:西藏大学,2016:41-45.

对初中生学业压力、学习适应、学习收获与抗逆力、学习力多变量之间相互关系的研究相对缺乏，两两之间的关系及作用机制尚待进一步研究。

在研究对象上，针对初中生学业压力的研究相对较多；关于学习适应的研究主要以各学段新生及特殊群体为主，针对初中生学习适应的研究相对较少；学习收获和学习力的相关研究聚焦于大学生，对初中生的关注相对较少，尤其是学习力方面的研究，单纯关注初中生的研究较少。抗逆力的相关研究主要集中在儿童和青少年、妇女、残疾人等特定人群上，涉及灾后救助、流浪安置、犯罪、网瘾、抑郁症等问题的解决，对于初中生群体抗逆力的研究相对较少。初中生正处于抗逆力建构的最佳时期，并且面临较大的学业压力，调适不好很容易出现学习适应不良等情况，进而影响学业成绩和身心健康。因此，仍需关注初中生学业压力与学习适应、学习收获的关系，以及学习力、抗逆力的调节作用。

在研究方法上，多采用定量研究，通过自陈式问卷进行调查，了解现状，分析变量之间的关系，进而验证预设的理论模型。大部分研究采用 α 系数来估量问卷的内部一致性，验证问卷的信度。而数据的处理，大都使用 SPSS 数据分析软件对有效数据进行描述性分析、独立样本 T 检验、方差分析、相关分析等。有关中介变量的研究中，有学者采用温忠麟❶等人提出的中介效应检验方法，进行中介检验，如刘春霞通过此方法发现心理弹性在学业压力和消极学业情绪之间起部分中介作用。❷ 王志勇也采用此程序，结合 AMOS 软件，发现时间管理在学业成绩和学业压力之间起完全中介作用。❸ 也有部分学者采用安德鲁（Andrew）开发的 Process 插件进行分析。鹿心慰以此为工具发现父母的教养方式在学业压力和学习拖延之间起调节

❶ 温忠麟，张雷，侯杰泰，刘红云. 中介效应检验程序及其应用[J]. 心理学报，2004(5)：614-620.

❷ 刘春霞. 初中生学业压力、心理弹性与学业情绪的关系研究[D]. 杭州：浙江师范大学，2018：26.

❸ 王志勇. 中学生时间管理倾向、学业成绩责任和学业压力的关系研究[D]. 石家庄：河北师范大学，2010：19-20.

作用。[1] 这些研究方法和数据统计方法均为本书奠定了良好的基础。

四、概念界定

（一）学业压力

学习者对超出自己应对能力或可能威胁到自身学业的内外环境要求的反映或感受。[2]

（二）学习适应

周步成认为，学习适应是个体克服困难取得较好学习效果的倾向，也指学习适应能力。[3] 本书将学习适应定义为个体根据自身需要及环境要求，不断调整自我，取得较好学习效果的能力。

（三）学习收获

阿斯汀（Astin）等人认为，学习收获是指由学习而导致的个人转变和收益。[4] 本书指的是学生完成一定时间的教育，或经过一系列学习体验后，在知识、能力和价值观等方面的收获。

---

❶ 鹿心慰. 高中生学业压力对其学业拖延的影响：父、母教养的作用[D]. 太原：山西大学，2017：19-21.

❷ 陈旭. 中学生学业压力、应对策略及应对的心理机制研究[D]. 重庆：西南师范大学，2004：20.

❸ 周步成. 学习适应性测验[S]. 上海：华东师范大学，1991.

❹ ASTIN A W. Student involvement：a development theory for higher education[J]. Journal of college student development，1984(4)：242-244.

（四）抗逆力

田国秀强调抗逆力是个体在生命各阶段都具有的抵御困境并得以适应和发展的能力。[1] 借鉴该定义，本书将抗逆力界定为个体面临困难、挫折及重大压力时通过调控实现良好适应与发展的能力。

（五）学习力

本书较为认同学习力的双螺旋结构，即促进学生从形成学习意愿到实现学习结果的能量，能够帮助学生实现自我发展和提高，达到终身学习目的的一种能力。具体结构在借鉴 ELLI 项目 7 要素的基础上，概括为学习批判性、学习建构性、学习交流性、学习策略性和学习坚韧性 5 个维度。

五、研究思路和方法

（一）研究思路

首先，对相关文献进行梳理，界定学业压力、学习适应、学习收获、学习力和抗逆力的内涵，筛选研究工具，并提出相应的研究假设。

其次，选取北京、浙江等地区的初中生作为研究对象，采用《中学生学业压力源问卷》《学习适应量表》《初中生学习收获问卷》《中学生学习力问卷》《儿童青少年抗逆力量表》5 个量表，探究初中生学业压力、学习适应、学习收获、学习力及抗逆力的现状以及它们相互之间的关系。研究通过进一步分析学业压力、学习适应、学习收获、学习力及抗逆力在人口学变量上的差异，全面分析可能的影响因素。

最后，立足数据所发现的问题，提出缓解学业压力、提升学习力和抗

[1] 田国秀. 从“关注问题”到“关注优势”——学校心理健康教育的视角转换[J]. 中国教师,2007(5):7-10.

逆力、促进学习适应，增加学习收获的教育建议，以促进初中生的学习与发展，提升学业水平。

（二）研究方法

1. 文献分析法

文献分析法是一种基本且有效的收集信息的方法。本书通过中国知网（www. cnki. net）查找国内外大量相关资料，详细阅读其中重要文献，对学业压力、学习适应、学习收获、学习力和抗逆力等相关文献进行梳理，界定学业压力、学习适应、学习收获、学习力和抗逆力的内涵，并对测量指标进行提炼，为编制初中生学习与发展核心问题调查量表提供理论依据，搭建研究框架。

2. 问卷调查法

根据研究需求及被试特点，选取北京、浙江等省市部分初中生进行调查；采用《中学生学业压力源问卷》《学习适应量表》《初中生学习收获问卷》《中学生学习力问卷》《儿童青少年抗逆力量表》展开调查，获取研究所需的数据，了解当下初中生学习压力、学习适应、学习收获、学习力与抗逆力的现状。

3. 统计分析方法

采用 SPSS 23. 0、Amos 21. 0 和 Mplus 7. 0 等统计软件对数据进行分析。通过描述性统计，分析初中生学业压力、学习适应、学习收获、学习力与抗逆力的现状；通过独立样本 T 检验和单因素方差分析探究初中生学业压力、学习适应、学习收获、学习力与抗逆力在人口学变量上的差异；通过相关分析和多元回归分析探究三者之间的关系；采用潜类别分析法和快速聚类的方法，对学生学习力类型进行分析；利用快速聚类法，对学生抗逆力类型进行研究；利用单因素方差分析探究不同学习力类型学生在学业压力和学习收获上的差异以及不同抗逆力类型学生在学业压力和学习适应上的差异。建立多元回归模型，通过控制人口学变量的影响，根据相关分析、聚类分析和回归分析结果，解释学业压力、学习收获和学习力三者之间以及学业压力、学习适应和抗逆力三者之间的具体关系。通过建立分层回归模型，探究学习力在学业压力和学习收获之间以及抗逆力在学业压力和学习适应之间的调节机制。

第二章 初中生学习与发展核心问题研究设计

一、研究目的

本书采用《中学生学业压力源问卷》《学习适应量表》《初中生学习收获问卷》《中学生学习力问卷》《儿童青少年抗逆力量表》对初中生进行调查，拟达到以下目标。

（1）揭示初中生学业压力、学习适应、学习收获、学习力和抗逆力的现状与特点。

（2）揭示初中生学业压力、学习适应、学习收获、学习力和抗逆力的相互关系。通过聚类分析探究初中生的学习力类型和抗逆力类型，并探究学习力在学业压力和学习收获之间以及抗逆力在学业压力和学习适应之间的调节作用。

（3）在数据分析的基础上，提出帮助初中生缓解学业压力、适应学习、提升学习力和抗逆力水平，增加学习收获的教育举措。

二、研究内容与假设

（一）研究内容

1. 初中生学习与发展核心问题的现状调查研究

本书采用《中学生学业压力源问卷》《学习适应量表》《初中生学习收获问卷》《中学生学习力问卷》《儿童青少年抗逆力量表》对初中生的学习与发展情况进行调查，以了解初中生学业压力、学习适应、学习收获、学习力和抗逆力现状、特点及影响因素。

2. 初中生学习与发展核心问题人口学差异分析

以往研究表明，年级、性别、是否独生子女、是否单亲家庭（家庭结构）、父母文化程度和生源地等因素，对初中生学业压力、学习适应、抗逆力有一定的影响。因此，本书将分别考量三者在性别、生源地、是否独生子女、是否单亲家庭、父母是否受过高等教育和年级等人口学变量上的差异。

3. 初中生学习与发展核心变量相互关系及学习力和抗逆力的调节机制研究

将初中生学习与发展的核心问题分为两大组关系。一方面，通过对学业压力、学习适应与抗逆力调查结果的相关分析与回归分析，探究三者的整体关系，并进一步分析抗逆力在学业压力与学习适应之间的调节机制。基于抗逆力指标对学生进行聚类分析，并比较不同抗逆力类型学生在学业压力和学习适应上的差异。另一方面，通过对学业压力、学习力与学习收获的相关分析与回归分析，探究三者之间的相互关系，并进一步分析学习力在学业压力与学习收获之间的调节机制。同时基于学习力的指标对学生类型进行聚类分析，并比较不同学习力类型学生在学业压力和学习收获上的差异。

4. 促进初中生学习与发展的教育建议

在数据分析的基础上，从政府、家庭、学校与学生角度出发，探讨如何有效指导和帮助中学生缓解学业压力、提升学习力和抗逆力水平，从而更好地适应学习、增加学习收获的教育建议。

（二）研究假设

基于文献研究发现，学业压力、学习适应、学习收获、学习力、抗逆力相互之间有一定的关系，且人口学变量中的社会因素、个体因素、学校因素都等会对学业压力、学习适应、学习收获、学习力和抗逆力产生一定的影响，结合当下初中生的学习特点，拟提出以下假设（见图 2-1）。

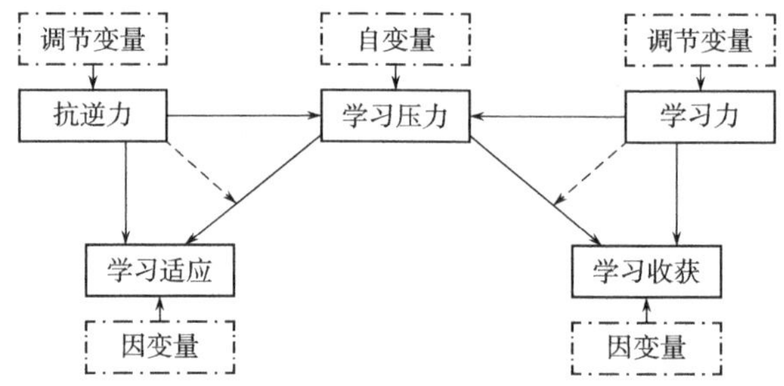

图 2-1 研究假设模型

假设一：初中生的学业压力与学习适应呈负相关，学业压力与学习收获呈负相关，学业压力与学习力呈负相关，学业压力与抗逆力呈负相关，学习力与学习收获呈正相关，抗逆力与学习适应呈正相关。

假设二：初中生学业压力、学习适应、学习收获、学习力和抗逆力在性别、年级、生源所在地、是否独生子女、是否单亲家庭和父母文化程度等人口学变量上存在显著差异。

假设三：初中生学习力在学业压力和学习收获之间起调节作用，抗逆力在学业压力与学习适应之间起调节作用。

三、研究对象

北京、浙江是经济发达省份，也走在中、高考改革的前列，教育水平尤其是学生的学习与发展情况备受关注。本书以北京、浙江等省份初中生为研究对象，为了更完整、更客观地获取初中生在不同学年的学习感受，也为了避免考试、升学等不可控因素的影响。同时，为了不影响学校正常的教学秩序，问卷选择在完整学年即将结束，即第二学期期末考试后的 7 月初进行。本调查以中学为单位采用问卷星在线填答与纸质问卷相结合的方式，共回收 2907 份问卷。剔除作答时间短、规律性作答以及有效信息缺失较多的无效问卷后，最终有效问卷 2300 份，问卷有效率为 79. 2%。在有效问卷的百分比中，男生占 51. 5%，女生占 48. 5%，男女比例接近 1 : 1，较为平均。初一年级占 42. 4%，初二年级占 35. 7%，初三年级占 21. 9%，年级比例为 4 : 3 : 3，分布较合理。城市生源学生占 73. 3%，农村生源学生占 26. 7%。独生子女占 66. 2%，非独生子女占 33. 8%，这一阶段初中生正值计划生育时期，二胎政策尚未全面放开，以独生子女家庭为主也较为合理。单亲家庭占 8. 4%，非单亲家庭占 91. 6%，与国家整体家庭结构类型相吻合。父亲受过高等教育占 53%，未受过高等教育占 47%；母亲受过高等教育占 51. 2%，未受过高等教育占 48. 8%。1999 年，我国高等教育开始扩招，2002 年开始进入大众化阶段，而这些初中生的父母大多赶上了这个时代，因而受教育程度也具有一定的代表性。被试整体情况见表 2-1，从社会人口学角度来看，抽样较为符合社会现实情况，具有很好的代表性。

表 2-1　被试基本情况分布（*N*=2 300）

变量	类别	人数	百分比/%
性别	男	1 184	51. 5
	女	1 116	48. 5
年级	初一	974	42. 4
	初二	822	35. 7
	初三	504	21. 9
生源地	城市	1 686	73. 3
	农村	613	26. 7
单亲家庭	是	194	8. 4
	否	2 105	91. 6

续表

变量	类别	人数	百分比/%
独生子女	是	1 522	66.2
	否	778	33.8
父亲文化程度	受过高等教育	1 218	53.0
	未受过高等教育	1 082	47.0
母亲文化程度	受过高等教育	1 178	51.2
	未受过高等教育	1 122	48.8

四、研究工具

研究工具由两大部分组成：第一部分是研究对象的基本信息，包含性别、年级、生源所在地、是否独生子女、是否单亲家庭以及父母受教育程度等。人口学变量的选取主要源于两方面的考虑：一是对文献的梳理总结，筛选研究文献中对学业压力、学习适应、学习收获、学习力和抗逆力有共性影响的人口学变量；二是在问卷编制和试测前，选取北京地区部分中学教师和学生进行访谈，了解影响初中生学习与发展的可能因素，验证和补充人口学变量。第二部分是针对初中生学习与发展核心问题的5个量表，《中学生学业压力源问卷》《中学生学习力问卷》《学习适应量表》《儿童青少年抗逆力量表》以及自编的《初中生学习收获问卷》。

（一）《中学生学业压力源问卷》

该量表共62个题项，其中任务要求压力16题、挫折压力14题、竞争压力11题、期望压力17题、自我发展压力4题。量表采用5点计分，1表示“完全没压力”，5表示“压力很大、无法承受”，总分越高，代表感受到的压力越大，α系数为0.90，各分量表与总问卷的相关介于0.62~0.88，符合心理测量学要求。为了去掉回答过程中的模糊地带，本书将问卷计分方式统一改为4点计分，并对问卷的信度和效度重新进行检验。

1. 《中学生学业压力源问卷》的信度检验

通过收集到的研究数据对该问卷进行同质性信度检验，即测量 α 系数。由表 2-2 可以看出《中学生学业压力源问卷》的 α 系数为 0.98，可信程度较高。

表 2-2　《中学生学业压力源问卷》信度检验

α 系数	项数
0.98	62

2. 《中学生学业压力源问卷》的效度检验

本书采用 Amos 21.0 软件对问卷的结构效度进行验证性因素分析，选择卡方自由度比、RMSEA（Root Mean Square Error of Approximation，近似误差均方根）、RMR（Root of Mean Square Residual，残差均方根）、GFI（Goodness-of-Fit Index，拟合优度指数）、CFI（Comparative Fit Index，比较拟合指数）、IFI（Incremental Fit Index，增值拟合指数）、PNFI（Parsimony Normed Fit Index，节俭规范拟合指数）、PGFI（Parsimony Goodness-of-Fit Index，节俭拟合指数）值等指标对模型适配度进行评价。

如表 2-3 所示，通过进一步对验证因子模型进行残差修正，修正 e48 和 e49，e49 和 e50，e22 和 e37，e61 和 e60，e6 和 e48，e3 和 e2 等残差项，最终得到修正模型的卡方自由度比值为 4.558，为可接受范围，模型适配度良好。从其他适配度指标来看，所有指标均达到适配标准，模型拟合情况较佳。

表 2-3　《中学生学业压力源问卷》验证性因素分析模型拟合优度

适配度检验指标	适配标准	修正前模型	修正后模型	结论
CMIN/DF	1~5	12.088	4.558	符合
RMSEA	<0.05	0.069	0.031	符合
RMR	<0.05	0.034	0.023	符合
GFI	>0.90	0.654	0.959	符合
CFI	>0.90	0.797	0.976	符合

续表

适配度检验指标	适配标准	修正前模型	修正后模型	结论
IFI	>0.90	0.797	0.976	符合
PNFI	>0.50	0.753	0.699	符合
PGFI	>0.50	0.689	0.631	符合

对误差项进行优化修改后的模型图及因子载荷表如表 2-4 所示，结果表明，各题项的因子载荷值均大于 0.7，临界比率均大于 1.96，且均在 0.001 水平上显著；因子载荷良好，表明模型通过检验。根据因子载荷情况：第一个因素包含学习内容、作业考试、学习时间等内容，涉及任务、时间、要求等，将其命名为任务要求压力；第二个因素包含排名次、竞争对手等 11 个题项，主要涉及班集体内外的竞争，因此命名为竞争压力；第三个因素包含教师处罚、父母指责等 14 个题项，主要涉及学习中经历的挫折，因而命名为挫折压力；第四个因素包含教师期望、家长期望、学习目标等 17 个题项，主要涉及他人期望及个人目标，因此命名为期望压力；第五个因素包含展示才能、满足兴趣等，涉及自我未来发展，因此命名为自我发展压力。

表 2-4 《中学生学业压力源问卷》因子载荷

潜变量	测量项	因子载荷	C. R.	*P*
任务要求压力	1. 老师要求过高	0.737		
	2. 学习内容难度太大	0.712	32.090	***
	3. 需要掌握的内容太多	0.707	30.043	***
	4. 基础差，跟不上其他同学	0.760	35.518	***
	5. 学习方法欠缺	0.715	30.217	***
	6. 父母管教太严	0.791	39.907	***
	7. 作业太多，无法按时完成	0.750	34.241	***
	8. 考试太多	0.742	33.932	***
	9. 家长或老师认为成绩好才是好学生	0.729	32.227	***

续表

潜变量	测量项	因子载荷	C. R.	P
任务要求压力	27. 学习时间太少，不够用	0.752	34.033	***
	28. 自己的时间分配不合理	0.701	28.487	***
	29. 学习时间太长	0.714	30.128	***
	30. 社会活动或工作占用时间过多	0.770	38.724	***
	31. 余暇时间利用不好	0.700	28.240	***
	32. 时间投入与学习效果不成比例	0.774	30.557	***
	33. 自由支配的时间太少	0.717	30.281	***
竞争压力	48. 老师总是把我与其他同学比较	0.766		
	49. 我与班上其他同学相比，没有优势	0.752	39.027	***
	50. 每次考试都要排名次、公布名次	0.776	43.416	***
	51. 周围的竞争对手太强	0.751	39.093	***
	52. 别人都在进步，而自己没有进步	0.771	40.270	***
	53. 父母总是把我与别人比较	0.721	36.095	***
	54. 别人都在拼命加油学习	0.793	41.727	***
	55. 考试的恐怖情境	0.790	41.632	***
	56. 别人经常议论学习或考试	0.760	39.752	***
	57. 外界舆论过分渲染	0.775	40.705	***
	58. 自己周围的朋友成绩都很好	0.724	35.982	***
期望压力	44. 我绝不能比某某同学学习差	0.727		
	43. 学习上总是达不到自己的目标	0.795	38.963	***
	26. 社会的要求过高	0.785	37.956	***
	25. 班级的希望过高	0.747	25.972	***
	24. 亲友的期望过高	0.797	26.888	***
	23. 同学的期望过高	0.733	33.620	***
	22. 老师的期望过高	0.786	37.765	***
	21. 父母的期望过高	0.761	35.654	***
	16. 怕自己考不上理想的高中	0.729	25.601	***
	15. 对未来前途感到迷茫	0.740	25.856	***
	14. 自己成绩不如他人	0.762	36.484	***

续表

潜变量	测量项	因子载荷	C. R.	P
期望压力	13. 总想超过某个同学的学习成绩	0.722	32.374	***
	12. 考试成绩不理想	0.756	35.244	***
	11. 希望进入班上或年级前几名	0.760	26.202	***
	45. 保住现在的名次	0.723	36.751	***
	46. 排名靠后太不光彩	0.791	39.413	***
	47. 稍一放松，就会被别人超过	0.769	35.936	***
挫折压力	62. 别人学得好玩得好，而自己学不好也玩不好	0.754	31.373	
	61. 学校或班上学习气氛太差	0.787	38.866	***
	60. 没有安静的学习环境	0.702	29.678	***
	59. 自己周围的朋友成绩都不好	0.770	38.702	***
	42. 受到父母的指责	0.724	30.419	***
	41. 受到老师的批评	0.773	38.703	***
	40. 竞赛失败	0.798	39.541	***
	39. 学习上受到老师的冷遇	0.724	30.382	***
	38. 没有分到理想的班级	0.725	30.417	***
	37. 学习上总是落后于其他同学	0.799	47.771	***
	36. 失败后受到别人的冷嘲热讽	0.733	45.391	***
	35. 害怕考差了	0.726	42.546	***
	34. 自己曾经有过惨痛的失败	0.726	42.404	***
	10. 老师严厉处罚或侮辱	0.730	32.130	***
自我发展压力	20. 自己掌握的东西太少了	0.750		
	19. 自己的兴趣没有得到满足	0.707	44.336	***
	18. 没有机会展示自己的才能	0.701	46.899	***
	17. 以自己的学习赢得别人的尊重	0.750	46.763	***

* $P<0.05$，** $P<0.01$ ，*** $P<0.001$。全书余同。

（二）《学习适应量表》

《学习适应量表》共 60 个题项，分为学习方法适应、学习习惯适应、学习态度适应、学习环境适应和身心适应 5 个维度，每个维度 12 道题。量表采用4点计分，1表示“完全不符合”，4表示“完全符合”，总分越高，代表符合程度越高。该量表内部一致性系数为0.91，达到了心理测量学的要求。孙春晖、郑日昌对其在我国（不含港澳台地区）的适应性进行了验证，证明量表的模型拟合和内在结构良好。

1.《学习适应量表》的信度检验

使用研究数据对该问卷进行了同质性信度检验，即测量问卷的α系数。问卷内部一致性系数为0.90，达到了问卷要求的信度水平，可信程度较高（见表2-5）。

表2-5 《学习适应量表》信度检验

α系数	项数
0.90	60

2.《学习适应量表》的效度检验

采用Amos 21.0软件对该问卷的结构效度进行验证性因素分析，选择卡方自由度比、RMSEA、RMR、GFI、CFI、IFI、PNFI、PGFI值等指标进行模型适配度评价。

如表2-6所示，通过进一步对验证因子模型进行残差修正，修正e33和e32，e46和e45，e37和e42，e25和e29，e38和e50，e3和e11等残差项，最终得到修正模型的卡方自由度比值为4.868，为可接受范围，模型适配度良好。从其他适配度指标来看，所有指标均达到适配标准，模型拟合情况较佳。

表2-6 《学习适应量表》验证性因素分析模型拟合优度

适配度检验指标	适配标准	修正前模型	修正后模型	结论
CMIN/DF	1~5	20.728	4.868	符合
RMSEA	<0.05	0.093	0.039	符合
RMR	<0.05	0.107	0.016	符合
GFI	>0.90	0.503	0.951	符合
CFI	>0.90	0.577	0.968	符合

续表

适配度检验指标	适配标准	修正前模型	修正后模型	结论
IFI	>0.90	0.578	0.970	符合
PNFI	>0.50	0.543	0.654	符合
PGFI	>0.50	0.468	0.621	符合

因子载荷表如表 2-7 所示，结果表明，各题项的因子载荷值均大于 0.6，临界比率均大于 1.96，且均在 0.001 水平上显著；因子载荷良好，表明模型通过检验。根据因子载荷情况，每个因素均包含 12 个题项；第一个因素涉及预习、复习、记笔记等方法，因此将其命名为学习方法适应；第二个因素主要涉及写作业时的习惯，因此命名为学习习惯适应；第三个因素涉及对待学习、作业、教师的态度等，因而命名为学习态度适应；第四个因素涉及教室、家庭等学习环境，因此命名为学习环境适应；第五个因素涉及身心发展状况，因此命名为身心适应。

表 2-7 《学习适应量表》因子载荷

潜变量	测量项	因子载荷	C. R.	*P*
学习方法适应	1. 我经常复习功课	0.703		
	2. 我经常花时间来整理、综合所学过的东西	0.727	4.55	***
	3. 当我学完一课后，会将内容再回想一次，来加强记忆	0.724	1.272	***
	4. 我在家里经常制定复习与预习功课的时间表	0.701	9.453	***
	5. 我学习一段时间（一两个小时）后会休息一下再继续下去	0.743	8.675	***
	6. 我自己不会制订计划	0.625	2.348	***
	31. 我懂得如何做笔记	0.653	5.105	***
	32. 我经常把老师上课的重点简明扼要地记下来	0.703	45.181	***
	33. 我会排列课文内容的重要顺序，来准备考试	0.644	48.680	***
	34. 试卷答完后，我经常会仔细地再检查一次	0.717	42.718	***
	35. 寒暑假的时候，我常毫无计划地玩一天、过一天	0.755	31.442	***
	36. 我常因为玩，而减少原来计划的学习时间	0.778	34.384	***

续表

潜变量	测量项	因子载荷	C. R.	P
学习习惯适应	7. 我常常一边看电视、玩手机，一边写作业	0. 748		
	8. 我常忘记带铅笔盒等文具上学	0. 781	43. 864	***
	9. 上课时，我时常胡思乱想，不能集中注意力	0. 818	46. 122	***
	10. 我时常跟不上老师上课的教学进度	0. 806	45. 363	***
	11. 我在家里有固定的地点学习	0. 797	35. 117	***
	12. 放学回家后，我总是先做作业，再看电视或玩手机	0. 849	42. 542	***
	37. 我经常在最后一分钟，才完成老师布置的作业	0. 777	43. 514	***
	38. 我只做老师布置的作业	0. 713	39. 479	***
	39. 我经常在课本或笔记本上乱涂	0. 799	44. 865	***
	40. 我遇到不会写的作业，就自己乱写	0. 843	47. 723	***
	41. 我的作业本经常保持整洁	0. 863	42. 258	***
	42. 我不会做作业时，会努力去想解决的方法	0. 801	45. 665	***
学习态度适应	48. 我认为学校空间太小	0. 667		
	47. 我尽量避免学习困难的科目	0. 722	35. 489	***
	46. 我觉得操场比教室更吸引人	0. 707	35. 697	***
	45. 我希望学校常常放假	0. 878	39. 446	***
	44. 我觉得学校的老师都很和蔼可亲	0. 770	43. 684	***
	43. 对不喜欢的科目，我上课时仍会专心听讲	0. 877	43. 996	***
	18. 因为成绩不好，所以我越来越没有兴趣学习	0. 843	40. 501	***
	17. 我做作业是因为害怕老师处罚我	0. 815	39. 411	***
	16. 我为了考试才学习	0. 715	35. 090	***
	15. 为了获得比别人更好的成绩，我会比别人更加努力	0. 787	44. 554	***
	14. 我认为学习是件快乐的事情	0. 823	41. 215	***
	13. 我认为学习很有价值	0. 838	37. 232	***
学习环境适应	54. 我觉得老师处罚学生很公平	0. 825		

续表

潜变量	测量项	因子载荷	C. R.	P
学习环境适应	53. 我觉得教室的黑板很好	0.833	41.047	***
	52. 我经常被其他同学嘲笑	0.797	33.305	***
	51. 我经常因为意见不合，和同学吵架	0.838	37.305	***
	50. 我经常遭受老师的责骂，很少被称赞	0.804	38.305	***
	49. 老师教学速度太快，我常觉得跟不上	0.758	41.305	***
	24. 我觉得教室通风良好	0.813	42.589	***
	23. 我家的气氛很和谐，对我的学习很有帮助	0.821	43.522	***
	22. 我觉得很多课文太深奥了	0.794	34.305	***
	21. 我觉得教室灯光太暗	0.849	33.305	***
	20. 父母对我的管教方式，相差很大	0.734	41.305	***
	19. 我常因为帮父母做家务而没有时间学习	0.865	47.305	***
身心适应	60. 别人讲话，我常听不清楚	0.882		
	59. 我觉得做错一件事，很难再改正过来	0.888	42.790	***
	58. 我很少有头痛的现象	0.804	35.320	***
	57. 考试的时候，我会很镇静	0.869	41.823	***
	56. 我很少发脾气	0.839	42.256	***
	55. 发生在我身上的事情，我大都有办法掌握它	0.888	44.788	***
	30. 我经常受别人影响而失去信心	0.841	42.901	***
	29. 我常觉得功课不如人	0.806	39.037	***
	28. 只要我肯努力，就能通过任何一科的考试	0.882	38.476	***
	27. 家人做决定时，我常有机会表示意见	0.888	46.893	***
	26. 我对自己期望很高	0.804	43.221	***
	25. 我觉得成绩好坏，是我的责任	0.882	42.256	***

（三）《初中生学习收获问卷》

《初中生学习收获问卷》借鉴阿斯汀的学生发展理论，考虑中学生实际的学习情况，结合核心素养中能力、品德和价值观的要求以及人才培养一体化的理念，将初中生的学习收获分为知识收获、能力收获、价值观收获三个维度。在知识收获中，原有理论基础针对大学生知识学习情况，本书根据初中生当下中考改革和实际上课情况进行较大幅度调整，依照学科不同分为语数外主科、选考科目和艺术素养科目的收获进行题目设计。在能力收获中，本书借鉴了理论中沟通表达、与人合作等内容组成能力收获指标，并且根据访谈结果加入了目前中学重点培养的批判性思维以及思维导图等学习方法，以更好地衡量初中生能力收获的情况。在价值观收获中，对比与大学生价值观的不同，根据对初中生的访谈情况，考虑到初中生对职业规划内容还没有清晰完整的认知，从是非道德、升学规划等贴近中学生实际生活的情况进行问题设置。

问卷试测过程中发现部分学生对信息处理、沟通表达等题项理解不清，因此改为学生容易理解的运用计算机处理问题、书面写作和口头表达等话语。在测试中，还邀请具有丰富量表编制经验的教师进行审读，根据反馈意见反复修改，以保证问卷的信效度。问卷共 23 个题项，采用 4 点计分，1 代表“完全没有进步”，4 代表“有很大进步”。

1. 学习收获问卷的信度检验

使用研究数据对问卷进行同质性信度检验，运用 α 系数检验方法，学习收获问卷的 α 系数为 0.93，处于较高的信度水平，表明问卷可信程度较高（见表 2-8）。

表 2-8 《初中生学习收获问卷》信度检验

α 系数	项数
0.93	20

2. 学习收获问卷的效度检验

本书对学习收获问卷进行探索性因素分析和验证性因素分析。首先抽取奇数编号问卷运用 SPSS 23.0 进行探索性因子分析检验问卷效度。如表 2-9 所示，学习收获问卷的 KMO 值 0.97>0.5，适合进行因子分析。学习收获问卷的 Bartlett’s 球形检验值 0.00<0.05，达到显著，球形假设被拒绝，因

此各变量并非各自独立，取值相关，初中生学习收获问卷适合进行因子分析。

表 2-9 《初中生学习收获问卷》KMO 和巴特利特检验

学习收获		
KMO 取样适切性量数		0.97
巴特利特球形度检验	近似卡方	36701.94
	自由度	190
	显著性	0.00***

采用探索性因子分析中的主成分分析法，根据因子分析的结果，删除因子载荷小于 0.5 以及在两个或以上因子上有接近且比较高载荷系数的题目，多次重复进行探索性因子分析，剔除第 13 题、14 题和 17 题，剩下 20 个题项结构清晰。探索性因子分析的结果如表 2-10 所示。为了更直观地显示因子分布情况，只显示每个因子大于 0.5 的载荷系数。其中特征值大于 1 的成分有 3 个，累积方差解释率为 70.76%，提取的三个成分能够较好解释。根据第一个因子的题项特征，将其命名为价值观收获因子；第二个因子主要侧重考察各项能力，因此将其命名为能力收获因子；第三个因子主要反映的是各科学习和收获，因此命名为知识收获因子。

表 2-10 学习收获探索性因素分析

项目	因子		
	F1	F2	F3
22. 我对不同群体的文化和价值理念的理解	0.77		
20. 我对是非道德观念的理解	0.76		
18. 我对自己不足的认识	0.74		
21. 我对未来升学学校目标的规划	0.71		
23. 我对社会问题有意识地关注	0.70		
19. 我对自己优点的认识	0.69		
15. 我在课上自主学习能力	0.61		
16. 我在课后自主学习能力	0.58		
8. 我熟练运用计算机解决问题能力		0.75	

续表

项目	因子		
	F1	F2	F3
7. 我课外活动组织能力		0.72	
10. 我经常运用思维导图解决问题能力		0.69	
5. 我的口头表达能力		0.63	
12. 我与他人有效合作的能力		0.62	
11. 与他人合作沟通的能力		0.63	
9. 在思考问题时我有意识地运用批判性思维能力		0.56	
6. 我的书面写作能力		0.54	
1. 我在语数英学科方面的学习			0.77
2. 我在物化生、政史地学科方面的学习			0.72
4. 我用扎实的学科知识完成老师的作业			0.61
3. 我在音体美等素质学科方面的学习			0.55
解释变异量	29.43%	23.53%	17.80%
累积解释变异量	29.43%	52.96%	70.76%

本书采用 Amos 21.0 对偶数项问卷进行验证性因子分析，选择卡方自由度比、RMSEA、RMR、GFI、CFI、IFI、PNFI、PGFI 值等指标进行模型适配度评价。

如表 2-11 所示，因子模型的适配结果初始模型卡方自由度比值为 3.72，进一步对验证因子模型进行 MI 残差修正，修正 e2 和 e7，e9 和 e14，e10 和 e13，e9 和 e15 等残差，最终得到修正模型的卡方自由度比值为 2.928<3.000，表示模型适配度良好。RMSEA 小于 0.05，其余适配的指标修正后较理想，所有指标均达到适配标准，模型拟合情况较好，学习收获问卷具有良好的结构效度。

表 2-11　学习收获问卷验证性因素分析模型拟合优度

适配度检验指标	适配标准	修正前模型	修正后模型	结论
CMIN/DF	1~3	3.72	2.92	符合
RMSEA	<0.05	0.06	0.03	符合

续表

适配度检验指标	适配标准	修正前模型	修正后模型	结论
GFI	>0.90	0.88	0.94	符合
CFI	>0.90	0.90	0.93	符合
IFI	>0.90	0.91	0.95	符合
PNFI	>0.50	0.78	0.80	符合
PGFI	>0.50	0.65	0.76	符合

因子载荷表如表 2-12 所示，结果表明各题项因子载荷值均大于 0.5，临界比率均大于 1.96，且均在 0.001 水平上显著，因子载荷良好，模型通过检验。问卷模型由 3 个因子构成：根据因子载荷情况，第一个因子根据题项内容可命名为价值观收获，第二个因子根据题项内容可命名为能力收获，第三个因子根据题项内容可命名为知识收获。

表 2-12　学习收获问卷因子载荷

潜变量	测量项	因子载荷	C. R.
价值观收获	22. 我对不同群体的文化和价值理念的理解	0.85	
	20. 我对是非道德观念的理解	0.81	35.89***
	18. 我对自己不足的认识	0.87	36.85***
	21. 我对未来升学学校目标的规划	0.81	34.02***
	23. 我对社会问题有意识地关注	0.86	38.52***
	19. 我对自己优点的认识	0.82	33.89***
	15. 我在课上自主学习能力	0.80	37.82***
	16. 我在课后自主学习能力	0.76	34.80***
能力收获	8. 我熟练运用计算机解决问题能力	0.82	
	7. 我课外活动组织能力	0.65	28.40***
	10. 我经常运用思维导图解决问题能力	0.84	31.38***
	5. 我的口头表达能力	0.76	23.37***
	12. 我与他人有效合作的能力	0.88	32.46***
	11. 与他人合作沟通的能力	0.87	28.29***
	9. 在思考问题时我有意识地运用批判性思维能力	0.78	34.91***

续表

潜变量	测量项	因子载荷	C. R.
能力收获	6. 我的书面写作能力	0.78	34.17***
知识收获	1. 我在语数英学科方面的学习	0.73	
	2. 我在物化生、政史地学科方面的学习	0.85	27.69***
	4. 我用扎实的学科知识完成老师的作业	0.85	25.48***
	3. 我在音体美等素质学科方面的学习	0.81	31.09***

(四)《中学生学习力问卷》

1.《中学生学习力问卷》的信度检验

《中学生学习力问卷》共26个题项，包括学习批判性、学习建构性、学习交流性、学习策略性、学习坚韧性5个维度，该问卷α系数为0.93，具有较高的内部一致性。原问卷采用7点计分，为了去掉回答过程中的模糊地带，使学生更加准确地对自身情况进行判断，也为了与其他量表统一量纲，本书将计分方式改为4点计分。

对回收的有效问卷进行信度检验，运用α系数检验初中生学习力问卷的信度，问卷α系数为0.95，表明学习力问卷的信度较好（见表2-13）。

表2-13 《中学生学习力问卷》信度检验

	α系数	项数
学习力	0.95	26

2.《中学生学习力问卷》的效度检验

采用Amos 21.0对问卷进行验证性因子分析，选择卡方自由度比、RMSEA、RMR、GFI、CFI、IFI、PNFI、PGFI值等指标进行模型适配度评价。

如表2-14所示，因子模型的适配指标结果中，初始模型卡方自由度比值为6.34，进一步对验证因子模型进行MI残差修正，修正e1和e3，e10和e12，e2和e5，e8和e9等残差，最终得到修正模型的卡方自由度比值为2.86<3.000，模型适配情况变成良好。从其他适配度指标来看，所有指标

均达到适配标准，模型拟合情况较佳。

表 2-14 《中学生学习力问卷》验证性因素分析模型拟合优度

适配度检验指标	适配标准	修正前模型	修正后模型	结论
CMIN/DF	1~3	6.34	2.86	符合
RMSEA	<0.05	0.06	0.04	符合
GFI	>0.90	0.89	0.92	符合
CFI	>0.90	0.87	0.92	符合
IFI	>0.90	0.91	0.94	符合
PNFI	>0.50	0.75	0.80	符合
PGFI	>0.50	0.65	0.78	符合

因子载荷表如表 2-15 所示，各题项因子载荷值均大于 0.6，临界比率均大于 1.96，且均在 0.001 水平上显著，因子载荷良好，模型通过检验。问卷由 5 个因子构成，根据因子载荷情况，第一个因子根据题项内容可命名为学习批判性，第二个因子根据题项内容可命名为学习建构性，第三个因子根据题项内容可命名为学习交流性，第四个因子根据题项内容可命名为学习坚韧性，第五个因子根据题项内容可命名为学习策略性。

表 2-15 《中学生学习力问卷》因子载荷

潜变量	测量项	因子载荷	C. R.
学习批判性	1. 我喜欢有挑战性的学习内容	0.79	
	2. 在独立解决问题之前，我不喜欢接受现成的答案	0.67	45.11***
	3. 在学习中，我喜欢接受挑战	0.82	50.37***
	4. 在学习的过程中，我会有逻辑地、认真地思考	0.86	51.08***
	5. 作为一个学习者，我希望不断提升自己	0.78	44.59***
	6. 当学习内容很难，我会试图去发现其中的乐趣	0.82	50.05***
	7. 我喜欢不断改进自己的学习方法	0.81	43.81***
学习建构性	8. 我喜欢从不同的视角来看待学习中的材料	0.82	
	9. 我喜欢学习那些对我来说很重要的知识	0.79	52.64***

续表

潜变量	测量项	因子载荷	C. R.
学习建构性	10. 在学习中，我会采用多种方法，并考虑不同的可能性	0.84	55.10***
	11. 我会借助影像、图画、流程图等方式进行学习	0.68	41.52***
	12. 当学习的新知识与已学知识联系起来时，我就很爱学习	0.82	52.78***
	13. 即使没有明确的思路，我也会从不同的视角去思考	0.82	54.27***
	14. 学习新知识时，我会联系以往学过的内容	0.83	53.20***
学习交流性	15. 家人、朋友、老师等重要他人会对我的学习有帮助	0.79	
	16. 在适当时候，我会向他人学习，交流合作，和他们面对困难	0.88	51.72***
	17. 我会把他人当作学习伙伴，并从那获得学习资源和情感支持	0.87	52.51***
	18. 我会通过观察、模仿其他人（包括同伴）来进行学习	0.78	45.46***
	19. 我喜欢向他人学习，也喜欢与他人交流合作	0.81	48.66***
学习策略性	20. 在学习中，我会按照计划组织自己的学习	0.89	
	21. 在学习中，我会认真制订计划	0.84	57.18***
	22. 我能预估学习任务所需时长、需要的资源、成功的概率	0.77	49.88***
学习坚韧性	23. 当遇到难题不能解决时，我会觉得自己不聪明	0.83	
	24. 当学习遇到困难时，我会感到沮丧	0.88	17.56***
	25. 当遇到难题时，我不知如何是好	0.90	23.91***
	26. 面对失败，我会感到气馁	0.74	23.42***

（五）《儿童青少年抗逆力量表》

《儿童青少年抗逆力量表》共27个题项，由个人抗逆力、家庭抗逆力和社会抗逆力3个维度构成。采用5点计分，1表示“完全不符合”、5表示“完全符合”，总分越高，代表抗逆力水平越高。量表的α系数为0.90，具有较好的信度。田国秀等人不仅验证了CYRM这份心理测量工具在中国的适用性，丰富了国内抗逆力测量的工具，而且指出社会背景是影响抗逆力的重要因素，主张将抗逆力放入更广阔的社会生态学背景中进行考察。[1]为避免回答的模糊地带，本书去掉了“符合”这个维度，将计分方式改为4点计分，并重新检验其信度效度。

1.《儿童青少年抗逆力量表》的信度检验

使用研究数据对该问卷进行同质性信度检验，即测量问卷的α系数。问卷的α系数为0.97，达到了问卷要求的信度水平，可信程度较高（见表2-16）。

表2-16　《儿童青少年抗逆力量表》信度检验

α系数	项数
0.97	27

2.《儿童青少年抗逆力量表》的效度检验

本书采用Amos 21.0软件对该问卷的结构效度进行验证性因素分析，选择卡方自由度比、RMSEA、GFI、CFI、IFI、PNFI、PGFI值等指标对模型适配度进行评价。

如表2-17所示，因子模型的适配指标结果中，初始模型卡方自由度比值为21.161，通过进一步对验证因子模型进行残差修正，修正e7和e8，e6和e11，e3和e4，e25和e21等残差，最终得到修正模型的卡方自由度比值

[1] 向小平，田国秀，王曦影，等. 儿童青少年抗逆力测量中文版在北京青少年中的适用性研究[J]. 中国青年研究，2014(5)：5-10.

为4.738，模型适配度良好。从其他适配度指标来看，所有指标均达到适配标准，模型拟合情况较佳。

表2-17 《儿童青少年抗逆力量表》验证性因素分析模型拟合优度

适配度检验指标	适配标准	修正前模型	修正后模型	结论
CMIN/DF	1~5	21.161	4.738	符合
RMSEA	<0.05	0.094	0.037	符合
GFI	>0.90	0.788	0.962	符合
CFI	>0.90	0.871	0.979	符合
IFI	>0.90	0.871	0.975	符合
PNFI	>0.50	0.791	0.673	符合
PGFI	>0.50	0.669	0.612	符合

因子载荷表如表2-18所示，结果表明，各题项的因子载荷值均大于0.6，临界比率均大于1.96，且均在0.001水平上显著；因子载荷良好，表明模型通过检验。根据因子载荷情况：第一个因素主要包含个人的9个题项，因此命名为个人抗逆力；第二个因素包含关于照管人的7个题项，因而命名为家庭抗逆力；第三个因素包含学校、社区、民族、国家等11个题项，因而命名为社会抗逆力。

表2-18 《儿童青少年抗逆力量表》因子载荷

潜变量	测量项	因子载荷	C. R.	*P*
个人抗逆力	1. 我可以与身边的人合作	0.826		
	2. 我会完成我已经开始做的事	0.799	50.569	***
	3. 人们认为与我相处很有趣	0.806	60.296	***
	4. 我能在不伤害自己或他人的情况下解决问题（使用药物或暴力）	0.648	38.386	***
	5. 我清楚自己的优势	0.779	48.664	***
	6. 精神信念是我生活力量的源泉	0.777	49.090	***
	7. 我觉得为我所在的社区服务很重要	0.681	40.773	***
	8. 我感到有朋友支持我	0.822	52.809	***
	9. 在我有困难时朋友会帮助我	0.644	53.635	***

续表

潜变量	测量项	因子载荷	C. R.	*P*
家庭抗逆力	10. 我的照管人很关注我	0. 830		
	11. 我的照管人很了解我	0. 857	57. 982	***
	12. 如果我饿了，有足够的东西吃	0. 774	49. 526	***
	13. 我和我的照管人谈论我的感受	0. 837	55. 733	***
	14. 在我有困难时我的照管人会帮助我	0. 854	58. 132	***
	15. 我和我的照管人待在一起时感觉很安全	0. 908	63. 923	***
	16. 我喜欢照管人的文化和家庭传统	0. 854	57. 599	***
社会抗逆力	17. 获得教育对我很重要	0. 803	45. 582	***
	18. 我在学校有归属感	0. 786	39. 965	***
	19. 我有尊敬的人	0. 791	46. 689	***
	20. 我知道怎样在不同的社会环境里行事	0. 793	38. 664	***
	21. 我有机会向其他人展示我正在成为一个成年人	0. 790	37. 323	***
	22. 我知道在社区里去哪里可以得到帮助	0. 692	35. 383	***
	23. 我有机会培养在今后的人生中有用的技能	0. 807	40. 972	***
	24. 我为自己的民族背景骄傲	0. 759	51. 254	***
	25. 我在社区中被公平对待	0. 795	40. 284	***
	26. 我享受所在社区的传统	0. 783	39. 770	***
	27. 我为自己是中国人而感到骄傲	0. 696		

第三章

初中生学习与发展核心问题现状调查

一、初中生学业压力、学习适应和学习收获的描述性分析

学业压力、学习适应和学习收获是学生过程性发展的重要考量指标，会对学生的学习与发展产生较大影响。抗逆力与学习力对学习适应与学习收获有较大影响，两者作为学习与发展的核心内驱力，分别作为其中一组关系的调节变量，采取三个变量为一组的方式进行研究。第一组初中生学习与发展核心问题包括学业压力、学习适应和抗逆力的关系，第二组问题研究包括学业压力、学习收获与学习力的相互关系。

（一）初中生学业压力描述性分析

初中生学业压力均值为 2.243，标准差为 0.547（见表 3-1），可见初中生整体学业压力尚可。学业压力五个维度中，期望压力的平均值最大，标准差相对较小，表明初中生整体承受较大的期望压力，且其内部离散程度

较弱，共性较大。其余维度的均值按照从高到低的顺序排列为：竞争压力>任务要求压力>自我发展压力>挫折压力。

表 3-1 初中生学业压力情况描述统计

变量	最小值	最大值	平均值	标准差
学业压力	1	4	2.243	0.547
自我发展压力	1	4	2.246	0.530
竞争压力	1	4	2.272	0.633
任务要求压力	1	4	2.132	0.592
期望压力	1	4	2.335	0.578
挫折压力	1	4	2.230	0.660

（二）初中生学习适应描述性分析

初中生学习适应均值为 2.868，标准差为 0.366（见表 3-2），表明初中生整体学习适应状况较好。学习适应五个维度中，学习环境适应的平均值最大，标准差相对较小，表明初中生对于学习环境适应较好，且其内部离散程度较弱，共性较大。其余维度的均值按照从高到低的顺序排列为：学习习惯适应>身心适应>学习态度适应>学习方法适应。

表 3-2 初中生学习适应描述性分析

变量	最小值	最大值	平均值	标准差
学习适应	1	4	2.868	0.366
学习方法适应	1	4	2.767	0.452
学习习惯适应	1	4	2.933	0.494
学习态度适应	1	4	2.811	0.426
学习环境适应	1	4	2.983	0.462
身心适应	1	4	2.846	0.370

（三）初中生学习收获描述性分析

初中生学习收获均值为3.04，标准差为0.36（见表3-3），相对较小，说明学习收获内部离散程度弱，学习收获情况良好。学习收获各维度中均值和标准差相差不大，说明内部离散程度弱，共性比较大。这表明初中生学习收获中各方面收获相对比较均衡、稳定。

表3-3　初中生学习收获情况描述统计

变量	最小值	最大值	平均值	标准差
学习收获	1	4	3.04	0.36
知识收获	1	4	2.96	0.43
能力收获	1	4	3.04	0.45
价值观收获	1	4	3.12	0.44

二、初中生学业压力、学习适应和学习收获人口学变量差异分析

（一）初中生学业压力的人口学变量差异分析

1. 初中生学业压力水平的性别差异分析

为比较初中生学业压力及各维度在性别上是否存在显著差异，运用SPSS 23.0软件，对数据进行独立样本 T 检验（见表3-4）。研究发现，学业压力及各维度在性别上没有显著差异。

表3-4　初中生学业压力的性别差异分析

变量	性别	均值	标准差	T
学业压力	男	2.241	0.550	-0.234
	女	2.246	0.544	

续表

变量	性别	均值	标准差	T
任务要求压力	男	2. 245	0. 533	-0. 078
	女	2. 247	0. 527	
竞争压力	男	2. 250	0. 624	-1. 725
	女	2. 296	0. 642	
挫折压力	男	2. 143	0. 591	0. 890
	女	2. 120	0. 592	
期望压力	男	2. 318	0. 579	-1. 406
	女	2. 352	0. 576	
自我发展压力	男	2. 246	0. 661	1. 181
	女	2. 214	0. 658	

因抽样群体中不同年级学生存在数量差异，为减少其影响，对不同年级学生分别进行各变量的差异检验，为更好呈现研究结果，本书仅选择具有显著差异的数据进行汇报。结果发现，初一年级在竞争压力上存在显著的性别差异，初一女生的竞争压力显著高于初一男生。初二年级在自我发展压力上有显著的性别差异，初二女生的自我发展压力显著高于初二男生，如表 3-5 所示。这说明，年级上的性别差异可能受其他变量的影响而在总体上差异不显著。

表 3-5　不同年级学生学业压力的性别差异分析

变量	年级	性别	均值	标准差	T
竞争压力	初一	男	2. 205	0. 629	-2. 203
		女	2. 290	0. 670	
自我发展压力	初二	男	2. 264	0. 638	2. 150
		女	2. 364	0. 695	

2. 初中生学业压力水平的是否独生子女差异分析

为比较初中生学业压力及各维度在是否独生子女方面的差异情况，运用 SPSS 23. 0 软件，对数据进行独立样本 T 检验，结果如表 3-6 所示，是否独生子女在学业压力及各维度上均有显著差异。其中，非独生子女在学业压力及各维度上均高于独生子女，表明非独生子女承受更大的学业压力。

表 3-6　初中生学业压力的是否独生子女差异分析

变量	是否独生子女	均值	标准差	T
学业压力	是	2.211	0.534	-4.001***
	否	2.307	0.567	
任务要求压力	是	2.223	0.517	-2.920***
	否	2.291	0.553	
竞争压力	是	2.237	0.623	-3.698***
	否	2.340	0.648	
挫折压力	是	2.095	0.579	-4.216***
	否	2.204	0.610	
期望压力	是	2.299	0.572	-4.168***
	否	2.405	0.584	
自我发展压力	是	2.198	0.647	-3.262***
	否	2.293	0.680	

不同年级差异检验发现，在是否独生子女方面，初一、初三年级学生在学业压力及竞争压力、挫折压力、期望压力和自我发展压力维度上存在显著差异，非独生子女的学业压力要大于独生子女（见表 3-7）。

表 3-7　不同年级学生学业压力的是否独生子女差异分析

变量	年级	是否独生子女	均值	标准差	T
学业压力	初一	是	2.174	0.542	-2.597**
		否	2.270	0.593	
	初三	是	2.149	0.488	-2.851**
		否	2.288	0.534	
竞争压力	初一	是	2.203	0.632	-2.642**
		否	2.317	0.674	
	初三	是	2.141	0.583	-2.645**
		否	2.302	0.634	

续表

变量	年级	是否独生子女	均值	标准差	T
挫折压力	初一	是	2.055	0.579	−2.722**
		否	2.163	0.632	
	初三	是	1.990	0.550	−3.113**
		否	2.169	0.587	
期望压力	初一	是	2.264	0.576	−2.884**
		否	2.377	0.612	
	初三	是	2.189	0.547	−3.263***
		否	2.374	0.570	
自我发展压力	初一	是	2.159	0.640	−2.047**
		否	2.249	0.698	
	初三	是	2.124	0.616	−2.462***
		否	2.281	0.641	

3. 初中生学业压力水平的生源地差异分析

为比较初中生学业压力及各维度在生源地方面是否有显著差异，运用 SPSS 23.0 软件，对数据进行独立样本 T 检验，如表 3-8 所示，在学业压力及各维度均达到显著差异。其中，农村学生学业压力各维度均高于城市学生，表明农村学生的学业压力更大。

表 3-8　初中生学业压力的生源地差异分析

变量	生源地	均值	标准差	T
学业压力	农村	2.384	0.560	7.510***
	城市	2.192	0.534	
任务要求压力	农村	2.347	0.544	5.505***
	城市	2.210	0.521	
竞争压力	农村	2.424	0.630	7.009***
	城市	2.217	0.625	
挫折压力	农村	2.289	0.603	7.758***
	城市	2.075	0.577	

续表

变量	生源地	均值	标准差	T
期望压力	农村	2.486	0.581	7.672***
	城市	2.280	0.567	
自我发展压力	农村	2.372	0.654	6.281***
	城市	2.179	0.655	

不同年级学生生源地差异检验结果显示，生源地在学业压力及竞争压力、挫折压力、自我发展压力和期望压力上有显著差异（见表3-9）。各年级农村学生学业压力显著大于城市学生。总体差异和分年级差异一致，表明生源地会对学生的学业压力产生影响。

表3-9　不同年级学生学业压力的生源地差异分析

变量	年级	生源地	均值	标准差	T
学业压力	初一	农村	2.286	0.589	2.405*
		城市	2.185	0.553	
	初二	农村	2.459	0.536	4.443***
		城市	2.279	0.535	
	初三	农村	2.419	0.527	6.941***
		城市	2.074	0.468	
任务要求压力	初二	农村	2.408	0.513	2.858**
		城市	2.294	0.529	
	初三	农村	2.410	0.525	6.313***
		城市	2.109	0.441	
竞争压力	初一	农村	2.320	0.665	2.036*
		城市	2.227	0.643	
	初二	农村	2.501	0.598	4.356***
		城市	2.298	0.624	
	初三	农村	2.469	0.599	6.442***
		城市	2.086	0.570	

续表

变量	年级	生源地	均值	标准差	T
挫折压力	初一	农村	2.198	0.623	3.040**
		城市	2.062	0.591	
	初二	农村	2.356	0.582	4.006***
		城市	2.181	0.574	
	初三	农村	2.327	0.587	6.987***
		城市	1.939	0.522	
期望压力	初一	农村	2.394	0.618	2.641**
		城市	2.278	0.581	
	初二	农村	2.557	0.546	4.348***
		城市	2.374	0.557	
	初三	农村	2.522	0.556	6.934***
		城市	2.140	0.527	
自我发展压力	初一	农村	2.268	0.669	2.025*
		城市	2.168	0.660	
	初二	农村	2.475	0.646	4.548***
		城市	2.247	0.665	
	初三	农村	2.367	0.610	4.299***
		城市	2.095	0.617	

4. 初中生学业压力水平的家庭类型差异分析

为比较初中生学业压力及各维度在是否单亲家庭方面的差异情况，运用 SPSS 23.0 软件，对数据进行独立样本 T 检验，家庭类型在学业压力及各维度上均达到显著差异。其中，单亲家庭学生在任务要求压力、竞争压力、挫折压力、自我发展压力和期望压力上高于非单亲家庭学生，表明单亲家庭学生承受更大的学业压力（见表 3-10）。

表 3-10　初中生学业压力的家庭类型差异分析

变量	是否单亲家庭	均值	标准差	T
学业压力	是	2.384	0.583	3.757**
	否	2.230	0.542	
任务要求压力	是	2.352	0.580	2.905**
	否	2.236	0.525	
竞争压力	是	2.396	0.654	2.837**
	否	2.261	0.630	
挫折压力	是	2.285	0.616	3.776***
	否	2.118	0.587	
期望压力	是	2.462	0.591	3.227***
	否	2.323	0.576	
自我发展压力	是	2.425	0.715	4.312***
	否	2.213	0.652	

不同年级学生家庭类型差异分析结果显示，在是否单亲家庭方面，初一学生在学业压力及竞争压力、挫折压力、期望压力和自我发展压力维度上存在显著差异，初二学生在学业压力及任务要求压力和自我发展压力维度上存在显著差异（见表 3-11）。

表 3-11　不同年级学生学业压力的是否单亲家庭差异分析

变量	年级	是否单亲家庭	均值	标准差	T
学业压力	初一	是	2.396	0.611	3.019**
		否	2.194	0.557	
	初二	是	2.446	0.592	2.040*
		否	2.320	0.534	
任务要求压力	初二	是	2.438	0.596	2.035*
		否	2.316	0.517	
竞争压力	初一	是	2.446	0.676	2.812**
		否	2.229	0.645	

续表

变量	年级	是否单亲家庭	均值	标准差	T
挫折压力	初一	是	2.316	0.651	3.343***
		否	2.077	0.594	
期望压力	初一	是	2.497	0.624	2.941**
		否	2.290	0.587	
自我发展压力	初一	是	2.405	0.738	2.916**
		否	2.174	0.654	
	初二	是	2.515	0.693	2.927**
		否	2.293	0.660	

5. 初中生学业压力水平的父亲文化程度差异分析

为比较初中生学业压力及各维度在父亲文化程度方面的差异情况，运用 SPSS 23.0 软件，对数据进行独立样本 T 检验。研究发现，在学业压力及各维度上，均达到显著差异（见表 3-12）。其中，父亲未受过高等教育的学生在学业压力及各维度均高于父亲受过高等教育的学生，表明他们的学业压力更大。

表 3-12　初中生学业压力的父亲是否受过高等教育差异分析

变量	父亲是否受过高等教育	均值	标准差	T
学业压力	是	2.164	0.523	-7.475***
	否	2.333	0.560	
任务要求压力	是	2.189	0.511	-5.544***
	否	2.311	0.545	
竞争压力	是	2.189	0.618	-6.738***
	否	2.366	0.637	
挫折压力	是	2.042	0.566	-7.824***
	否	2.233	0.604	
期望压力	是	2.248	0.559	-7.732***
	否	2.432	0.584	
自我发展压力	是	2.150	0.636	-6.252***
	否	2.321	0.674	

不同年级学生父亲是否受过高等教育的差异分析，在父亲是否受过高等教育方面，初一、初三学生在各维度上均存在显著差异。初二年级学生除任务要求压力外，也均有显著差异（见表3-13）。这表明父亲是否受过高等教育会对学生的学业压力水平产生影响。

表 3-13　不同年级学生学业压力的父亲文化程度差异分析

变量	年级	父亲是否受过高等教育	均值	标准差	T
学业压力	初一	是	2.144	0.538	-4.009^{***}
		否	2.288	0.547	
	初二	是	2.271	0.520	-3.153^{**}
		否	2.389	0.555	
	初三	是	2.062	0.484	-5.539^{***}
		否	2.309	0.501	
任务要求压力	初一	是	2.169	0.563	-2.461^{*}
		否	2.256	0.552	
	初三	是	2.092	0.450	-5.448^{***}
		否	2.324	0.492	
竞争压力	初一	是	2.179	0.587	-3.503^{***}
		否	2.324	0.556	
	初二	是	2.289	0.604	3.086^{**}
		否	2.422	0.633	
竞争压力	初三	是	2.080	0.584	-4.762^{***}
		否	2.335	0.592	
挫折压力	初一	是	2.018	0.554	-4.390^{***}
		否	2.187	0.538	
	初二	是	2.165	0.563	-3.239^{***}
		否	2.296	0.592	
	初三	是	1.927	0.540	-5.469^{***}
		否	2.200	0.561	

续表

变量	年级	父亲是否受过高等教育	均值	标准差	T
期望压力	初一	是	2.229	0.571	-4.447***
		否	2.397	0.582	
	初二	是	2.367	0.548	-3.059**
		否	2.486	0.564	
	初三	是	2.130	0.541	-5.383***
		否	2.397	0.546	
自我发展压力	初一	是	2.122	0.637	-3.589***
		否	2.275	0.677	
	初二	是	2.242	0.649	-3.018**
		否	2.382	0.766	
	初三	是	2.081	0.622	-3.744***
		否	2.291	0.611	

6. 初中生学业压力水平的母亲文化程度差异分析

为比较初中生学业压力及各维度在母亲文化程度方面的差异情况，运用 SPSS 23.0 软件，对数据进行独立样本 T 检验。母亲文化程度在学业压力及各维度上均达到显著差异（见表 3-14）。其中，母亲未受过高等教育的学生在学业压力及各维度上均高于母亲受过高等教育的学生，表明他们的学业压力更大。

表 3-14　初中生学业压力的母亲是否受过高等教育差异分析

变量	母亲是否受过高等教育	均值	标准差	T
学业压力	是	2.166	0.533	-6.994***
	否	2.324	0.551	
任务要求压力	是	2.195	0.518	-4.783***
	否	2.300	0.538	
竞争压力	是	2.189	0.626	-6.514***
	否	2.360	0.629	

续表

变量	母亲是否受过高等教育	均值	标准差	T
挫折压力	是	2.045	0.579	−7.332***
	否	2.224	0.591	
期望压力	是	2.249	0.569	−7.347***
	否	2.425	0.574	
自我发展压力	是	2.152	0.644	−5.873***
	否	2.313	0.667	

不同年级学生母亲是否受过高等教育进行差异分析，结果发现在母亲是否受过高等教育方面，各年级学生在学业压力以及竞争压力、期望压力、挫折压力、期望压力和自我发展压力维度上均有显著差异（见表3-15），与总体样本结果一致，表明母亲是否受过高等教育的确会影响学生的学业压力。

表3-15　不同年级学生学业压力的母亲文化程度差异分析

变量	年级	母亲是否受过高等教育	均值	标准差	T
学业压力	初一	是	2.152	0.546	−3.343***
		否	2.272	0.576	
	初二	是	2.259	0.535	−3.673***
		否	2.397	0.540	
	初三	是	2.068	0.488	−4.892***
		否	2.285	0.501	
任务要求压力	初二	是	2.277	0.523	−2.584**
		否	2.372	0.526	
	初三	是	2.095	0.450	−4.977***
		否	2.305	0.495	
竞争压力	初一	是	2.184	0.648	−3.115**
		否	2.313	0.645	
	初二	是	2.278	0.619	−3.510***
		否	2.430	0.616	

续表

变量	年级	母亲是否受过高等教育	均值	标准差	T
竞争压力	初三	是	2.082	0.580	-4.419***
		否	2.316	0.601	
挫折压力	初一	是	2.020	0.578	-4.112***
		否	2.178	0.616	
	初二	是	2.153	0.583	-3.744***
		否	2.304	0.573	
	初三	是	1.945	0.554	-4.242***
		否	2.157	0.556	
期望压力	初一	是	2.238	0.577	-3.786***
		否	2.381	0.600	
	初二	是	2.352	0.561	-3.729***
		否	2.497	0.550	
	初三	是	2.135	0.544	-4.799***
		否	2.371	0.550	
自我发展压力	初一	是	2.129	0.639	-3.117**
		否	2.261	0.684	
	初二	是	2.237	0.657	-3.729**
		否	2.385	0.668	
	初三	是	2.081	0.623	-3.484**
		否	2.276	0.614	

7. 初中生学业压力水平的年级差异分析

为比较初中生学业压力及各维度在年级方面是否存在显著差异，运用 SPSS 23.0 软件，对数据进行单因素方差分析，结果见表 3-16。学业压力各维度的组间均至少有一组与其他组有显著差异。事后检验结果如表 3-17 所示：初一与初二、初二与初三的学生的学业压力有显著差异；在任务压力、竞争压力、挫折压力、自我发展压力维度上，初一与初二、初二与初三的学生差异显著，其中初二学生知觉到的压力最高；在期望压力维度上，三个年级的学生之间均有显著差异。

表 3-16 初中生学业压力水平的年级差异分析

变量	年级	均值	标准差	F
学业压力	初一	2. 210	0. 563	19. 105***
	初二	2. 334	0. 542***	
	初三	2. 160	0. 505	
任务要求压力	初一	2. 209	0. 550	15. 897***
	初二	2. 328	0. 527	
	初三	2. 184	0. 010	
竞争压力	初一	2. 246	0. 018	13. 953***
	初二	2. 359	0. 623	
	初三	2. 182	0. 600	
挫折压力	初一	2. 096	0. 601	21. 161***
	初二	2. 234	0. 582	
	初三	2. 035	0. 564	
期望压力	初一	2. 304	0. 592	20. 015***
	初二	2. 430	0. 559	
	初三	2. 236	0. 558	
自我发展压力	初一	2. 192	0. 664	11. 236***
	初二	2. 316	0. 667	
	初三	2. 164	0. 626	

表 3-17 不同年级学生学业压力的多重比较分析

变量	控制组	实验组	均值差	显著性
学业压力	初一	初二	-0. 124	0. 000***
		初三	0. 049	0. 098
	初二	初三	0. 173	0. 000***
任务要求压力	初一	初二	-0. 119	0. 000***
		初三	0. 025	0. 394
	初二	初三	0. 144	0. 000***

续表

变量	控制组	实验组	均值差	显著性
竞争压力	初一	初二	-0.114	0.000***
		初三	0.064	0.063
	初二	初三	0.178	0.000***
挫折压力	初一	初二	-0.139	0.000***
		初三	0.060	0.063
	初二	初三	0.199	0.000***
期望压力	初一	初二	-0.124	0.000***
		初三	0.070	0.026*
	初二	初三	0.194	0.000***
自我发展压力	初一	初二	-0.124	0.000***
		初三	0.028	0.436
	初二	初三	0.152	0.000***

（二）初中生学习适应的人口学变量差异分析

1. 初中生学习适应的性别差异分析

为比较初中生学习适应及各维度在性别上是否存在显著差异，运用SPSS 23.0软件，对数据进行独立样本*T*检验。研究发现，学习适应存在显著性别差异，在学习方法适应、学习习惯适应、学习态度适应、学习环境适应上均达到显著差异，女生适应状况显著好于男生（见表3-18）。

表3-18　初中生学习适应的性别差异分析

变量	性别	均值	标准差	*T*
学习适应	男	2.8430	0.37024	-3.376**
	女	2.8945	0.36007	
学习方法适应	男	2.7487	0.46685	-1.971*
	女	2.7859	0.43586	

续表

变量	性别	均值	标准差	T
学习习惯适应	男	2.8957	0.50425	-3.777***
	女	2.9733	0.47929	
学习态度适应	男	2.7700	0.42497	-4.789***
	女	2.8548	0.42364	
学习环境适应	男	2.9442	0.47373	-4.152***
	女	3.0239	0.44516	
身心适应	男	2.8565	0.37777	1.422
	女	2.8345	0.36198	

不同年级学生学习适应的性别差异检验结果发现，初二年级学生在学习适应及学习习惯适应、学习态度适应、学习环境适应和身心适应上有显著性别差异，三个年级学生在学习态度适应上存在显著的性别差异，各年级的女生学习态度适应均好于男生（见表3-19）。

表3-19　初中生学习适应的性别差异分析

变量	年级	性别	均值	T
学习适应	初二	男	2.7638	-2.892**
		女	2.8316	
学习习惯适应	初二	男	2.7903	-4.503***
		女	2.9371	
学习态度适应	初一	男	2.8217	-2.390*
		女	2.8887	
	初二	男	2.6841	-3.429***
		女	2.7811	
学习态度适应	初三	男	2.8155	-2.397*
		女	2.9036	
学习环境适应	初二	男	2.8577	-3.067**
		女	2.9553	

续表

变量	年级	性别	均值	T
身心适应	初二	男	2.7986	1.816*
		女	2.7554	

2. 初中生学习适应的生源地差异分析

为比较初中生学习适应及各维度在生源地上是否存在显著差异，运用SPSS 23.0 软件，对数据进行独立样本 T 检验。研究发现，不同生源地学生在学习适应上呈显著差异；除学习态度适应外，在学习方法适应、学习习惯适应、学习环境适应、身心适应上均有显著差异；城市生源学生均高于农村学生，表明城市学生的学习适应状况更好（见表 3-20）。

表 3-20　不同年级学生学习适应的生源地差异分析

变量	生源地	均值	标准差	T
学习适应	农村	2.8068	0.36273	-4.834***
	城市	2.8898	0.36463	
学习方法适应	农村	2.7306	0.43936	-2.300*
	城市	2.7797	0.45645	
学习习惯适应	农村	2.8358	0.49988	-5.732***
	城市	2.9683	0.48647	
学习态度适应	农村	2.7863	0.43626	-1.664
	城市	2.8197	0.42225	
学习环境适应	农村	2.8904	0.45639	-5.809***
	城市	3.0160	0.45888	
身心适应	农村	2.7908	0.33969	-4.287***
	城市	2.8653	0.37828	

不同年级学生学习适应的生源地差异检验结果发现，初二、初三学生在学习适应及各维度（除学习态度适应）均有显著的生源地差异，初二、初三的城市学生学习适应显著好于农村学生，如表 3-21 所示。

表 3-21 不同年级学生学习适应的生源地差异分析

变量	年级	生源地	均值	T
学习适应	初二	农村	2.7410	-3.093**
		城市	2.8196	
	初三	农村	2.7702	-4.982***
		城市	2.9433	
学习方法适应	初二	农村	2.6546	-2.338*
		城市	2.7305	
	初三	农村	2.6521	-2.305*
		城市	2.7538	
学习习惯适应	初二	农村	2.7554	-4.218***
		城市	2.9049	
	初三	农村	2.7976	-4.783***
		城市	3.0212	
学习环境适应	初二	农村	2.8307	-3.035**
		城市	2.9356	
	初三	农村	2.8657	-5.661***
		城市	3.1145	
身心适应	初二	农村	2.7446	-1.993*
		城市	2.7928	
	初三	农村	2.7692	-4.351***
		城市	2.9361	

3. 初中生学习适应的是否独生子女差异分析

为比较初中生学习适应及各维度在是否独生子女方面是否存在显著差异，运用 SPSS 23.0 软件，对数据进行独立样本 T 检验。研究发现，是否独生子女在学习适应上有显著差异；在学习习惯适应、学习环境适应和身心适应上存在显著差异（见表 3-22）。其中，独生子女在学习习惯适应、学习环境适应、身心适应上显著高于非独生子女，表明独生子女学习适应更好。

表 3-22　初中生学习适应的是否独生子女差异分析

变量	是否独生子女	均值	标准差	T
学习适应	是	2.8869	0.36817	3.492***
	否	2.8311	0.35958	
学习方法适应	是	2.7779	0.45528	1.646
	否	2.7451	0.44609	
学习习惯适应	是	2.9570	0.49070	3.217***
	否	2.8871	0.49663	
学习态度适应	是	2.8227	0.43019	1.815
	否	2.7886	0.41806	
学习环境适应	是	3.0131	0.45883	4.408***
	否	2.9237	0.46191	
身心适应	是	2.8637	0.37748	3.247***
	否	2.8108	0.35339	

不同年级学生学习适应的独生子女差异检验结果发现，初二年级学生在学习适应及学习方法适应、学习习惯适应和学习环境适应上有显著差异，初三年级学生在学习适应及学习习惯适应、学习环境适应和身心适应上有显著差异，独生子女的学习适应显著好于非独生子女（见表 3-23）。

表 3-23　不同年级学生学习适应的是否独生子女差异分析

变量	年级	是否独生子女	均值	T
学习适应	初二	是	2.8198	2.806**
		否	2.7510	
	初三	是	2.9291	3.095**
		否	2.8202	
学习方法适应	初二	是	2.7343	2.448*
		否	2.6577	
学习习惯适应	初二	是	2.9019	3.532***
		否	2.7808	
	初三	是	2.9984	2.622**
		否	2.8743	

续表

变量	年级	是否独生子女	均值	T
学习环境适应	初二	是	2.9321	2.427**
		否	2.8510	
	初三	是	3.0995	4.055***
		否	2.9193	
身心适应	初三	是	2.9284	3.285***
		否	2.8014	

4. 初中生学习适应的家庭类型差异分析

为比较初中生学习适应及各维度在是否单亲家庭方面的差异情况，运用 SPSS 23.0 软件，对数据进行独立样本 *T* 检验。研究发现，在学习适应及各维度上均有显著差异（见表 3-24）。其中，单亲家庭学生显著低于非单亲家庭学生，表明单亲家庭学生学习适应更差一些。

表 3-24　初中生学习适应的性别差异分析

变量	是否单亲家庭	均值	标准差	T
学习适应	是	2.7609	0.32763	-3.530***
	否	2.8780	0.36807	
学习方法适应	是	2.6963	0.42637	-2.278***
	否	2.7736	0.45414	
学习习惯适应	是	2.7775	0.46960	-4.614***
	否	2.9477	0.49363	
学习态度适应	是	2.7277	0.39907	-2.858*
	否	2.8190	0.42808	
学习环境适应	是	2.8466	0.45604	-4.306***
	否	2.9953	0.46039	
身心适应	是	2.8637	0.37748	3.247***
	否	2.8108	0.35339	

不同年级学生是否单亲家庭学习适应的差异检验发现，初一学生在学习适应及学习习惯适应、学习环境适应和身心适应上有显著差异，初二学

生在学习适应及各维度上均有显著差异，非单亲家庭学生的学习适应显著好于单亲家庭学生，如表 3-25 所示。

表 3-25 不同年级学生学习适应是否单亲家庭差异分析

变量	年级	是否单亲家庭	均值	T
学习适应	初一	是	2.8186	-2.169**
		否	2.9195	
	初二	是	2.6626	-3.910***
		否	2.8114	
学习方法适应	初二	是	2.5814	-2.895***
		否	2.7223	
学习习惯适应	初一	是	2.8399	-2.427*
		否	2.9899	
	初二	是	2.6667	-2.895***
		否	2.8821	
学习态度适应	初二	是	2.6260	-2.508*
		否	2.7421	
学习环境适应	初一	是	2.8673	-2.844**
		否	3.0252	
	初二	是	2.7529	-3.249***
		否	2.9214	
身心适应	初一	是	2.7939	-1.986*
		否	2.8839	
	初二	是	2.6860	-2.657**
		否	2.7889	

5. 初中生学习适应的父亲文化程度差异分析

为比较初中生学习适应及各维度在父亲是否受过高等教育方面的差异情况，运用 SPSS 23.0 软件，对数据进行独立样本 T 检验。研究发现，在学习适应及各维度上均有显著差异（见表 3-26）。其中，父亲受过高等教育的学生在学习适应及各维度上均高于父亲未受过高等教育的学生，表明他们的学习适应更好。

表 3-26　初中生学习适应的父亲是否受过高等教育差异分析

变量	父亲是否受过高等教育	均值	标准差	T
学习适应	是	2.9179	0.36646	7.010***
	否	2.8118	0.35775	
学习方法适应	是	2.8010	0.45352	3.858***
	否	2.7283	0.44814	
学习习惯适应	是	3.0058	0.48253	7.561***
	否	2.8517	0.49365	
学习态度适应	是	2.8385	0.42628	3.270***
	否	2.7803	0.42451	
学习环境适应	是	3.0503	0.46283	7.520***
	否	2.9070	0.44869	
身心适应	是	2.8940	0.38440	6.684***
	否	2.7916	0.34594	

不同年级学生父亲不同文化程度学习适应的差异检验发现，父亲是否受过高等教育在初一（除学习方法适应、学习态度适应）、初二（除学习态度适应）、初三年级学生的学习适应及各维度上均有显著差异，如表 3-27 所示。

表 3-27　不同年级学生学习适应的父亲是否受过高等教育差异分析

变量	年级	父亲是否受过高等教育	均值	T
学习适应	初一	是	2.9358	2.110*
		否	2.8830	
	初二	是	2.8622	5.421***
		否	2.7367	
	初三	是	2.9578	4.588***
		否	2.8158	

续表

变量	年级	父亲是否受过高等教育	均值	T
学习方法适应	初二	是	2.7689	3.906***
		否	2.6529	
	初三	是	2.7722	2.787**
		否	2.6638	
学习习惯适应	初一	是	3.0193	2.695**
		否	2.9297	
	初二	是	2.9675	6.329***
		否	2.7636	
	初三	是	3.0313	3.879***
		否	2.8692	
学习态度适应	初三	是	2.8958	2.330*
		否	2.8083	
学习环境适应	初一	是	3.0542	3.014**
		否	2.9642	
	初二	是	2.9847	4.845***
		否	2.8318	
学习环境适应	初三	是	3.1269	4.688***
		否	2.9425	
身心适应	初一	是	2.9009	2.141*
		否	2.8486	
	初二	是	2.8307	4.210***
		否	2.7314	
	初三	是	2.9627	4.942***
		否	2.7950	

6. 初中生学习适应的母亲文化程度差异分析

为比较初中生学习适应及各维度在母亲受过高等教育方面是否存在显著差异，运用 SPSS 23.0 软件，对数据进行独立样本 T 检验。研究发现，在学习适应及各维度上，均达到显著差异（见表 3-28）。其中，母亲受过高等教育的学生在学习适应及各维度上均高于母亲未受过高等教育的学生，表明他们的学习适应更好。

表 3-28 初中生学习适应的母亲是否受过高等教育差异分析

变量	母亲是否受过高等教育	均值	标准差	T
学习适应	是	2.9094	0.36623	5.594***
	否	2.8245	0.36118	
学习方法适应	是	2.7936	0.45656	2.916**
	否	2.7386	0.44638	
学习习惯适应	是	2.9931	0.48826	5.990***
	否	2.8706	0.49184	
学习态度适应	是	2.8284	0.41885	1.990*
	否	2.7930	0.43352	
学习环境适应	是	3.0427	0.46296	6.427***
	否	2.9200	0.45215	
身心适应	是	2.8892	0.38471	5.799***
	否	2.8003	0.34890	

不同年级学生母亲不同文化程度学习适应的差异检验发现，母亲文化程度仅在初一学生的学习环境适应上有显著差异，母亲受过高等教育的初一学生学习环境适应显著更好；初二学生（除学习态度适应）、初三学生在学习适应及各维度上均有显著差异（见表 3-29）。

表 3-29 不同年级学生学习适应的母亲是否受过高等教育差异分析

变量	年级	母亲是否受过高等教育	均值	T
学习适应	初二	是	2.8528	4.549***
		否	2.7468	
	初三	是	2.9541	4.013***
		否	2.8306	

续表

变量	年级	母亲是否受过高等教育	均值	T
学习方法适应	初二	是	2.7618	3.388***
		否	2.6608	
	初三	是	2.7618	1.981*
		否	2.6853	
学习习惯适应	初二	是	2.9548	5.459***
		否	2.7777	
	初三	是	3.0297	3.552***
		否	2.8826	
学习态度适应	初三	是	2.8959	2.195*
		否	2.8143	
学习环境适应	初一	是	3.0467	2.367*
		否	2.9760	
	初二	是	2.9779	4.348***
		否	2.8401	
	初三	是	3.1211	4.037***
		否	2.9632	
身心适应	初二	是	2.8206	-3.673***
		否	2.7417	
	初三	是	2.9619	4.577***
		否	2.8078	

7. 初中生学习适应的年级差异分析

为比较初中生学习适应及各维度在年级方面是否存在显著差异，运用SPSS 23.0软件，对数据进行单因素方差分析。结果显示，学习适应各维度的组间均至少有一组与其他组有显著差异（见表3-30、表3-31）。事后检验发现：在学习适应以及学习态度适应、学习环境适应、身心适应维度上，初一与初二、初二与初三学生差异显著，其中初二学生适应最差、初三学生适应最好；在学习方法适应、学习习惯适应维度上，初一与初二、初一与初三学生差异显著，其中初二学生适应最差、初一学生适应最好。

表 3-30　初中生学习适应的年级差异分析

变量	年级	均值	标准差	F
学习适应	初一	2. 9116	0. 38991	25. 516***
	初二	2. 7958	0. 33681	
	初三	2. 9014	0. 34676	
学习方法适应	初一	2. 8362	0. 47330	20. 624***
	初二	2. 7075	0. 42891	
	初三	2. 7292	0. 43032	
学习习惯适应	初一	2. 9782	0. 51863	14. 524***
	初二	2. 8596	0. 47185	
	初三	2. 9669	0. 46528	
学习态度适应	初一	2. 8538	0. 43814	23. 706***
	初二	2. 7299	0. 40753	
	初三	2. 8611	0. 41422	
学习环境适应	初一	3. 0129	0. 46645	20. 394***
	初二	2. 9038	0. 45776	
	初三	3. 0537	0. 44095	
身心适应	初一	2. 8769	0. 38008	22. 202***
	初二	2. 7782	0. 34108	
	初三	2. 8962	0. 38135	

表 3-31　不同年级学生学习适应的多重比较

	控制组	实验组	均值差	显著性
学习适应	初一	初二	0. 11580	0. 000***
		初三	0. 01018	0. 609
	初二	初三	-0. 10562*	0. 000***
学习方法适应	初一	初二	0. 12872	0. 000***
		初三	0. 10708	0. 000***
	初二	初三	-0. 02164	0. 394

续表

	控制组	实验组	均值差	显著性
学习习惯适应	初一	初二	0.11859	0.000***
		初三	0.01125	0.000***
	初二	初三	-0.10734	0.676
学习态度适应	初一	初二	0.12385	0.000***
		初三	-0.00733	0.752
	初二	初三	-0.13118	0.000***
学习环境适应	初一	初二	0.10913	0.000***
		初三	-0.04082	0.104
	初二	初三	-0.14995	0.000***
身心适应	初一	初二	0.09870	0.000***
		初三	-0.01928	0.338
	初二	初三	-0.11798	0.000***

（三）初中生学习收获的人口学变量差异分析

1. 初中生学习收获的性别差异分析

为比较初中生学习收获及各维度在性别上是否存在显著差异，将分值转换成百分制进行计算，运用 SPSS 23.0 软件，对数据进行独立样本 T 检验。结果显示，学习收获各维度在性别上均没有显著差异（见表 3-32），说明不同性别学生对学习收获没有显著影响。分年级进行的性别差异检验结果一致，表明性别对学习收获没有显著影响。

表 3-32　初中生学习收获的性别差异分析

变量	性别	均值	标准差	T
学习收获	男	69.73	17.63	-0.04
	女	69.76	14.82	

续表

变量	性别	均值	标准差	*T*
知识收获	男	68.83	18.93	0.11
	女	68.75	15.43	
能力收获	男	69.23	18.56	0.44
	女	68.88	16.46	
价值观收获	男	71.13	18.56	-0.66
	女	71.63	16.35	

2. 初中生学习收获的是否独生子女差异分析

为比较初中生学习收获及各维度在是否独生子女方面的差异情况，运用 SPSS 23.0 软件，对数据进行独立样本 *T* 检验。结果显示，知识收获、价值观收获和学习收获在是否独生子女上均有显著差异（见表 3-33），独生子女的收获高于非独生子女。

表 3-33　初中生学习收获的是否独生子女差异分析

变量	是否独生子女	均值	标准差	*T*
学习收获	是	70.27	15.69	2.29**
	否	68.49	17.80	
知识收获	是	69.28	16.57	1.98**
	否	67.65	19.08	
能力收获	是	69.51	16.91	1.79
	否	68.01	19.10	
价值观收获	是	72.02	17.03	2.65**
	否	69.81	18.65	

不同年级学生是否独生子女的学习收获差异分析显示，初二年级学生价值观收获在是否独生子女方面有显著差异（见表 3-34），表明独生子女的价值观收获比非独生子女要好。

表 3-34 不同年级学生学习收获的是否独生子女差异分析

变量	年级	是否独生子女	均值	标准差	T
价值观收获	初二	独生	70.63	17.27	2.18**
		非独生	67.70	19.28	

3. 初中生学习收获的生源地差异分析

为比较初中生学习收获及各维度在生源地方面的差异情况，运用 SPSS 23.0 软件，对数据进行独立样本 T 检验。结果显示，价值观收获在不同生源地有显著差异，城市学生的价值观收获要大于农村学生（见表 3-35）。

表 3-35 初中生学习收获的生源地差异分析

变量	生源地	均值	标准差	T
学习收获	农村	68.56	17.30	-1.48
	城市	69.98	16.17	
知识收获	农村	68.39	18.16	-0.47
	城市	68.87	17.21	
能力收获	农村	68.10	18.55	-1.12
	城市	69.26	17.41	
价值观收获	农村	69.18	17.89	-2.25**
	城市	71.80	17.46	

不同年级学生学习收获生源地的差异检验结果显示，初三年级学生的学习收获、知识收获、能力收获和价值观收获均有显著差异，城市学生的收获要大于农村学生，并且学习收获差距较大；在价值观收获上，初二年级城市学生要高于农村学生，但是相比初三年级，初二年级来自城市和农村学生的价值观收获差距较小（见表 3-36）。

表 3-36 不同年级学生学习收获的生源地差异分析

变量	年级	生源地	均值	标准差	T
学习收获	初三	城市	71.43	15.41	-2.81***
		农村	62.70	17.15	

续表

变量	年级	生源地	均值	标准差	T
知识收获	初三	城市	72.66	16.66	-2.16^{**}
		农村	65.43	17.56	
能力收获	初三	城市	67.94	17.22	-2.37^{**}
		农村	59.72	18.60	
价值观收获	初二	城市	70.50	18.17	-2.59^{***}
		农村	66.36	16.62	
	初三	城市	73.71	16.73	-3.21^{**}
		农村	62.96	17.11	

4. 初中生学习收获的家庭类型差异分析

为比较初中生学习收获及各维度在是否单亲家庭方面的差异情况，运用 SPSS 23.0 软件，对数据进行独立样本 T 检验。结果显示，是否来自单亲家庭在各维度上均没有显著差异，分年级差异结果一致（见表 3-37），这说明是否单亲家庭对学生学习收获没有显著影响。

表 3-37　初中生学习收获的是否单亲家庭差异分析

变量	是否单亲家庭	均值	标准差	T
学习收获	是	70.36	20.96	0.52
	否	69.69	15.88	
知识收获	是	68.85	22.59	0.04
	否	68.79	16.80	
能力收获	是	70.94	21.26	1.49
	否	68.89	17.22	
价值观收获	是	71.27	22.30	-0.07
	否	71.38	17.06	

5. 初中生学习收获的父亲文化程度差异分析

为比较初中生学习收获及各维度在父亲文化程度方面的差异情况，运用 SPSS 23.0 软件，对数据进行独立样本 T 检验。结果显示，学习收获、知识收获和价值观收获在父亲是否受过高等教育上有显著差异，父亲受过高等教育的学生学习收获、知识收获和价值观收获大于父亲未受过高等教育的学生（见表 3-38）。

表 3-38 初中生学习收获的父亲是否受过高等教育差异分析

变量	父亲是否受过高等教育	均值	标准差	T
学习收获	是	70.36	16.09	2.20**
	否	68.76	16.76	
知识收获	是	69.47	17.30	2.23**
	否	67.74	17.45	
能力收获	是	69.36	17.34	0.96
	否	68.60	18.02	
价值观收获	是	72.27	17.48	2.97***
	否	69.94	17.61	

不同年级父亲是否受过高等教育学习收获的差异检验发现，初二年级学生在学习收获上有显著差异，父亲受过高等教育的学生学习收获远大于父亲没有受过高等教育的学生；知识收获方面，初三年级学生有显著差异，父亲受过高等教育的学生；知识收获远大于父亲没有受过高等教育的学生；价值观收获方面，初二和初三学生都有显著差异，并且两个年级父亲受过高等教育学生的价值观收获远大于父亲没接受高等教育的学生（见表 3-39）。总体结果和分年级一致，说明父亲是否受过高等教育对学习收获有显著影响。

表 3-39 不同年级学生学习收获的父亲文化程度差异分析

变量	年级	父亲是否受过高等教育	均值	标准差	T
学习收获	初二	是	69.28	17.17	2.17**
		否	66.72	16.62	
知识收获	初三	是	73.10	16.62	2.08**
		否	68.82	17.12	

续表

变量	年级	父亲是否受过高等教育	均值	标准差	T
价值观收获	初二	是	71.48	18.38	3.24***
		否	67.61	17.20	
	初三	是	73.98	16.65	2.26**
		否	69.36	17.63	

6. 初中生学习收获的母亲文化程度差异分析

为比较初中生学习收获及各维度在母亲文化程度方面的差异情况，运用 SPSS 23.0 软件，对数据进行独立样本 T 检验。结果显示，学习收获、知识收获和价值观收获在母亲是否受过高等教育上有显著差异，母亲受过高等教育的学生学习收获、知识收获和价值观收获大于母亲未受过高等教育的学生（见表 3-40）。

表 3-40　初中生学习收获的母亲是否受过高等教育差异分析

变量	母亲是否受过高等教育	均值	标准差	T
学习收获	是	70.42	16.22	2.29**
	否	68.76	16.55	
知识收获	是	69.41	17.27	1.96**
	否	67.90	17.49	
能力收获	是	69.46	17.46	1.23
	否	68.50	17.81	
价值观收获	是	72.39	17.50	3.25***
	否	69.87	17.55	

如表 3-41 所示，不同年级学生母亲是否受过高等教育的学习收获的差异分析发现，在学习收获和价值观收获中，初二和初三年级学生都有显著差异，并且两个年级母亲受过高等教育学生的学习收获远大于未接受高等教育的学生；知识收获只有初三年级学生有显著差异，母亲受过高等教育学生的知识收获远大于母亲未接受高等教育的学生。总体结果和分年级结

果基本一致，说明母亲是否受过高等教育对学习收获有显著影响。

表 3-41 不同年级学生学习收获的母亲文化程度差异分析

变量	年级	母亲是否受过高等教育	均值	标准差	T
学习收获	初二	是	69.24	17.53	2.08**
		否	66.79	16.18	
	初三	是	71.90	15.43	2.35**
		否	67.55	16.06	
知识收获	初三	是	73.33	16.52	2.39**
		否	68.59	17.25	
价值观收获	初二	是	71.40	18.57	2.91***
		否	67.77	17.01	
	初三	是	74.12	16.75	2.32**
		否	69.42	17.17	

7. 初中生学习收获的年级差异分析

为比较初中生学习收获及各维度在年级方面是否存在显著差异，运用 SPSS 23.0 软件，对数据进行单因素方差分析。结果表明（见表 3-42），所有维度的组间至少有一组与其他组有显著差异，初三年级学生的学习收获高于初一和初二年级的学生；多重比较结果发现（见表 3-43），初一、初二和初三年级能力学生收获有显著差异；初一与初二、初二与初三年级的学生价值观收获和学习收获有显著差异，初一与初二、初二与初三、初一和初三年级学生知识收获上有显著差异。

表 3-42 初中生学习收获的年级差异分析

变量	年级	均值	标准差	F
学习收获	初一	68.12	16.96	6.79**
	初二	70.79	16.00	
	初三	70.81	15.68	

续表

变量	年级	均值	标准差	F
知识收获	初一	66.75	17.80	13.28***
	初二	69.27	16.97	
	初三	72.14	16.81	
能力收获	初一	67.35	18.26	8.62***
	初二	67.87	16.91	
	初三	70.88	17.42	
价值观收获	初一	69.73	17.95	6.22**
	初二	72.21	17.34	
	初三	72.95	16.96	

表 3-43 不同年级学生学习收获的多重比较分析

变量	控制组	实验组	均值差
学习收获	初一	初二	2.67***
		初三	-0.02
	初二	初三	-2.69***
知识收获	初一	初二	2.51***
		初三	-2.87***
	初二	初三	-5.39***
能力收获	初一	初二	3.01***
		初三	3.53***
	初二	初三	0.51
价值观收获	初一	初二	2.48***
		初三	-0.73
	初二	初三	-3.21***

三、初中生学业压力、学习适应和学习收获的结果分析与讨论

（一）初中生学业压力、学习适应和学习收获的总体结果讨论

1. 初中生学业压力的描述性结果讨论

研究表明，初中生学业压力均值为2.243，其中，学业压力、期望压力、任务要求压力、竞争压力、挫折压力、自我发展压力均值在2分以上的高压力学生分别占67.9%、68.8%、65.6%、59.9%、52.7%、52.6%，表明学生整体感受到一定的学业压力。其原因可能是：一方面，近年来中、高考政策的频繁改革。如2020年，北京市中考政策规定：除语数英三科以外，物理、生物（化学）、历史、地理、道德与法治，要选择其中三个科目参加考试［物理、生物（化学）须至少选择一门］，即所谓的“5选3”；2021年，将初中毕业考试和高中招生考试两考合一，全科开考。语数外、道德与法治、物理5门科目全部计入成绩，再从生物、化学和历史、地理中各选择分数高的一门计入成绩。考试政策的频繁变革，难免对学生心态产生影响，带来一定的学业压力。另一方面，初中是义务教育的最后阶段，即将面临学业生涯中第一次“选拔”考试，备受各界关注。来自社会、教师、父母的多重压力，使初中生感受到较大的期望压力。此外，虽然国家一直强调减负，但学生的负担并没有实质性减轻，网课、一对一、攒班，多种形式的补习班层出不穷，这种课外负担无形中增加了学生的学业压力。

从各维度来看，初中生感到压力最大的是期望压力（$\bar{x}=2.335$，$s=0.578$），最小的是挫折压力（$\bar{x}=2.132$，$s=0.592$），其余依次为竞争压力（$\bar{x}=2.272$，$s=0.633$）、任务要求压力（$\bar{x}=2.246$，$s=0.530$）、自我发展压力（$\bar{x}=2.230$，$s=0.660$）。与刘在花[1]研究结果有部分差异，其研究发现中学生自我发展压力最大，其余依次为竞争压力、任务要求压力、挫折压力

[1] 刘在花. 学业压力对中学生学习投入的影响：学业韧性的调节作用[J]. 中国特殊教育，2016(12)：68-76.

和期望压力。刘在花的研究对象是东部（山东潍坊）、中部（湖北武汉）、西部（广西南宁）3个城市，从每所城市简单随机抽取200名初中生（初一至初三）。本书研究群体是北京、浙江等教育发达地区的初中生，相对而言，优质教育资源的竞争方面可能更加激烈，学生整体综合素质较高，对自己有较明确的学业规划，因而自我发展压力相对低，但父母教育程度相对较高，因此给初中生带来较大的期望压力。

必须承认，国家相应政策的出台一定程度上缓解了初中生的学业压力，尤其是“双减”政策的落地。各中学取消最后一节课，在下午放学后设置课后兴趣课程。在访谈中发现，初中生大部分十分喜欢课后兴趣课程，课程内容覆盖艺术、自然、天文和人工智能等多个领域，帮助学生扩宽视野。学业压力减小还体现在考试的减少，取消周测和月考，不允许公开大排名等措施帮助学生在学习上做到真正减负，卸下了学生身上的重担。但学业压力的标准差较大，说明内部离散程度较大。在学业压力各维度中，挫折压力最高与学习力中学习坚韧性均值最低，都说明了虽然学业压力减小，但是目前初中生存在一定程度心理健康问题。当前中国的抑郁症患病率呈现低龄化趋势，初中生出现心理问题的现象越来越频繁，学习坚韧性不足很容易使学生在学习上产生畏难情绪或挫败感，从而影响学习收获。

2. 初中生学习适应的描述性结果讨论

初中生学习适应均值为2.868，近80.9%的学生学习适应在中等及以上水平，说明初中生整体学习适应较好，但也存在一定数量学习适应不良的学生，占全体被试的19.1%，对这部分学生应给予更多的关注。

从各维度来看，初中生的学习环境适应最好（$\bar{x}=2.983$，$s=0.462$），其余依次为学习习惯适应（$\bar{x}=2.933$，$s=0.494$）、身心适应（$\bar{x}=2.846$，$s=0.370$）和学习态度适应（$\bar{x}=2.811$，$s=0.426$），学习方法适应最差（$\bar{x}=2.767$，$s=0.452$）。这与陈锦[1]的研究结果类似，其研究结果为初中生对学习环境适应最好，学习态度适应最差，其余依次为身心适应、学习习惯适应、学习方法适应。总体来看，初中生对于学习方法和学习态度适应

[1] 陈锦. 上海市初中生学习适应性的调查[J]. 中国组织工程研究与临床康复,2007(52):180-182.

最差，其原因可能如下：随着初中阶段学习内容的增多、学习要求的提高，初中生迫切需要找到适合自身的学习方法；但大部分初中生在学习中具有很强的依赖性，在学校里依赖教师的单方面知识灌输，在家庭里依靠父母的督促，形成被动的学习方式，不主动思考，导致学习方法的不适应，并进而影响学业成绩，降低了学习积极性，产生消极学习态度。

3. 初中生学习收获描述性结果讨论

初中生整体学习收获相对较好，学习收获均值为3.04，知识收获、能力收获和价值观收获差异不大。北京和浙江省的基础教育改革走在全国前列，率先试点中、高考改革和走班制教学模式，教育水平发达，学习收获水平也是教育水平的真实反映。

（二）初中生学业压力的差异结果分析与讨论

1. 初中生学业压力的性别差异讨论

研究发现，学业压力及各维度不存在性别差异（$T=-0.234$，$P=0.238$）。这说明男女生在学业压力上没有明显差异，在任务要求压力、竞争压力、挫折压力、期望压力和自我发展压力上趋于相似。这与陈旭的研究结论不同，其发现女生在任务要求压力、竞争压力和挫折压力感受方面显著高于男生。[1] 分析其原因，一方面虽然所采用的量表相同，但是研究的被试群体不同。陈旭的研究对象为重庆市中学生，本书的被试群体为北京市、浙江省等地的初中生，地域和文化差异可能造成研究结果的不同。而且调查时间相差15年，随着男女平等观念深入人心，男女学生接受同样的教育，承受来自教师、父母的同等期待，面对相同的升学压力，因此在学业压力及各维度上没有显著的性别差异。厉飞飞等人的研究也发现，中学生的学业压力没有显著的性别差异。[2] 另一方面可能是由于抽样群体中不同

[1] 陈旭. 中学生学业压力、应对策略及应对的心理机制研究[D]. 重庆：西南师范大学，2004：42.

[2] 厉飞飞，徐艳. 苏北中学生学业压力现状及与家长陪读的关系[J]. 中国健康心理学杂志，2018(11)：47-48.

年级的男女生存在数量差异造成统计学上性别差异不显著。进一步按照不同年级做性别差异检验，结果发现初一年级在竞争压力上存在性别差异（$T=-2.203$，$P=0.043$），初一女生的竞争压力（$\bar{x}=2.290$）显著高于初一男生（$\bar{x}=2.205$）。初二年级在自我发展压力上存在性别差异（$T=2.215$，$P=0.032$），初二女生的自我发展压力（$\bar{x}=2.364$）显著高于初二男生（$\bar{x}=2.264$）。从中可以发现，女生的学业压力略大于男生，这可能是由于女性本身内向、敏感的特点，在面对压力时更易以消极、被动的方式应对，因而感受到更大的压力。

2. 初中生学业压力的生源地差异讨论

初中生学业压力在生源地上有显著差异（$T=7.510$，$P=0.000$），农村学生在任务要求压力、竞争压力、挫折压力、期望压力和自我发展压力上显著高于城市学生，这与刘在花❶研究结论一致。首先，无论城市还是农村学生，中、高考政策相同，但相对而言，城市学生拥有较多的优质教育资源。城市和农村经济发展不平衡以及长期发展过程中造成教育资源分配的不均衡，导致城市和农村学校存在层次、水平差异。农村学校教育资源不完备，基础设施差，师资力量不雄厚，以及家庭后援力量不足等因素，均使农村学生在升学竞争中处于不利地位，因而产生较大学业压力。其次，中国传统文化中一直就有“鲤鱼跳龙门”的说法，农村学生肩负着改变个人乃至家庭命运的重任，从而也可能造成学业压力增加。

3. 初中生学业压力的是否独生子女的差异讨论

是否独生子女在学业压力及各维度均有显著差异（$T=-4.001$，$P=0.000$）。非独生子女学业压力及各维度均高于独生子女，也就是说非独生子女的学业压力更大。这与刘在花❷、张佩❸等人的研究结论一致，他们发

❶ 刘在花.学业压力对中学生学习投入的影响:学业韧性的调节作用[J].中国特殊教育,2016(12):70.

❷ 刘在花.学业压力对中学生学习投入的影响:学业韧性的调节作用[J].中国特殊教育,2016(12):72.

❸ 张佩.初中生学业压力现状调查分析[J].吉林省教育学院学报(下旬),2014(2):84-86.

现非独生子女的学业压力显著高于独生子女，特别是在竞争压力、任务要求压力、挫折压力、期望压力等维度上。其原因主要是受家庭环境的影响，非独生子女生活在多子女家庭中，父母的关注被分散，家庭的教育资源相对分散，与父母的沟通交流也相对减少，亲子关系相对不如独生子女家庭亲密，独立性更强，在学业中遇到问题倾向于依靠自己解决。并且，在多子女家庭中，父母会将子女进行比较，因此非独生子女在家庭中也会产生竞争压力，对自己的要求、期望均会高于相对自由、无人对比的独生子女，因而承受更大的学业压力。

4. 初中生学业压力的家庭类型的差异讨论

研究结果表明，是否单亲家庭学生在学业压力及各维度存在显著差异（$T=3.757$，$P=0.004$）。单亲家庭学生在任务要求压力、竞争压力、挫折压力、自我发展压力和期望压力上高于非单亲家庭学生，表明单亲家庭学生承受更大的学业压力。这与他们的家庭环境密切相关，单亲家庭学生由于亲情的缺失，容易变得孤僻敏感，与父或母的沟通急剧减少，内心的苦闷、学习的疑惑无法排解。另外，来自单亲家庭的学生，可能会受到外界过多的关注，无论是好奇、同情抑或嘲笑，都会给本身敏感的学生增加无形的压力。此外，进一步分年级进行是否单亲家庭的学业压力差异分析发现，初一年级的单亲家庭学生承受更大的学业压力（$T=3.019$，$P=0.003$）。究其原因，可能是初一学生初入校园，初中的课程设置、教学方式、学习方式、学业任务都与小学有所不同，面对这些变化他们又缺少父母的指导、陪伴，难免产生一定的学业压力。

5. 初中生学业压力的父母文化程度的差异讨论

初中生学业压力在父母是否受过高等教育上有显著差异（父：$T=-4.745$，$P=0.000$；母：$T=-6.994$，$P=0.000$），父母未受过高等教育的学生学业压力显著大于父母受过高等教育的学生。这与研究假设一致，也与刘在花[1]等人的研究结论一致。童星研究发现，父母学历对初中生学业负担有显著

[1] 刘在花. 学业压力对中学生学习投入的影响：学业韧性的调节作用[J]. 中国特殊教育,2016(12):68-76.

正向影响。[1] 究其原因，为人父母，都渴望子女成才，皆有望子成龙之心。而未受过高等教育的父母，吃过学历低的亏，深知学历的重要性，希望孩子能通过学习不重蹈覆辙，未来之路能更加顺畅，也渴望孩子能弥补自己的不足与遗憾，给予孩子更殷切的期望，甚至提出超过孩子能力的要求、期盼，从而给孩子造成较大的学业压力。另外，未受过高等教育的父母也难以给孩子提供有效的学习方法指导，不能帮助孩子缓解学业压力。

6. 初中生学业压力的年级差异讨论

初中生学业压力在年级上有显著差异，通过事后多重比较发现，初二学生压力显著高于初一、初三学生，即初中生学业压力呈现随年级升高“先上升后下降”的趋势。这与大部分学者的研究结论一致，如田秀菊[2]等认为初二学业压力最大，初一次之，初三最小；程静发现初二学生的学业压力、挫折压力、任务要求压力显著高于初一学生。[3] 但与陈旭、刘在花的研究结论不同。其中陈旭的研究结果为初二学生学业压力最小，初一次之，初三学生压力最大[4]；刘在花则发现初二是中学生感到学业压力最低的年级，从初一到高三中学生学业压力呈现随年级升高“先降低后增加”的趋势。[5] 其原因一方面可能是问卷发放的时间不同造成的，刘在花的调查在第一学期末，而本书调查是在第二学期末，且初三学生已参加完中考，结束了一个阶段的学习，压力大幅度减轻。此外，初二年级是初中阶段承上启下的过渡年级，初一学习内容相对简单，依靠小学阶段积累的知识与方法尚能应对，再加上学习环境的改变使他们对学习产生一定的热情。但到初

---

[1] 童星.不同家庭背景初中生学业负担的差异分析[J].上海教育科研,2016(9):32-35.

[2] 田秀菊.减负视角下初中生学业压力的特点与干预[J].教学与管理,2016(27):80-82.

[3] 程静.中学生学业压力、心理资本与心理健康的关系研究[D].武汉:华中师范大学,2018:23-25.

[4] 陈旭.中学生学业压力、应对策略及应对的心理机制研究[D].重庆:西南师范大学,2004:39-40.

[5] 刘在花.学业压力对中学生学习投入的影响:学业韧性调节作用[J].中国特殊教育,2016(12):68-76.

二，课程难度增大，容量增多，并新增难度较大的物理学科等，部分抽象思维未得到全面开发的学生难以胜任，逐渐掉队。初二是学生成长与发展的重要转折点，是学生思维发展、品德发展的质变期，自我意识增强，对事情有自己的看法，但自我约束能力差，容易出现逆反心理，学习上的小困难容易引发心理上的大问题；此外，成为“准初三”学生之后，中考甚至高考的压力下移到他们身上。因此，初二学生承受较大的学业压力。

（三）初中生学习适应的差异结果分析与讨论

初中生学习适应均值为 2.868，近 80.9% 的学生学习适应在中等及以上水平，说明初中生整体学习适应较好，但也存在一定数量学习适应不良的学生，占全体被试的 19.1%，对于这部分学生应给予更多的关注。

从各维度来看，初中生学习环境适应最好（$\bar{x}=2.9829$，$s=0.46171$），学习方法适应最差（$\bar{x}=2.7668$，$s=0.45236$），其余依次为学习习惯适应（$\bar{x}=2.9333$，$s=0.49371$）、身心适应（$\bar{x}=2.8458$，$s=0.37028$）和学习态度适应（$\bar{x}=2.8111$，$s=0.42634$）。与陈锦[1]研究结果类似，其发现初中生学习环境适应最好，学习态度适应最差，其余依次为身心适应、学习习惯适应、学习方法适应。总体来看，初中生对于学习方法和学习态度适应最差，可能是随着初中阶段学习内容的增多、学习要求的提高，初中生迫切需要寻找到适合自身的学习方法；但大部分初中生在学习中具有很强的依赖性，在学校里依赖教师的单方面知识灌输，在家庭里依靠父母的督促，形成被动的学习方式，不主动思考，导致学习方法的不适应和消极学习态度的产生。

1. 初中生学习适应的性别差异讨论

性别在学习方法适应（$T=-1.971$，$P=0.001$）、学习习惯适应（$T=-3.777$，$P=0.000$）、学习态度适应（$T=-4.789$，$P=0.000$）、学习

[1] 陈锦. 上海市初中生学习适应性的调查[J]. 中国组织工程研究与临床康复，2007(52)：180-182.

环境适应（$T=-4.152$，$P=0.000$）上均有显著差异，女生适应状况显著好于男生。这与研究假设一致，也与大部分学者如王鹏❶、谭荣波❷、姚茹❸、陈锦❹等人研究结论一致，即初中女生的学习适应状况显著好于男生。此外，通过分年级分析发现，初一（$T=-2.390$，$P=0.017$）、初二（$T=-3.429$，$P=0.001$）、初三（$T=-2.397$，$P=0.017$）年级的女生学习态度适应均显著好于男生。其原因可能是，受社会传统性别观念影响，女生在学习上更加认真、细致、投入，态度更加端正，能够保持良好的习惯，掌握一定的学习方法，无论是上课听讲、记笔记、课后作业和考试，女生都比男生完成得更好，因此在学习适应量表上得分更高。但在身心适应维度上，男女生并没有显著差异，甚至女生得分低于男生，可能是因为初中阶段女生身心发展较快，相比男生略微成熟，更加内敛，更容易出现青春期心理问题等。

2. 初中生学习适应的生源地差异讨论

研究发现，不同生源地学生在学习习惯适应（$T=-5.732$，$P=0.000$）、学习环境适应（$T=-5.809$，$P=0.000$）、学习方法适应（$T=-2.300$，$P=0.021$）和身心适应（$T=-4.287$，$P=0.000$）方面有显著差异，学习态度适应（$T=-1.664$，$P=0.096$）没有显著差异。这说明，城市学生在学习习惯适应、学习环境适应、学习方法适应和身心适应上显著好于农村学生。这与张利❺研究结论一致。白晋荣❻、王惠萍❼研究发现，农村男中学生的

---

❶ 王鹏.中学生学习适应性与学业自我效能感关系的研究[D].长春：东北师范大学，2012：12-13.

❷ 谭荣波.初一学生学习适应性的回归分析[J].现代教育科学，2009(6)：26-27.

❸ 姚茹，官群.中小学学困生学习心理发展现状及教育对策研究——以学习适应性测验为依据[J].中国特殊教育，2014(1)：90-96.

❹ 陈锦.上海市初中生学习适应性的调查[J].中国组织工程研究与临床康复，2007(52)：180-182.

❺ 张利.中学生学习适应性及其衔接教育研究[D].重庆：西南大学，2007：19-20.

❻ 白晋荣，刘桂文，郭雪梅.中学生学习适应性的研究[J].心理科学进展，1997(2)：61-64.

❼ 王惠萍，李克信，时建朴.农村初中生学习适应性发展的研究[J].应用心理学，1998(1)：49-54.

学习适应更差。究其原因，城市学生拥有更加优渥的条件，无论是家庭还是学校，都拥有更好的基础设施、教学设备，学习环境较好，师资条件更好，教学质量较高，能够督促学生掌握有效的学习方法，养成正确的学习习惯，一般学校都配备专职的心理健康教师，且设置了体系化的心理健康课程，促进学生的身心健康发展。而农村学校，无论是在校园硬实力还是文化软环境上，均落后于城市学校，更容易表现出不良的校风校纪、学习氛围，导致学生养成不良的学习习惯。而学习态度是学习者本人对学习持有的态度，相对而言更加主观，更多地取决于学习者本人，受外在环境影响相对较小，因此不同生源地的学生在学习态度适应上没有显著差异。

3. 初中生学习适应的是否独生子女差异分析

独生子女在学习习惯适应（$T=3.217$，$P=0.001$）、学习环境适应（$T=4.408$，$P=0.000$）和身心适应（$T=3.247$，$P=0.000$）上显著好于非独生子女，而在学习方法适应（$T=1.646$，$P=0.100$）和学习态度适应（$T=1.815$，$P=0.070$）上并没有显著差异。“家庭资源稀缺理论”认为家庭中子女数量增多，则意味着每个孩子所获得的资源会减少，父母难以给每个人同样的培育、照顾和金钱投入。[❶] 非独生子女在多子女家庭中，受父母关注相对减少，家庭的重心可能并不围绕在其一人身上，父母对其学习的关注、督促较少，与父母的沟通也随之减少，对其学习习惯的养成、身心发展等可能会造成一定的影响。但谭荣波针对初一学生的学习适应研究发现，非独生子女的学习适应明显优于独生子女。[❷] 这种差异也可能因年级、城乡、父母受教育程度等自变量的影响而变得不显著。因此，可能是调查样本的群体差异或年级差异造成研究结果的不一致。

4. 初中生学习适应的家庭类型差异分析

单亲家庭学生在学习适应（$T=-3.530$，$P=0.000$）及各维度上显著低于非单亲家庭学生，这说明单亲家庭学生学习适应水平更差。这与他们的

---

❶ 田丰，刘雨龙. 高等教育对独生子女和非独生子女差异的影响分析[J]. 人口与经济，2014(5)：51-61.

❷ 谭荣波. 初一学生学习适应性的回归分析[J]. 现代教育科学，2009(6)：26-27.

家庭环境密切相关。单亲家庭学生处于不健全的家庭结构中，构成了不利的学习环境，在生活、学习中少了一方亲人的关怀，可能导致他们对学习不感兴趣，学习成绩下降。此外，家庭结构所隐含的不良家庭氛围、消极教养行为以及家庭住所的改变、家庭人际环境的变化，都会导致学生产生不良情绪和心理问题，进而影响学习，出现学习困难、学习适应不良的情况。林国珍等人的研究也发现，良好的家庭结构可以减少青少年的学习困难行为，帮助学习适应。❶

5. 初中生学习适应的父母文化程度差异分析

初中生学习适应在父母是否受过高等教育上有显著差异（父：$T=7.010$，$P=0.000$。母：$T=5.594$，$P=0.000$）父母受过高等教育的学生学习适应显著好于父母未受过高等教育的学生。这与陈锦❷之前的研究结论一致。根据替代性经验理论，父母在学业上的成功会使子女拥有取得相应成就的自信。此外，高学历的父母，收入相对较高，能够给予子女宽松的成长环境，对子女的教育投入也相应增多，并能对子女进行适当的引导、积极的鼓励、制定明确的目标，从而对其学习适应产生积极、正面的影响。

6. 初中生学习适应的年级差异分析

不同年级学生在学习适应各维度均有显著差异，其中，初二学生适应情况最差，初一学生在学习方法和学习习惯维度上适应最好，初三年级在学习态度、学习环境和身心适应维度上适应最好。与聂衍刚❸、白晋荣❹研究结论不太一致，他们认为学习适应会随着年级的升高而下降。卢辉❺、嵩

❶ 林国珍，李娜，金武官. 青少年学习困难相关心理因素分析[J]. 上海精神医学，2005(6):328-330.

❷ 陈锦. 上海市初中生学习适应性的调查[J]. 中国组织工程研究与临床康复，2007(52):180-182.

❸ 聂衍刚，郑雪，张卫. 中学生学习适应性状况的研究[J]. 心理发展与教育，2004(1):23-28.

❹ 白晋荣，刘桂文，郭雪梅. 中学生学习适应性的研究[J]. 心理学动态，1997(2):61-64.

❺ 卢辉. 初中生学习适应性与学习成绩的相关研究[D]. 上海：华东师范大学，2015:19-24.

钰佳[1]等发现，整个初中阶段，学生总体学习适应水平呈下降趋势。可能是不同的研究对象和调查时间造成的结果差异。为了更完整地了解初中每个年级的学习状况，让学生有完整的学习体验和适应情况，也为不影响正常的教学秩序，本书调查研究选在中考以及期末考试结束后发放问卷。此时，初三学生中考已经结束，在过去一年高强度的学习中，知识不断积累，认知能力不断发展，为应对考试，拥有端正的学习态度，身心状况也调整到最好，就像学习过程中度过了瓶颈期，又进入了更高阶段的适应。初一学生新入校，处在陌生的环境，面对全新的老师同学，难免对学习环境产生不适应。但相对来说学习任务简单，加上学校对新生教学工作的重视以及教师的严格要求，初一学生对教师特别是班主任权威的绝对服从，容易形成良好的学习习惯，掌握基本的学习方法，因此适应较好。初二学生正处于初中的过渡阶段，学习内容增多，学习难度加深，新增侧重逻辑思维的物理学科等，部分学生在学习上感到吃力，产生畏难情绪，形成消极的学习态度，失去学习兴趣。并且初二学生开始进入青春期，自我意识高度膨胀，情绪波动起伏大，容易出现逆反、闭锁等心理问题，多种因素导致初二学生学习适应水平降低。

（四）初中生学习收获的差异结果分析与讨论

1. 初中生学习收获的性别差异讨论

研究发现，初中生学习收获在总体样本和分年级上不存在显著差异。进入初中阶段男女生都逐渐进入青春期，智力都在迅速增长，在能力和价值观形成上较小学更快，男生和女生在这些方面可能还不会有太大差异。

2. 初中生学习收获的是否独生子女的差异讨论

知识收获（$T=1.98$，$P<0.01$）、价值观收获（$T=2.65$，$P<0.01$）和学习收获（$T=2.29$，$P<0.01$）在是否为独生子女方面存在显著差异，独生

---

[1] 嵩钰佳，常义，马世超，商庆龙. 县镇初中生家庭教养方式与学习适应的关系[J]. 现代中小学教育，2014(6)：70-72.

子女的学习收获水平优于非独生子女。初二年级学生的价值观收获（$T=2.18$，$P<0.01$）在是否独生子女方面存在显著差异，独生子女的价值观收获要比非独生子女收获大很多。被试群体均是“00后”新生代，从小接触的教育环境比较好，尤其是作为独生子女，父母会将精力和教育资源都投入一个孩子身上，这样使独生子女的学习收获会大于非独生子女。

3. 初中生学习收获生源地的差异讨论

初中生生源地在价值观收获（$T=-2.25$，$P<0.01$）上有显著差异，农村学生的价值观收获不如城市学生。初三学生的学习收获（$T=-2.81$，$P<0.001$）、知识收获（$T=-2.16$，$P<0.01$）、能力收获（$T=-2.37$，$P<0.01$）和价值观收获（$T=-3.21$，$P<0.01$）在生源地上均有显著差异，城市学生的收获要好于农村学生，并且学习收获差距较大。其中价值观收获（$T=-2.59$，$P<0.001$），初二年级相比较于初三年级来说，来自城市和农村学生的价值观收获差距较小。我国当前教育资源分布仍不太平衡，教育基础设施以及优质教育资源相对集中在城市，而且城市学生相比于农村学生可以有更多机会接受更好的教育，良好的环境使城市学生学习收获更大。时间一长，教育资源的差距就会逐渐转变为学习收获的差距，初三年级城市学生的收获要比农村学生收获大很多。

4. 初中生学习收获的家庭类型差异讨论

初中生学习收获在是否单亲家庭方面没有显著差异。可能是样本调查中单亲家庭学生较少，在初中阶段学生除了受家庭影响，在学校学习时间很长，一定程度上学习收获主要来源于学校教育，所以是否来自单亲家庭对初中生学习收获没有显著影响。

5. 初中生学习收获的父母文化程度差异讨论

父母是否受过高等教育对初中生学习收获（父：$T=2.20$，$P<0.01$；母：$T=2.29$，$P<0.01$）、知识收获（父：$T=2.23$，$P<0.01$；母：$T=1.96$，$P<0.01$）和价值观收获（父：$T=2.97$，$P<0.01$；母：$T=3.25$，$P<0.001$）有显著影响。父母是否受过高等教育表现出相似特点，知识收获在初三年级有显著差异，价值观收获在初二和初三年级存在显著差异，父母受过高

等教育的学生学习收获要远大于父母未接受高等教育的学生。父母是高学历家庭的孩子相比较于其他孩子，父母在教育方法上比较科学，从小接受的家庭教育更好，良好的教育成长环境让学生在起跑线上就处于领先地位，学习收获更大。到了初三，父母可以通过自己的学识对学生的学业进行辅导或帮助学生进行心理疏导，因此初三学生知识收获差异明显。

6. 初中生学习收获的年级差异讨论

初中生学习收获及各维度年级差异显著。初三学生学习收获好于另外两个年级，初一年级得分较低。初一学生刚经历小升初，学习方式和内容上的转变会对学生的学习产生影响，也可能造成初一年级学生的学习收获感知不理想。初三年级在中学阶段已经学习了三年，所掌握的知识以及能力和价值观养成都有一定基础，学习收获会更大。

第四章

初中生学习与发展核心问题的关系

一、初中生学业压力、学习适应和学习收获的相互关系

（一）初中生学业压力和学习适应的相关分析

为研究初中生学业压力与学习适应的关系，进行皮尔逊相关分析。结果显示（见表4-1），学业压力与学习适应的相关系数为-0.451**，呈显著负相关，相关系数的绝对值介于0.3~0.5，属于中度相关。进一步研究初中生学业压力与学习适应各维度之间的关系，学业压力各维度与学习适应各维度呈显著负相关，表明各变量之间存在线性相关关系。

表4-1　学业压力与学习适应各维度的相关矩阵

变量	学习适应	学习方法适应	学习习惯适应	学习态度适应	学习环境适应	身心适应
学业压力	-0.451**	-0.259**	-0.357**	-0.387**	-0.445**	-0.437**
任务要求压力	-0.461**	-0.288**	-0.367**	-0.408**	-0.431**	-0.433**

续表

变量	学习适应	学习方法适应	学习习惯适应	学习态度适应	学习环境适应	身心适应
竞争压力	-0.406**	-0.222**	-0.311**	-0.362**	-0.394**	-0.411**
挫折压力	-0.427**	-0.204**	-0.347**	-0.370**	-0.457**	-0.400**
期望压力	-0.379**	-0.222**	-0.285**	-0.314**	-0.370**	-0.400**
自我发展压力	-0.396**	-0.252**	-0.326**	-0.324**	-0.388**	-0.361**

（二）初中生学业压力和学习收获的相关分析

自我发展压力、竞争压力、任务要求压力、期望压力和挫折压力与知识收获、能力收获和价值观收获之间均存在显著负相关。其中，任务要求压力的相关系数最大，对学习收获的影响更大，表明变量之间存在线性相关关系（见表4-2）。

表4-2　学业压力与学习收获及各维度的相关矩阵

变量	知识收获	能力收获	价值观收获	学习收获
自我发展压力	-0.21**	-0.21**	-0.22**	-0.23**
竞争压力	-0.23**	-0.20**	-0.23**	-0.22**
任务要求压力	-0.26**	-0.25**	-0.27**	-0.26**
期望压力	-0.24**	-0.21**	-0.24**	-0.23**
挫折压力	-0.20**	-0.22**	-0.22**	-0.23**
学业压力	-0.24**	-0.23**	-0.25**	-0.26**

二、初中生学业压力、学习适应和抗逆力的相关分析

（一）学业压力和抗逆力的相关分析

学业压力与抗逆力呈显著负相关，且相关系数的绝对值小于0.3，二者

为弱相关；抗逆力与学习适应呈显著正相关，其相关系数的绝对值大于0.5，二者为强相关（见表4-3）。

表4-3 抗逆力与学业压力、学习适应的相关矩阵

变量	抗逆力
学业压力	-0.240**
学习适应	0.563**

为研究初中生学业压力与抗逆力各维度的相互关系，采用皮尔逊相关分析方法。如表4-4所示，学业压力各维度与抗逆力各维度之间呈负相关。

表4-4 学业压力与抗逆力各维度的相关矩阵

变量	抗逆力	个人抗逆力	家庭抗逆力	社会抗逆力
学业压力	-0.240**	-0.218**	-0.234**	-0.214**
任务要求压力	-0.250**	-0.229**	-0.232**	-0.233**
竞争压力	-0.211**	-0.188**	-0.211**	-0.187**
挫折压力	-0.228**	-0.200**	-0.223**	-0.209**
期望压力	-0.204**	-0.191**	-0.206**	-0.167**
自我发展压力	-0.209**	-0.194**	-0.200**	-0.186**

（二）学习适应和抗逆力的相关分析

根据研究数据绘制出散点图，如图4-1所示，可以发现抗逆力和学习适应大致呈正相关。

为研究初中生学习适应与抗逆力各维度的相互关系，采用皮尔逊相关分析方法。抗逆力各维度与学习适应各维度之间达到显著正相关（见表4-5）。

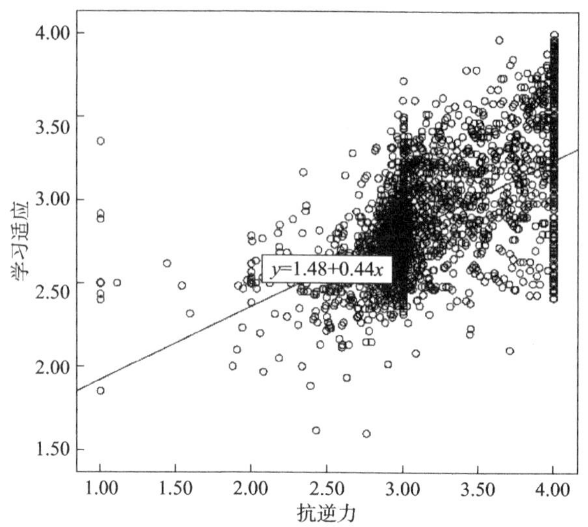

图 4-1　抗逆力和学习适应的散点分布

表 4-5　抗逆力与学习适应各维度的相关矩阵

	学习适应	学习方法适应	学习习惯适应	学习态度适应	学习环境适应	身心适应
抗逆力	0.563**	0.399**	0.423**	0.545**	0.398**	0.602**
个人抗逆力	0.529**	0.367**	0.390**	0.542**	0.343**	0.585**
家庭抗逆力	0.497**	0.349**	0.363**	0.468**	0.368**	0.542**
社会抗逆力	0.543**	0.398**	0.426**	0.511**	0.396**	0.547**

三、初中生学业压力、学习收获和学习力的相关分析

（一）学业压力和学习力的相关分析

自我发展压力、竞争压力、任务要求压力、期望压力和挫折压力与学习批判性、学习建构性、学习交流性、学习策略性和学习坚韧性之间均达到显著负相关（见表 4-6）。这表明变量之间存在线性相关关系，可进一步通过回归分析探索变量之间的具体关系。

表 4-6　学业压力与学习力及各维度的相关矩阵

变量	学习批判性	学习建构性	学习交流性	学习策略性	学习坚韧性	学习力
自我发展压力	−0.23**	−0.24**	−0.23**	−0.24**	−0.30**	−0.31**
竞争压力	−0.27**	−0.24**	−0.23**	−0.23**	−0.35**	−0.32**
任务要求压力	−0.30**	−0.29**	−0.26**	−0.28**	−0.31**	−0.32**
期望压力	−0.25**	−0.23**	−0.21**	−0.25**	−0.34**	−0.30**
挫折压力	−0.23**	−0.23**	−0.24**	−0.20**	−0.31**	−0.31**
学业压力	−0.28**	−0.27**	−0.26**	−0.25**	−0.23**	−0.33**

（二）初中生学习力和学习收获的相关分析

学习批判性、学习建构性、学习交流性、学习策略性和学习坚韧性与知识收获、能力收获和价值观收获之间均达到显著正相关（见表 4-7），表明变量之间存在线性相关关系。

表 4-7　学习力与学习收获及各维度相关矩阵

变量	知识收获	能力收获	价值观收获	学习收获
学习批判性	0.47**	0.47**	0.51**	0.51**
学习建构性	0.48**	0.50**	0.52**	0.54**
学习交流性	0.46**	0.50**	0.51**	0.52**
学习策略性	0.44**	0.49**	0.48**	0.50**
学习坚韧性	0.61**	0.58**	0.62**	0.53**
学习力	0.50**	0.53**	0.56**	0.57**

四、初中生学业压力、学习适应与抗逆力的回归分析

（一）学业压力和学习适应的回归分析

进一步分析学业压力对学习适应的影响路径，以学业压力为自变量，

学习适应为因变量，进行多元回归分析。结果如表 4-8 所示，回归模型显著；调整后 R^2 为 0.203，表明可以解释 20.3% 的总变异量，即学业压力对学习适应的解释程度可以达到 20.3%。

表 4-8 学业压力对学习适应的回归分析模型系数

变量	B	β	T	显著性
常量	3.545		123.270	0.000
学业压力	-0.302	-0.451	-24.228	0.000
模型的检验	F = 586.980*** 调整后 R^2 = 0.203			

为消除人口学变量的影响，保证研究结果的科学性与准确性，将人口学变量设置为虚拟变量，学业压力为自变量，学习适应为因变量，进行多元回归分析。结果如表 4-9 所示，调整后 R^2 为 0.223，表明可以解释 22.3% 的总变异量，即学业压力对学习适应的解释程度可以达到 22.3%，控制人口学变量后解释量增加，回归系数 B 为-0.286，表明学业压力对学习适应具有显著负向影响。

表 4-9 控制变量后学业压力对学习适应的回归分析模型系数

变量	模型 1：人口学变量		模型 2：学习适应	
	B	β	B	β
常量	2.834***		3.504***	
学业压力			-0.286***	-0.428
性别（参照组：男生）	0.054***	0.073	0.055***	0.074
生源地（参照组：农村）	0.004	0.005	-0.019	-0.024
独生子女（参照组：是）	-0.031	-0.040	-0.027	-0.035
单亲家庭（参照组：是）	0.107***	0.081	0.067*	0.051
初二（参照组：初一）	-0.106***	-0.138	-0.076***	-0.099
初三（参照组：初一）	-0.022	-0.025	-0.034	-0.039
父亲文化程度（参照组：受过高等教育）	-0.076**	-0.104	-0.059*	-0.081

续表

变量	模型 1：人口学变量		模型 2：学习适应	
	B	*β*	*B*	*β*
母亲文化程度（参照组：受过高等教育）	-0.003	-0.027	0.009	0.012
模型的检验	$F=12.905^{***}$ 调整后 $R^2=0.049$		$F=60.917^{***}$ 调整后 $R^2=0.223$ $D\text{-}W=2.029$	

进一步分析学业压力各维度对学习适应的影响路径，以学业压力各维度为自变量，学习适应为因变量，进行多元回归分析。结果如表 4-10 所示，回归模型显著；调整后 R^2 为 0.231，表明可以解释 23.1% 的总变异量，即学业压力各维度对学习适应的解释程度可以达到 23.1%。

表 4-10　学业压力各维度对学习适应的回归分析模型系数

	B	*β*	*T*	显著性
常量	3.568		119.181	0.000
任务要求压力	-0.239	-0.347	-9.599	0.000
竞争压力	-0.056	-0.097	-2.371	0.018
挫折压力	-0.106	-0.172	-4.314	0.000
期望压力	0.142	0.225	5.052	0.000
自我发展压力	-0.063	-0.113	-3.670	0.000
模型的检验	$F=138.874^{***}$ 调整后 $R^2=0.231$ $D\text{-}W=1.805$			

控制人口学变量的影响，以学业压力各维度为自变量，学习适应为因变量，重新进行多元回归分析。如表 4-11 所示，调整后 R^2 为 0.250，表明可以解释 25.0% 的总变异量，即学业压力各维度对学习适应的解释程度可以达到 25%。其中，任务要求压力（$P=0.000$）、竞争压力（$P=0.000$）、挫折压力（$P=0.006$）、自我发展压力（$P=0.001$）的回归系数 *B* 分别为 -0.242、-0.066、-0.082、-0.59，表明任务要求压力、竞争压力、挫折压

力和自我发展压力对学习适应存在显著负向影响；期望压力（$P=0.000$）回归系数 B 为 0.145，表明期望压力对学习适应存在显著正向影响。得到回归方程为：学习适应 = 3.525 - 0.242（任务要求压力）- 0.082（挫折压力）+0.145（期望压力）-0.059（自我发展压力）-0.066（竞争压力）。

表 4-11 控制变量后学业压力各维度对学习适应的回归分析模型系数

变量	模型 1：人口学变量		模型 2：学习适应	
	B	β	B	β
常量	2.834***		3.525***	
任务要求压力			-0.242***	-0.351
竞争压力			-0.066*	-0.115
挫折压力			-0.082**	-0.133
期望压力			0.145***	0.230
自我发展压力			-0.059***	-0.107
性别（参照组：男生）	0.054***	0.073	0.048	0.065
生源地（参照组：农村）	0.004	0.005	-0.014	-0.017
独生子女（参照组：是）	-0.031	-0.040	-0.027	-0.035
单亲家庭（参照组：是）	0.107***	0.081	0.067	0.051
初二（参照组：初一）	-0.106***	-0.138	-0.073***	-0.096
初三（参照组：初一）	-0.022	-0.025	-0.027	-0.030
父亲文化程度（参照组：受过高等教育）	-0.076**	-0.104	-0.059*	-0.081
母亲文化程度（参照组：受过高等教育）	-0.003	-0.003	0.002	0.003
模型的检验	$F=12.905$*** 调整后 $R^2=0.049$		$F=52.160$*** 调整后 $R^2=0.250$ $D\text{-}W=2.031$	

进一步分析学业压力各维度对学习适应各维度的影响路径，以学业压力各维度为自变量，学习适应各维度为因变量，进行多元回归分析。结果如表 4-12、表 4-13 所示。

表 4-12　学业压力各维度对学习适应各维度的回归分析模型系数（一）

变量	模型 1：学习方法适应		模型 2：学习习惯适应		模型 3：学习态度适应	
	B	*β*	*B*	*β*	*B*	*β*
常量	3. 306***		3. 668***		3. 513***	
任务要求压力	−0. 264***	−0. 310	−0. 271***	−0. 291	−0. 285***	−0. 355
竞争压力	−0. 032	−0. 045	−0. 033	−0. 043	−0. 107***	−0. 159
挫折压力	−0. 090**	−0. 118	−0. 173***	−0. 207	−0. 115***	−0. 159
期望压力	0. 063	0. 081	0. 232***	0. 271	0. 214***	0. 290
自我发展压力	−0. 095***	−0. 139	−0. 100***	−0. 134	−0. 033	−0. 051
模型的检验	F=46. 583*** 调整后 R^2=0. 090 D−W=1. 867		F=86. 343*** 调整后 R^2=0. 157 D−W=1. 799		F=105. 008*** 调整后 R^2=0. 090 D−W=1. 852	

表 4-13　学业压力各维度对学习适应各维度的回归分析模型系数（二）

变量	模型 4：学习环境适应		模型 5：身心适应	
	B	*β*	*B*	*β*
常量	3. 812***		3. 540***	
任务要求压力	−0. 198***	−0. 228	−0. 178***	−0. 255
竞争压力	−0. 024***	−0. 033	−0. 083**	−0. 142
挫折压力	−0. 298	−0. 381	−0. 037	−0. 059
期望压力	0. 198***	0. 248	0. 004	0. 006
自我发展压力	−0. 070**	−0. 100	−0. 016	−0. 029
模型的检验	F=139. 311*** 调整后 R^2=0. 231 D−W=1. 759		F=114. 934*** 调整后 R^2=0. 199 D−W=1. 782	

控制人口学变量的影响，以学业压力各维度为自变量，学习适应各维度为因变量，重新进行多元回归分析。结果如表 4-14、表 4-15 所示。研究发现，任务要求压力、挫折压力对学习适应各维度均有显著负向影响；竞争压力对学习态度适应和学习环境适应有显著负向影响；期望压力对学习

习惯适应和学习态度适应有显著正向影响；自我发展压力对学习方法适应、学习习惯适应和学习环境适应有显著负向影响。

表 4-14 控制变量后学业压力各维度对学习适应各维度的回归分析模型系数（一）

变量	模型 1：学习方法适应		模型 2：学习习惯适应		模型 3：学习态度适应	
	B	*β*	*B*	*β*	*B*	*β*
常量	3.333***		3.545***		3.480***	
任务要求压力	-0.261***	-0.306	-0.280***	-0.300	-0.280***	-0.349
挫折压力	-0.042***	-0.059	-0.047***	-0.060	-0.122*	-0.181
竞争压力	-0.110	-0.144	-0.138	-0.165	-0.092***	-0.128
期望压力	0.060	0.077	0.238***	0.279	0.209***	0.283
自我发展压力	-0.092***	-0.134	-0.092***	-0.124	-0.029	-0.045
性别（参照组：男生）	0.041*	0.045	0.068***	0.069	0.081***	0.095
生源地（参照组：农村）	-0.028	-0.027	0.013	0.012	-0.028	-0.029
独生子女（参照组：是）	-0.025	-0.026	-0.022	-0.021	-0.030	-0.034
单亲家庭（参照组：是）	0.044	0.027	0.114*	0.064	0.044	0.029
初二（参照组：初一）	-0.100***	-0.106	-0.068***	-0.066	-0.086***	-0.097
初三（参照组：初一）	-0.115***	-0.105	-0.029	-0.024	-0.007	-0.007
父亲文化程度（参照组：受过高等教育）	-0.054	-0.059	-0.091*	-0.092	-0.041	-0.048
母亲文化程度（参照组：受过高等教育）	0.003	0.003	0.003	0.003	0.027	0.032
模型的检验	$F=19.302^{***}$ 调整后 $R^2=0.107$ $D\text{-}W=2.020$		$F=34.199^{***}$ 调整后 $R^2=0.178$ $D\text{-}W=1.974$		$F=39.769^{***}$ 调整后 $R^2=0.202$ $D\text{-}W=2.058$	

表 4-15　控制变量后学业压力各维度对学习适应各维度的回归分析模型系数（二）

变量	模型 4：学习环境适应		模型 5：身心适应	
	B	β	B	β
常量	3.713***			
任务要求压力	−0.207***	−0.238	−0.182***	−0.262
竞争压力	−0.036***	−0.049	−0.085***	−0.146
挫折压力	−0.267***	−0.343	−0.023	−0.036
期望压力	0.204	0.256	0.016	0.024
自我发展压力	−0.064*	−0.092	−0.019	−0.034
性别（参照组：男生）	0.068***	0.074	−0.019	−0.026
生源地（参照组：农村）	0.005	0.005	−0.035	−0.042
独生子女（参照组：是）	−0.044*	−0.046	−0.014	−0.018
单亲家庭（参照组：是）	0.085*	0.051	0.047	0.035
初二（参照组：初一）	−0.054*	−0.056	−0.059***	−0.077
初三（参照组：初一）	0.015	0.014	0.002	0.002
父亲文化程度（参照组：受过高等教育）	−0.061*	−0.066	−0.050*	−0.067
母亲文化程度（参照组：受过高等教育）	−0.009	−0.009	−0.013	−0.018
模型的检验	$F=51.904^{***}$ 调整后 $R^2=0.249$ $D-W=2.038$		$F=42.023^{***}$ 调整后 $R^2=0.211$ $D-W=2.029$	

（二）学业压力与抗逆力的回归分析

进一步分析抗逆力对学业压力的影响路径，以抗逆力为自变量，学业压力为因变量，进行多元回归分析。结果如表 4-16 所示，回归模型显著；调整后 R^2 为 0.057，表明可以解释 5.7% 的总变异量，即抗逆力对学业压力的解释程度可以达到 5.7%。

表 4-16　抗逆力对学业压力的回归分析模型系数

变量	B	β	T	显著性
常量	3.127		41.474	0.000
抗逆力	-0.280	-0.240	-11.848	0.000
模型的检验	$F=140.376^{***}$ 调整后 $R^2=0.057$ $D\text{-}W=1.978$			

控制人口学变量的影响，以抗逆力为自变量，学业压力为因变量，重新进行多元回归分析。如表 4-17 所示，调整后 R^2 为 0.090，即抗逆力对学业压力的解释程度可达到 9%。回归系数 B 为-0.249，表明抗逆力与学业压力呈显著负相关。

表 4-17　控制变量后抗逆力对学业压力的回归分析模型系数

变量	模型 1：人口学变量		模型 2：学业压力	
	B	β	B	β
常量	2.371^{***}		3.152^{***}	
抗逆力			-0.249^{***}	-0.213
性别（参照组：男生）	0.005^{***}	0.004	0.007	0.007
生源地（参照组：农村）	-0.116	-0.093	-0.110^{**}	-0.089
独生子女（参照组：是）	0.024	0.021	0.013	0.011
单亲家庭（参照组：是）	-0.143^{***}	-0.073	-0.124^{*}	-0.063
初二（参照组：初一）	0.107^{***}	0.094	0.091^{***}	0.079
初三（参照组：初一）	-0.039	-0.030	-0.038	-0.029
父亲文化程度（参照组：受过高等教育）	0.059	0.054	0.038	0.035
母亲文化程度（参照组：受过高等教育）	0.041	0.037	0.043	0.039
模型的检验	$F=14.903^{***}$ 调整后 $R^2=0.046$		$F=26.337^{**}$ 调整后 $R^2=0.090$ $D\text{-}W=1.955$	

进一步分析抗逆力各维度对学业压力的影响路径，以抗逆力各维度为自变量，学业压力为因变量，进行多元回归分析。如表 4-18 所示，回归模型显著；调整后 R^2 为 0.058，表明可以解释 5.8% 的总变异量，即抗逆力对学业压力的解释程度可以达到 5.8%。

表 4-18　抗逆力各维度对学业压力的回归分析模型系数

变量	*B*	*β*	*T*	显著性
变量	3.099		40.236	0.000
个人抗逆力	-0.084	-0.074	-1.882	0.060
家庭抗逆力	-0.147	-0.149	-4.438	0.000
社会抗逆力	-0.042	-0.036	-0.906	0.365
模型的检验	F=47.803*** 调整后 R^2=0.058 D-W=1.979			

控制人口学变量的影响后，以抗逆力各维度为自变量，学业压力为因变量，进行多元回归分析。结果如表 4-19 所示，调整后 R^2 为 0.090，表明抗逆力各维度对学业压力的解释程度可达到 9%。其中，家庭抗逆力（$P=0.000$）、个人抗逆力（$P=0.041$）的回归系数 B 分别为-0.115、-0.090，表明家庭抗逆力、个人抗逆力对学业压力存在显著负向影响；社会抗逆力（$P=0.377$）回归系数 B 为-0.040，表明社会抗逆力对学业压力无显著影响。

表 4-19　控制变量后抗逆力各维度对学业压力的回归分析模型系数

变量	模型 1：人口学变量		模型 2：学业压力	
	B	*β*	*B*	*β*
常量	2.371***		3.131***	
个人抗逆力			-0.090*	-0.079
家庭抗逆力			-0.115***	-0.117
社会抗逆力			-0.040	-0.035
性别（参照组：男生）	0.005	0.004	0.007	0.006

续表

变量	模型 1：人口学变量		模型 2：学业压力	
	B	*β*	*B*	*β*
生源地（参照组：农村）	-0.116***	-0.093	-0.110**	-0.089
独生子女（参照组：是）	0.024	0.021	0.013	0.011
单亲家庭（参照组：是）	-0.143***	-0.073	-0.120*	-0.061
初二（参照组：初一）	0.107***	0.094	0.091***	0.080
初三（参照组：初一）	-0.039	-0.030	-0.037	-0.028
父亲文化程度（参照组：受过高等教育）	0.059	0.054	0.038	0.035
母亲文化程度（参照组：受过高等教育）	0.041	0.037	0.042	0.038
模型的检验	F=14.903*** 调整后 R^2=0.049		F=21.664*** 调整后 R^2=0.090 D-W=1.950	

进一步分析抗逆力各维度对学业压力各维度的影响路径，以抗逆力各维度为自变量，学业压力各维度为因变量，进行多元回归分析。结果如表4-20、表4-21所示。

表 4-20　抗逆力各维度对学业压力各维度的回归分析模型系数（一）

变量	模型 1：任务要求压力		模型 2：竞争压力		模型 3：挫折压力	
	B	*β*	*B*	*β*	*B*	*β*
常量	3.132***		3.134***		3.014***	
个人抗逆力	-0.078	-0.071	-0.063	-0.048	-0.034	-0.027
家庭抗逆力	-0.106**	-0.111	-0.172***	-0.151	-0.153***	-0.144
社会抗逆力	-0.097*	-0.088	-0.040	-0.030	-0.093	-0.075
模型的检验	F=50.904*** 调整后 R^2=0.061 D-W=1.970		F=37.243*** 调整后 R^2=0.045 D-W=1.994		F=43.051*** 调整后 R^2=0.052 D-W=1.974	

表 4-21　抗逆力各维度对学业压力各维度的回归分析模型系数（二）

变量	模型 4：期望压力		模型 5：自我发展压力	
	B	β	B	β
常量	3.081***		3.135***	
个人抗逆力	−0.131**	−0.109	−0.116*	−0.085
家庭抗逆力	−0.166***	−0.160	−0.136**	−0.115
社会抗逆力	0.057	0.047	−0.036	−0.026
模型的检验	F=36.860*** 调整后 R^2=0.045 $D-W$=1.991		F=35.420*** 调整后 R^2=0.043 $D-W$=1.978	

注：* $P<0.05$，** $P<0.01$，*** $P<0.001$。

控制人口学变量的影响后，以抗逆力各维度为自变量，学业压力各维度为因变量，进行多元回归分析。结果如表 4-22、表 4-23 所示，个人抗逆力对期望压力和自我发展压力有负向影响，家庭抗逆力对学业压力各维度均有显著负向影响，社会抗逆力仅对任务要求压力有负向影响。

表 4-22　控制变量后抗逆力各维度对学业压力各维度的回归分析模型系数（一）

变量	模型 1：任务要求压力		模型 2：竞争压力		模型 3：挫折压力	
	B	β	B	β	B	β
常量	3.148***		3.144***		3.053***	3.053
个人抗逆力	−0.082	−0.074	−0.067	−0.051	−0.042	−0.034
家庭抗逆力	−0.084**	−0.089	−0.140***	−0.123	−0.116**	−0.110
社会抗逆力	−0.094*	−0.085	−0.039	−0.030	−0.088	−0.071
性别（参照组：男生）	0.004	0.004	0.048	0.038	−0.020	−0.020
生源地（参照组：农村）	−0.078*	−0.065	−0.125**	−0.087	−0.121***	−0.121
独生子女（参照组：是）	0.007	0.007	0.007	0.005	0.019	0.019
单亲家庭（参照组：是）	−0.086	−0.045	−0.096	−0.042	−0.133**	−0.133
初二（参照组：初一）	0.090***	0.081	0.080**	0.061	0.103***	0.103
初三（参照组：初一）	−0.017	−0.013	−0.053	−0.035	−0.045	−0.045

续表

变量	模型 1：任务要求压力		模型 2：竞争压力		模型 3：挫折压力	
	B	β	B	β	B	β
父亲文化程度（参照组：受过高等教育）	0.034	0.032	0.030	0.024	0.045	0.045
母亲文化程度（参照组：受过高等教育）	0.011	0.010	0.053	0.042	0.048	0.048
模型的检验	$F=18.743^{***}$ 调整后 $R^2=0.078$ $D-W=1.986$		$F=17.031^{***}$ 调整后 $R^2=0.071$ $D-W=1.973$		$F=21.236^{***}$ 调整后 $R^2=0.088$ $D-W=1.998$	

表 4-23　控制变量后抗逆力各维度对学业压力各维度的回归分析模型系数（二）

变量	模型 4：期望压力		模型 5：自我发展压力	
	B	β	B	β
常量	3.072^{***}		3.239^{***}	
个人抗逆力	-0.137^{**}	-0.114	-0.122^{*}	-0.089
家庭抗逆力	-0.132^{***}	-0.127	-0.100^{*}	-0.085
社会抗逆力	0.059	0.049	-0.037	-0.027
性别（参照组：男生）	0.035	0.030	-0.033	-0.025
生源地（参照组：农村）	-0.115^{**}	-0.088	-0.112^{**}	-0.075
独生子女（参照组：是）	0.013	0.011	0.018	0.013
单亲家庭（参照组：是）	-0.099^{*}	-0.048	-0.183^{***}	-0.077
初二（参照组：初一）	0.094^{***}	0.078	0.089^{**}	0.064
初三（参照组：初一）	-0.058	-0.042	-0.014	-0.009
父亲文化程度（参照组：受过高等教育）	0.047	0.040	0.036	0.027
母亲文化程度（参照组：受过高等教育）	0.051	0.044	0.045	0.034
模型的检验	$F=19.354^{***}$ 调整后 $R^2=0.081$ $D-W=1.987$		$F=18.743^{***}$ 调整后 $R^2=0.078$ $D-W=1.986$	

（三）抗逆力与学习适应的回归分析

进一步分析抗逆力对学习适应的影响路径，以抗逆力为自变量，学习适应为因变量，进行多元回归分析。如表 4-24 所示，回归模型显著；调整后 R^2 为 0.316，表明可以解释 31.6% 的总变异量，抗逆力对学习适应的解释程度可以达到 31.6%。

表 4-24　抗逆力对学习适应的回归分析模型系数

变量	B	β	T	显著性
常量	1.482		34.504	0.000
抗逆力	0.440	0.563	32.640	0.000
模型的检验	F=1065.388*** 调整后 R^2=0.316 D-W=1.487			

控制人口学变量的影响后，以抗逆力为自变量，学习适应为因变量，进行多元回归分析。如表 4-25 所示，调整后 R^2 为 0.337，表明抗逆力对学习适应的解释程度可达到 33.7%。回归系数 B 为 0.423，表明抗逆力对学习适应具有显著正向影响。

表 4-25　控制变量后抗逆力对学习适应的回归分析模型系数

变量	模型 1：人口学变量		模型 2：学习适应	
	B	β	B	β
常量	2.834***		1.503	
抗逆力			0.423***	0.542
性别（参照组：男生）	0.054***	0.073	0.049	0.067***
生源地（参照组：农村）	0.004	0.005	0.001	0.001
独生子女（参照组：是）	-0.031	-0.040	-0.014	-0.017
单亲家庭（参照组：是）	0.107***	0.081	0.075	0.057*

续表

变量	模型 1：人口学变量		模型 2：学习适应	
	B	β	B	β
初二（参照组：初一）	−0.106***		−0.078	−5.467***
初三（参照组：初一）	−0.022	−0.025	−0.025	−1.540
父亲文化程度（参照组：受过高等教育）	−0.076**	−0.104	−0.041*	−0.056
母亲文化程度（参照组：受过高等教育）	−0.003	−0.003	−0.006	−0.008
模型的检验	F=12.905*** 调整后 R^2=0.049		F=106.964*** 调整后 R^2=0.337 D−W=2.004	

进一步分析抗逆力各维度对学习适应的影响路径，以抗逆力各维度为自变量，学习适应为因变量，进行多元回归分析。如表 4−26 所示，回归模型显著；调整后 R^2 为 0.319，表明抗逆力各维度对学习适应的解释程度可以达到 31.9%。

表 4−26　抗逆力各维度对学习适应的回归分析模型系数

变量	B	β	T	显著性
常量	1.452		33.155	0.000
个人抗逆力	0.147	0.193	5.760	0.000
家庭抗逆力	0.091	0.138	4.832	0.000
社会抗逆力	0.210	0.275	8.060	0.000
模型的检验	F=260.184*** 调整后 R^2=0.319 D−W=1.781			

控制人口学变量的影响后，以抗逆力各维度为自变量，学习适应为因变量，进行多元回归分析。如表 4−27 所示，调整后 R^2 为 0.340，表明抗逆力对学习适应的解释程度可达到 34%。其中个人抗逆力（P=0.000）、家庭

抗逆力（P=0.000）、社会抗逆力（P=0.000）的回归系数 B 分别为 0.153、0.073、0.206，表明个人抗逆力、家庭抗逆力和社会抗逆力对学习适应均存在显著正向影响。得到回归方程为：学习适应 = 2.834+0.153（个人抗逆力）+0.073（家庭抗逆力）+0.206（社会抗逆力）。

表 4-27　控制变量后抗逆力各维度对学习适应的回归分析模型系数

变量	模型 1：人口学变量		模型 2：学习适应	
	B	β	B	β
常量	2.834***		1.465	
个人抗逆力			0.153***	0.201
家庭抗逆力			0.073***	0.112
社会抗逆力			0.206***	0.269
性别（参照组：男生）	0.054***	0.073	0.048***	0.066
生源地（参照组：农村）	0.004	0.005	−0.001	−0.001
独生子女（参照组：是）	−0.031	−0.040	−0.014	−0.018
单亲家庭（参照组：是）	0.107***	0.081	0.083***	0.063
初二（参照组：初一）	−0.106***		−0.077***	−0.100
初三（参照组：初一）	−0.022	−0.025	−0.025	−0.028
父亲文化程度（参照组：受过高等教育）	−0.076**	−0.104	−0.042*	−0.057
母亲文化程度（参照组：受过高等教育）	−0.003	−0.003	−0.009	−0.012
模型的检验	F=12.905*** 调整后 R^2=0.049		F=92.174*** 调整后 R^2=0.340 D-W=2.009	

进一步分析抗逆力各维度对学习适应各维度的影响路径，以抗逆力各维度为自变量，学习适应各维度为因变量，进行多元回归分析。结果如表 4-28、表 4-29 所示。

表 4-28 抗逆力各维度对学习适应各维度的回归分析模型系数（一）

变量	模型 1：学习方法适应		模型 2：学习习惯适应		模型 3：学习态度适应	
	B	β	B	β	B	β
常量	1.066***		1.566***		1.551***	
个人抗逆力	0.330***	0.351	0.082*	0.080	0.077*	0.087
家庭抗逆力	0.069**	0.085	0.073*	0.082	0.047*	0.061
社会抗逆力	0.142***	0.150	0.275***	0.267	0.273***	0.306
模型的检验	F=339.200*** 调整后 R^2=0.306 $D-W$=1.853		F=150.509*** 调整后 R^2=0.163 $D-W$=1.585		F=175.603*** 调整后 R^2=0.186 $D-W$=1.624	

表 4-29 抗逆力各维度对学习适应各维度的回归分析模型系数（二）

变量	模型 4：学习环境适应		模型 5：身心适应	
	B	β	B	β
常量	1.734***		1.343***	
个人抗逆力	-0.024	-0.025	0.269***	0.350
家庭抗逆力	0.133***	0.160	0.133***	0.199
社会抗逆力	0.284***	0.294	0.077**	0.100
模型的检验	F=153.203*** 调整后 R^2=0166 $D-W$=1.405		F=444.656*** 调整后 R^2=0.367 $D-W$=1.623	

控制人口学变量的影响后，以抗逆力各维度为自变量，学习适应各维度为因变量，进行多元回归分析。如表 4-30、表 4-31 所示，个人抗逆力仅对学习方法适应、学习习惯适应、学习态度适应和身心适应有正向影响；家庭抗逆力对学习方法适应、学习环境适应和身心适应有正向影响；社会抗逆力对学习适应的各维度均有显著正向影响。

表 4-30　控制变量后抗逆力各维度对学习适应各维度的回归分析模型系数（一）

变量	模型 1：学习方法适应		模型 2：学习习惯适应		模型 3：学习态度适应	
	B	β	B	β	B	β
常量	1.129***		1.531***		1.544***	
个人抗逆力	0.335***	0.357	0.092***	0.089	0.081*	0.092
家庭抗逆力	0.062*	0.077	0.044	0.049	0.038	0.050
社会抗逆力	0.137***	0.145	0.272***	0.264	0.265***	0.298
性别（参照组：男生）	0.036*	0.040	0.074***	0.075	0.080*	0.094
生源地（参照组：农村）	−0.026	−0.025	0.027	0.025	−0.014	−0.014
独生子女（参照组：是）	−0.006	−0.007	−0.010	−0.010	−0.018	−0.020
单亲家庭（参照组：是）	0.040	0.025	0.142***	0.080	0.067*	0.043
初二（参照组：初一）	−0.088***	−0.093	−0.074**	−0.072	−0.092***	−0.104
初三（参照组：初一）	−0.119***	−0.108	−0.029	−0.024	−0.004	−0.004
父亲文化程度（参照组：受过高等教育）	−0.026	−0.029	−0.075**	−0.076	−0.026	−0.031
母亲文化程度（参照组：受过高等教育）	−0.006	−0.007	−0.007	−0.007	−0.017	0.020
模型的检验	F=83.794*** 调整后 R^2=0.319 D-W=2.030		F=42.359*** 调整后 R^2=0.190 D-W=1.976		F=46.272*** 调整后 R^2=0.204 D-W=2.033	

表 4-31　控制变量后抗逆力各维度对学习适应各维度的回归分析模型系数（二）

变量	模型 4：学习环境适应		模型 5：身心适应	
	B	β	B	β
常量	1.705***		1.419***	
个人抗逆力	−0.016	−0.017	0.274***	0.357
家庭抗逆力	0.107***	0.129	0.116***	0.175
社会抗逆力	0.279***	0.290	0.076*	0.098

续表

变量	模型4：学习环境适应		模型5：身心适应	
	B	β	B	β
性别（参照组：男生）	0.076***	0.082	−0.025*	−0.034
生源地（参照组：农村）	0.029	0.028	−0.022	−0.026
独生子女（参照组：是）	−0.034	−0.035	0.001	0.001
单亲家庭（参照组：是）	0.118***	0.071	0.048*	0.036
初二（参照组：初一）	−0.069***	−0.072	−0.060***	−0.078
初三（参照组：初一）	0.022	0.019	0.007	0.008
父亲文化程度（参照组：受过高等教育）	−0.049	−0.053	−0.031	−0.042
母亲文化程度（参照组：受过高等教育）	−0.021	−0.023	−0.026	−0.035
模型的检验	F=43.552*** 调整后 R^2=0.194 D−W=1.992		F=109.320*** 调整后 R^2=0.380 D−W=2.010	

（四）初中生学业压力、学习适应与抗逆力的曲线回归分析

以往研究发现，适度的学业压力可以提高学生的学习积极性，促进学习适应，但当学业压力过小或过大时，会对学习产生负面影响，导致学生的学习投入水平降低。❶ 因此，学业压力、抗逆力与学习适应之间可能并不是完全的线性关系，本书进一步对三者进行曲线回归分析。

1. 学业压力对学习适应的曲线回归分析

采用曲线估算方法，以学业压力的平方为自变量，学习适应作为因变量进行回归分析，结果发现二次曲线模型的拟合水平最佳。结果如表4-32所示，F 值为301.670，P 值为0.000，表明所拟合的模型有意义。调整后

❶ 曹新美，刘在花. 学校幸福感在中学生学业压力与学习投入之间的调节作用[J]. 中国特殊教育，2017(6)：86-90.

R^2 为 0.207，表明可以解释 20.7% 的总变异量，即学业压力对学习适应的解释程度可以达到 20.7%。所求的二次曲线方程模型为：学习适应 = 3.366−0.124（学业压力）+0.005（学业压力^2）。随着学业压力的增大，学习适应呈现先下降后上升的趋势。当学业压力为 3.521 时，学习适应最差。

表 4-32　学业压力对学习适应的曲线回归分析模型系数

变量	未标准化系数		标准化系数	T	显著性
	B	标准误差	β		
学业压力	−0.124	0.008	−0.853	−14.677	0.000
学业压力^2	0.005	0.001	0.443	7.616	0.002
模型的检验	F = 301.670*** 调整后 R^2 = 0.207				

注：因变量—学习适应。

2. 抗逆力对学业压力的曲线回归分析

采用曲线估算方法，以抗逆力的平方为自变量，学业压力为因变量，进行回归分析，结果发现二次曲线模型的拟合水平最佳。结果如表 4-33 所示，F 值为 88.467，P 值为 0.000，表明所拟合的模型有意义。调整后 R^2 为 0.071，表明抗逆力对学业压力的解释程度可达到 7.1%。所求的二次曲线方程模型为：学业压力 = 1.693+0.660（抗逆力）−0.151（抗逆力^2）。随着抗逆力水平的提高，学业压力呈现先上升后下降的趋势，当抗逆力为 2.185 时，学业压力最大。

表 4-33　学业压力对抗逆力的曲线回归分析模型系数

变量	未标准化系数		标准化系数	T	显著性
	B	标准误差	β		
抗逆力	0.660	0.162	0.565	4.081	0.000
抗逆力^2	−0.151	0.026	−0.814	−5.875	0.000
模型的检验	F = 88.467*** 调整后 R^2 = 0.071				

注：因变量—抗逆力。

3. 抗逆力对学习适应的曲线回归分析

采用曲线估算方法，以抗逆力的平方为自变量，学习适应为因变量，进行回归分析，结果发现三次曲线模型的拟合水平最佳。结果如表 4-34 所示，F 值为 406.447，P 值为 0.000，表明所拟合的模型有意义。调整后 R^2 为 0.346，表明抗逆力对学习适应的解释程度可以达到 34.6%。所求的三次曲线方程模型为：学习适应 = 2.746 - 0.181（抗逆力）+ 0.030（抗逆力^2）-0.001（抗逆力^3）。抗逆力水平处于中度时，学习适应逐渐上升；而当抗逆力过低或过高时，学习适应呈下降趋势。

表 4-34　抗逆力对学习适应的曲线回归分析

变量	未标准化系数		标准化系数	T	显著性
	B	标准误差	β		
抗逆力	-0.181	0.034	-1.459	-5.241	0.000
抗逆力^2	0.030	0.004	5.395	7.723	0.000
抗逆力^3	-0.001	0.000	-3.417	-7.810	0.000
模型的检验	F = 406.447*** 调整后 R^2 = 0.346				

注：因变量—学习适应。

五、初中生学业压力、学习收获和学习力的回归分析

为进一步验证相关分析的结论，探究学业压力、学习收获和学习力三者相互关系，采用多元线性回归方法进行分析。同时控制人口学变量对回归关系的影响，分别以学业压力和学习力为自变量，学习收获为因变量，构建回归模型。

（一）初中生学业压力和学习收获的回归分析

为进一步考察学业压力对学习收获的影响机制，以学业压力为自变量，

以学习收获及各维度为因变量，进行多元回归分析，如表 4-35 所示，模型 1~模型 4 分别代表学业压力与学习收获、知识收获、能力收获和价值观收获的回归分析结果，四个回归模型均成立。调整后 R^2 大于 0.06，表示回归模型解释程度比较理想，学业压力对学习收获及各维度都有显著负向影响。

表 4-35　学业压力与学习收获回归分析模型系数

变量	模型 1：学习收获		模型 2：知识收获		模型 3：能力收获		模型 4：价值观收获	
	B	β	B	β	B	β	B	β
（常量）	77.561***		76.580***		76.493***		79.608***	
学业压力	−0.210***	−0.264	−0.209***	−0.247	−0.199***	−0.233	−0.221***	−0.259
模型检验	F=158.112***		F=137.951***		F=121.386***		F=152.350***	
	调整后 R^2=0.068		调整后 R^2=0.065		调整后 R^2=0.062		调整后 R^2=0.066	
	$D-W$=1.929		$D-W$=1.924		$D-W$=1.968		$D-W$=1.947	

模型 5~模型 8 是控制人口学变量后学业压力对学习收获及各维度的影响情况，四个回归模型均成立。调整后 R^2 大于 0.068，表示回归模型解释程度比较理想。同时将虚拟变量纳入回归模型，除年级会在知识收获和能力收获中产生影响外，其余人口学变量对学习收获及各维度均无显著影响，学业压力对学习收获仍有显著负向影响（见表 4-36）。

表 4-36　控制变量后学业压力与学习收获回归分析模型系数

变量	模型 5：学习收获		模型 6：知识收获		模型 7：能力收获		模型 8：价值观收获	
	B	β	B	β	B	β	B	β
常量	75.848***		77.730***		71.746***		78.067***	
学业压力	−0.204***	−0.257	−0.201***	−0.238	−0.197***	−0.230	−0.214***	−0.251
性别（参照组：女生）	−0.208	−0.006	0.007	0.000	0.075	0.002	−0.704	−0.020
户籍（参照组：农村）	0.053	0.001	−1.258	−0.027	0.479	0.010	0.937	0.020

续表

变量	模型 5：学习收获		模型 6：知识收获		模型 7：能力收获		模型 8：价值观收获	
	B	*β*	*B*	*β*	*B*	*β*	*B*	*β*
独生子女（参照组：否）	1. 318	0. 037	1. 356	0. 036	1. 336	0. 035	1. 263	0. 033
学校（参照组：京外）	0. 954	0. 028	1. 239	0. 034	0. 965	0. 026	0. 657	0. 018
单亲家庭（参照组：否）	1. 181	0. 020	0. 671	0. 011	2. 435	0. 038	0. 439	0. 007
年级（参照组：初三）								
初一	0. 994	0. 030	-1. 865**	-0. 053	4. 488**	0. 126	0. 360	0. 010
初二	-1. 019	-0. 030	-3. 691	-0. 104	2. 028	0. 056	-1. 393	-0. 039
父亲文化程度（参照组：初中及以下）								
大学及以上	0. 161	0. 005	0. 374	0. 010	0. 268	0. 007	-0. 158	-0. 004
高中或中专	-0. 117	-0. 003	-0. 439	-0. 011	0. 594	0. 015	-0. 505	-0. 013
母亲文化程度（参照组：初中及以下）								
大学及以上	0. 047	0. 001	0. 034	0. 001	-0. 450	-0. 013	0. 556	0. 016
高中或中专	-0. 719	-0. 020	-0. 335	-0. 009	-1. 139	-0. 029	-0. 685	-0. 018
模型检验	F=14. 373***		*F*=13. 632***		*F*=12. 221***		*F*=14. 040***	
	调整后 R^2=0. 070		调整后 R^2=0. 069		调整后 *R*2=0. 073		调整后 R^2=0. 068	
	D-W=1. 936		*D-W*=1. 947		*D-W*=1. 980		*D-W*=1. 955	

进一步分析学业压力各维度对学习收获的影响，以学业压力各维度为自变量，以学习收获及各维度为因变量，进行多元回归分析，如表 4-37 所示，模型 9~模型 12 分别代表学业压力各维度与学习收获、知识收获、能力收获和价值观收获的回归分析结果，四个回归模型均成立。调整后 R^2 大于 0. 065，表示回归模型解释程度比较理想。在学习收获中，竞争压力、任务要求压力和挫折压力对学习收获有显著负向影响；竞争压力、任务要求压力对知识收获有显著负向影响；任务要求压力和挫折压力对能力收获有显著负向影响；任务要求压力和挫折压力对价值观收获有显著负向影响。四个回归模型任务要求压力的负向预测作用最大。

表 4-37 学业压力各维度与学习收获回归分析模型系数

变量	模型 9：学习收获		模型 10：知识收获		模型 11：能力收获		模型 12：价值观收获	
	B	β	B	β	B	β	B	β
常量	78.712***		77.889***		77.639***		80.607***	
自我发展压力	-0.003	-0.005	-0.020	-0.027	-0.033	-0.045	-0.004	-0.005
竞争压力	-0.015**	-0.021	-0.007**	-0.010	-0.043	-0.057	-0.005	-0.007
任务要求压力	-0.253***	-0.313	-0.234***	-0.273	-0.278***	-0.320	-0.247***	-0.285
期望压力	-0.009	-0.012	-0.058	-0.073	-0.028	-0.034	-0.004	-0.004
挫折压力	-0.021**	-0.028	-0.040	-0.049	-0.019**	-0.023	-0.005**	-0.006
模型检验	F=37.990***		F=33.122***		F=31.280***		F=35.371***	
	调整后 R^2=0.080		调整后 R^2=0.071		调整后 R^2=0.067		调整后 R^2=0.075	
	$D-W$=1.951		$D-W$=1.927		$D-W$=1.963		$D-W$=1.939	

模型 13~模型 16 是控制人口学变量后学业压力各维度对学习收获及各维度的影响。四个回归模型均成立，调整后 R^2 大于 0.07，表示回归模型解释程度比较理想。回归模型纳入变量结果显示，除年级会在知识收获和能力收获中产生影响外，其余人口学变量对学习收获及各维度均无显著影响。控制人口学变量后结果与未加入人口学变量一致，任务要求压力对学习收获及各维度的负向影响最大（见表 4-38）。

表 4-38 控制变量后学业压力各维度与学习收获回归分析模型系数

变量	模型 13：学习收获		模型 14：知识收获		模型 15：能力收获		模型 16：价值观收获	
	B	β	B	β	B	β	B	β
常量	78.234***		80.633***		74.134***		79.937***	
自我发展压力	-0.004	-0.006	-0.017	-0.024	-0.036	-0.049	-0.006	-0.009
竞争压力	-0.009**	-0.013	-0.002**	-0.003	-0.038	-0.050	-0.142	-0.016
任务要求压力	-0.257***	-0.317	-0.240***	-0.280	-0.273***	-0.314	-0.256***	-0.295
期望压力	-0.004	-0.005	-0.045	-0.057	-0.027	-0.033	-0.007	-0.009
挫折压力	-0.032**	-0.043	-0.048	-0.060	-0.029**	-0.033	-0.122**	-0.028

续表

变量	模型 13：学习收获		模型 14：知识收获		模型 15：能力收获		模型 16:价值观收获	
	B	*β*	*B*	*β*	*B*	*β*	*B*	*β*
性别（参照组：女生）	-0.387	-0.012	-0.292	-0.008	0.015	0.000	-0.884	-0.025
户籍（参照组：农村）	-0.082	-0.002	-1.418	-0.030	0.315	0.007	0.857	0.018
独生子女（参照组：否）	1.288	0.036	1.311	0.035	1.291	0.034	1.263	0.033
学校（参照组：京外）	0.868	0.021	0.832	0.019	0.965	0.022	0.010	0.022
单亲家庭（参照组：否）	0.834	0.014	0.296	0.005	2.153	0.034	0.054	0.001
年级（参照组：初三）								
初一	0.497	0.015	2.421**	-0.069	3.907**	0.110	0.004	0.000
初二	-1.550	-0.046	4.293**	-0.121	1.408	0.039	-1.766	-0.049
父亲文化程度（参照组：初中及以下）								
大学及以上	0.313	0.009	0.480	0.013	0.456	0.013	0.003	0.000
高中或中专	-0.090	-0.002	-0.470	-0.012	0.679	0.017	-0.478	-0.012
母亲文化程度（参照组：初中及以下）								
大学及以上	0.074	0.002	0.059	0.002	-0.460	-0.013	0.622	0.017
高中或中专	-0.794	-0.022	-0.382	-0.010	-1.268	-0.033	-0.733	-0.019
模型检验	F=13.642***		*F*=12.711***		*F*=11.986***		*F*=13.047***	
	调整后 R^2=0.082		调整后 R^2=0.083		调整后 R^2=0.072		调整后 R^2=0.079	
	D-W=1.957		*D-W*=1.942		*D-W*=1.988		*D-W*=1.946	

（二）初中生学业压力和学习力的回归分析

进一步考察学业压力对学习力的影响机制，以学业压力为自变量，以学习力及各维度为因变量，进行多元回归分析，如表 4-39、表 4-40 所示，模型 17~模型 22 分别代表学业压力与学习力、学习批判性、学习建构性、学习交流性、学习策略性和学习坚韧性的回归分析结果，六个回归模型均成立。调整后 R^2 大于 0.05，表示回归模型解释程度理想，学业压力对学习力及各维度都有显著负向影响。

表 4-39 学业压力与学习力回归分析模型系数（一）

变量	模型 17：学习力		模型 18：学习批判性		模型 19：学习建构性	
	B	β	B	β	B	β
常量	69.148***		72.673***		71.960***	
学业压力	−0.189***	−0.260	−0.170***	−0.171	−0.157***	−0.160
模型检验	F=153.105***		F=63.693***		F=55.463***	
	调整后 R^2=0.069		调整后 R^2=0.058		调整后 R^2=0.062	
	$D-W$=1.967		$D-W$=2.009		$D-W$=1.984	

表 4-40 学业压力与学习力回归分析模型系数（二）

变量	模型 20：学习交流性		模型 21：学习策略性		模型 22：学习坚韧性	
	B	β	B	β	B	β
常量	74.202***		68.461***		58.445***	
学业压力	−0.146***	−0.146	−0.171***	−0.155	−0.303***	−0.243
模型检验	F=246.333***		F=52.283***		F=132.187***	
	调整后 R^2=0.061		调整后 R^2=0.076		调整后 R^2=0.068	
	$D-W$=1.954		$D-W$=1.980		$D-W$=1.949	

如表 4-41、表 4-42 所示，模型 23~模型 28 是控制人口学变量后学业压力对学习力及各维度的情况，回归模型均成立。调整后 R^2 大于 0.064，表示回归模型的解释程度比较理想。除年级会在学习力、学习批判性、学习坚韧性和学习策略性中产生影响外，其余人口学变量对学习力及各维度均无显著影响，学业压力依旧对学习力有显著负向影响。

表 4-41 控制变量后学业压力与学习力回归分析模型系数（一）

变量	模型 23：学习力		模型 24：学习批判性		模型 25：学习建构性	
	B	β	B	β	B	β
常量	71.066***		76.055***		74.015***	
学业压力	−0.182***	−0.250	−0.162***	−0.163	−0.152***	−0.154
性别（参照组：女生）	0.371	0.012	0.789	0.019	−0.221	−0.005
户籍（参照组：农村）	−2.821	−0.070	−3.085	−0.056	−2.282	−0.042
独生子女（参照组：否）	1.296	0.040	1.689	0.038	2.194	0.050
学校（参照组：京外）	0.358	0.011	−0.501	−0.012	0.571	0.013
单亲家庭（参照组：否）	−1.057	−0.020	−0.348	−0.005	−1.087	−0.015
年级（参照组：初三）						
初一	−0.067	−0.002	−1.401	−0.034	−0.069	−0.002
初二	−2.683**	−0.087	−3.957**	−0.094	−2.348	−0.057
父亲文化程度（参照组：初中及以下）						
大学及以上	1.395	0.045	1.368	0.032	1.409	0.034
高中或中专	−0.381	−0.011	−1.027	−0.022	−0.463	−0.010
母亲文化程度（参照组：初中及以下）						
大学及以上	−0.747	−0.024	−0.906	−0.022	−2.234	−0.054
高中或中专	−1.110	−0.033	−0.796	−0.018	−1.865	−0.042
模型检验	$F=15.711^{***}$		$F=7.192^{***}$		$F=6.065^{***}$	
	调整后 $R^2=0.077$		调整后 $R^2=0.064$		调整后 $R^2=0.078$	
	$D\text{-}W=1.976$		$D\text{-}W=2.015$		$D\text{-}W=1.987$	

表 4-42　控制变量后学业压力与学习力回归分析模型系数（二）

变量	模型 26：学习交流性		模型 27：学习策略性		模型 28：学习坚韧性	
	B	*β*	*B*	*β*	*B*	*β*
常量	78.084***		68.702***		58.472***	
学业压力	−0.139***	−0.139	−0.168***	−0.152	−0.291***	−0.233
性别（参照组：女生）	−1.618	−0.039	0.003	0.000	2.900	0.056
户籍（参照组：农村）	−2.728	−0.050	−3.876	−0.064	−2.135	−0.031
独生子女（参照组：否）	2.465	0.055	1.899	0.038	−1.766	−0.031
学校所在（参照组：京外）	−0.291	−0.007	1.354	0.028	0.656	0.012
单亲家庭（参照组：否）	−1.120	−0.015	−1.457	−0.018	−1.274	−0.014
年级（参照组：初三）						
初一	−1.021	−0.025	4.706**	0.103	−2.552	−0.049**
初二	−3.277	−0.078	0.622	0.013	−4.455	−0.085
父亲文化程度（参照组：初中及以下）						
大学及以上	1.212	0.029	1.340	0.029	1.647	0.031
高中或中专	−0.234	−0.005	0.124	0.002	−0.308	−0.005
母亲文化程度（参照组：初中及以下）						
大学及以上	−1.208	−0.029	−2.393	−0.052	3.005	0.057
高中或中专	−2.471	−0.055	−3.223	−0.064	2.806	0.049
模型检验	F=6.019***		*F*=7.225***		*F*=13.207***	
	调整后 R^2=0.069		调整后 R^2=0.084		调整后 R^2=0.076	
	D−W=1.966		*D−W*=1.978		*D−W*=1.957	

进一步分析学业压力各维度对学习力的影响，以学业压力各维度为自变量，以学习力及各维度为因变量，进行多元回归分析，结果如表 4-43、表 4-44 所示，模型 29～模型 34 分别代表学业压力各维度与学习力、学习批判性、学习建构性、学习交流性、学习策略性和学习坚韧性的回归分析结

果，回归模型均成立。调整后 R^2 大于 0.06，解释程度理想。竞争压力、任务要求压力和挫折压力对学习力有显著负向影响；竞争压力、任务要求压力对学习批判性有显著负向影响；任务要求压力和挫折压力对学习建构性有显著负向影响；任务要求压力、竞争压力和挫折压力对学习交流性有显著负向影响；任务要求压力和挫折压力对学习策略有显著负向影响；任务要求压力和挫折压力对学习批判性有显著负向影响。六个回归模型中都是任务要求压力的负向预测作用最大。

表 4-43　学业压力各维度与学习力回归分析模型系数（一）

变量	模型 29：学习力		模型 30：学习批判性		模型 31：学习建构性	
	B	β	B	β	B	β
常量	69.949***		73.693***		72.966***	
自我发展压力	-0.001	-0.001	-0.041	-0.048	-0.007	-0.008
竞争压力	-0.058**	-0.090	-0.105**	-0.119	-0.023	-0.027
任务要求压力	-0.217***	-0.293	-0.318***	-0.314	-0.305***	-0.306
期望压力	0.044	0.064	0.139	0.148	0.120	0.130
挫折压力	-0.031***	-0.044	-0.054	-0.057	-0.036***	-0.039
模型检验	$F=36.586^{***}$		$F=20.841^{***}$		$F=17.589^{***}$	
	调整后 $R^2=0.078$		调整后 $R^2=0.064$		调整后 $R^2=0.068$	
	$D-W=1.975$		$D-W=2.003$		$D-W=1.982$	

表 4-44　学业压力各维度与学习力回归分析模型系数（二）

变量	模型 32：学习交流性		模型 33：学习策略性		模型 34：学习坚韧性	
	B	β	B	β	B	β
常量	74.163***		70.479***		58.444***	
自我发展压力	-0.033	-0.038	-0.012	-0.012	-0.006	-0.005
竞争压力	-0.040**	-0.046	-0.054	-0.055	-0.176	-0.160
任务要求压力	-0.220***	-0.218	-0.323***	-0.288	-0.082***	-0.065
期望压力	0.193	0.206	0.038	0.036	0.196	0.167
挫折压力	-0.065**	-0.068	-0.125**	-0.119	-0.002***	-0.002

续表

变量	模型 32：学习交流性		模型 33：学习策略性		模型 34：学习坚韧性	
	B	β	B	β	B	β
模型检验	F=34.197***		F=37.875***		F=39.848***	
	调整后 R^2=0.060		调整后 R^2=0.083		调整后 R^2=0.084	
	D-W=1.954		D-W=1.978		D-W=1.947	

模型 35~模型 40 是控制人口学变量后学业压力各维度对学习力及各维度的影响情况，六个回归模型均成立，调整后 R^2 大于 0.07，解释程度比较理想。除年级会在学习力和学习策略性中产生影响外，其余人口学变量对学习力及各维度均无显著影响。控制变量后结果一致，任务要求压力对学习力及各维度的负向影响最大（见表 4-45、表 4-46）。

表 4-45　控制变量后学业压力各维度与学习力回归分析模型系数（一）

变量	模型 35：学习力		模型 36：学习批判性		模型 37：学习建构性	
	B	β	B	β	B	β
常量	52.555***		57.027***		56.576***	
自我发展压力	-0.034	-0.055	-0.025	-0.030	-0.061	-0.074
竞争压力	-0.063**	-0.098	-0.098**	-0.111	-0.030	-0.035
任务要求压力	-0.106***	-0.141	-0.125***	-0.122	-0.190***	-0.188
期望压力	0.036	0.099	0.094	0.097	0.114	0.119
挫折压力	-0.070***	-0.056	-0.026	-0.029	-0.011***	-0.013
性别（参照组：女生）	0.580	0.019	0.953	0.023	-0.043	-0.001
户籍（参照组：农村）	-2.598	-0.064	-2.708	-0.049	-2.011	-0.037
独生子女（参照组：否）	1.286	0.039	1.669	0.037	2.171**	0.049
学校（参照组：京外）	1.058	0.035	0.661	0.016	1.154	0.028

续表

变量	模型 35：学习力		模型 36：学习批判性		模型 37：学习建构性	
	B	β	B	β	B	β
单亲家庭（参照组：否）	-1.289	-0.024	-0.572	-0.008	-1.384	-0.019
年级（参照组：初三）						
初一	0.347**	0.011	-0.792	-0.019	0.216	0.005
初二	-2.583	-0.084	-3.597	-0.086	-2.344	-0.057
父亲文化程度（参照组：初中及以下）						
大学及以上	2.447	0.079	2.402	0.057	2.443	0.059
高中或中专	0.367	0.011	-0.261	-0.006	0.296	0.006
母亲文化程度（参照组：初中及以下）						
大学及以上	-0.474	-0.016	-0.647	-0.016	-2.100	-0.051
高中或中专	-0.748	-0.023	-0.393	-0.009	-1.634	-0.036
模型检验	F=11.020***		F=16.794***		F=15.503***	
	调整后 R^2=0.071		调整后 R^2=0.096		调整后 R^2=0.084	
	D-W=1.985		D-W=2.013		D-W=1.996	

表 4-46　控制变量后学业压力各维度与学习力回归分析模型系数（二）

变量	模型 38：学习交流性		模型 39：学习策略性		模型 40：学习坚韧性	
	B	β	B	β	B	β
常量	61.813***		50.544***		36.816***	
自我发展压力	-0.047	-0.056	-0.083	-0.089	-0.049	-0.046
竞争压力	-0.042**	-0.047	-0.042	-0.043	-0.104	-0.094
任务要求压力	-0.136***	-0.133	-0.171***	-0.151	-0.094***	-0.073
期望压力	0.127	0.131	0.081	0.075	0.064	0.052
挫折压力	-0.065**	-0.073	-0.044**	-0.045	-0.124***	-0.111
性别（参照组：女生）	-1.293	-0.032	0.012	0.000	3.271	0.064
户籍（参照组：农村）	-2.548	-0.046	-3.401**	-0.056	-2.320	-0.034

续表

变量	模型 38：学习交流性		模型 39：学习策略性		模型 40：学习坚韧性	
	B	β	B	β	B	β
独生子女（参照组：否）	2.453	0.055	1.885	0.038	-1.748	-0.031
学校所在（参照组：京外）	0.370	0.009	2.301	0.050	0.806	0.015
单亲家庭（参照组：否）	-1.229	-0.017	-1.897	-0.023	-1.361	-0.015
年级（参照组：初三）						
初一	-0.828**	-0.020	5.395**	0.118	-2.258	-0.044
初二	-3.220	-0.077	0.874	0.019	-4.629	-0.088
父亲文化程度（参照组：初中及以下）						
大学及以上	1.971	0.047	2.735	0.059	2.687	0.051
高中或中专	0.355	0.008	1.126	0.022	0.320	0.006
母亲文化程度（参照组：初中及以下）						
大学及以上	-1.113	-0.027	-2.162	-0.047	3.653	0.070
高中或中专	-2.240	-0.049	-3.020	-0.060	3.550	0.062
模型检验	$F=26.138^{***}$		$F=18.386^{***}$		$F=25.423^{***}$	
	调整后 $R^2=0.073$		调整后 $R^2=0.095$		调整后 $R^2=0.090$	
	$D\text{-}W=1.972$		$D\text{-}W=1.986$		$D\text{-}W=1.991$	

（三）初中生学习力和学习收获的回归分析

进一步考察学习力对学习收获的影响，以学习力为自变量，以学习收获及各维度为因变量，进行多元回归分析，结果如表 4-47 所示，模型 41~模型 44 分别代表学习力与学习收获、知识收获、能力收获和价值观收获的回归分析结果，四个回归模型均成立。调整后 R^2 大于 0.25，解释程度理想，学习力对学习收获及各维度都有显著正向影响。

表 4-47 学习力与学习收获回归分析模型系数

变量	模型 41：学习收获		模型 42：知识收获		模型 43：能力收获		模型 44：价值观收获	
	B	β	B	β	B	β	B	β
常量	30.978***		32.260***		30.112***		30.561***	
学习力	0.624***	0.572	0.588***	0.508	0.627***	0.535	0.657***	0.562
模型检验	F=1029.528***		F=736.365***		F=846.372***		F=973.954***	
	调整后 R^2=0.327		调整后 R^2=0.258		调整后 R^2=0.285		调整后 R^2=0.315	
	D-W=2.008		D-W=1.942		D-W=2.033		D-W=2.043	

模型 45~模型 48 是控制人口学变量后学习力对学习收获及各维度的情况，四个回归模型均成立。调整后 R^2 大于 0.26，解释程度比较理想。除年级会在能力收获和价值观收获中产生影响外，其余人口学变量对学习收获及各维度均无显著影响，学习力依旧对学习收获有显著正向影响（见表 4-48）。

表 4-48 控制变量后学习力与学习收获回归分析模型系数（一）

变量	模型 45：学习收获		模型 46：知识收获		模型 47：能力收获		模型 48：价值观收获	
	B	β	B	β	B	β	B	β
常量	27.500***		32.157***		23.166***		26.108***	
学习力	0.624***	0.572	0.582***	0.503	0.633***	0.539	0.075***	0.110
性别（参照组：女生）	-0.363	-0.011	-0.129	-0.004	-0.091	-0.003	0.315	0.009
户籍（参照组：农村）	1.815	0.041	0.386	0.008	2.266	0.048	1.952	0.041
独生子女（参照组：否）	0.600	0.017	0.697	0.018	0.597	0.016	0.370	0.010
学校（参照组：京外）	0.886	0.026	1.195	0.033	0.880	0.024	0.462	0.010
单亲家庭（参照组：否）	1.668	0.028	1.104	0.018	2.947	0.047	3.051	0.048
年级（参照组：初三）								
初一	1.051	0.032	-1.811	-0.052	4.544**	0.128	3.726**	0.105

续表

变量	模型 45：学习收获		模型 46：知识收获		模型 47：能力收获		模型 48：价值观收获	
	B	*β*	*B*	*β*	*B*	*β*	*B*	*β*
初二	0.398	0.012	-2.400**	-0.067	3.492**	0.097	2.553	0.071
父亲文化程度（参照组：初中及以下）								
大学及以上	0.161	0.005	0.374	0.010	-0.168	-0.005	-0.084	-0.002
高中或中专	-0.117	-0.003	-0.439	-0.011	1.174	0.029	1.027	0.026
母亲文化程度（参照组：初中及以下）								
大学及以上	0.663	0.020	0.627	0.018	0.159	0.004	0.391	0.011
高中或中专	0.038	0.001	0.379	0.010	0.378	-0.010	0.020	0.001
模型检验	F=87.029***		F=62.903***		F=74.402***		F=83.100***	
	调整后 R^2=0.328		调整后 R^2=0.260		调整后 R^2=0.294		调整后 R^2=0.318	
	D-W=2.015		D-W=1.958		D-W=2.061		D-W=2.048	

进一步分析学习力各维度对学习收获的影响，以学习力各维度为自变量，以学习收获及各维度为因变量，进行多元回归分析，结果如表 4-49 所示，模型 49~模型 52 分别代表学习力各维度与学习收获、知识收获、能力收获和价值观收获的回归分析结果，四个回归模型均成立。调整后 R^2 大于 0.25，解释程度理想。学习力五个维度对学习收获、知识收获、能力收获和价值观收获均有显著正向影响，其中学习批判性对学习收获和能力收获影响不显著。

表 4-49　学习力各维度与学习收获回归分析模型系数

变量	模型 49：学习收获		模型 50：知识收获		模型 51：能力收获		模型 52：价值观收获	
	B	*β*	*B*	*β*	*B*	*β*	*B*	*β*
常量	32.620***		34.136***		31.951***		31.731***	
学习批判性	0.050	0.063	0.106**	0.125	-0.027	-0.032	0.0731**	0.085
学习建构性	0.145***	0.179	0.109**	0.127	0.163***	0.187	0.1621***	0.187
学习交流性	0.181***	0.227	0.157***	0.185	0.204***	0.237	0.1831***	0.213
学习策略性	0.133***	0.184	0.109***	0.142	0.173***	0.223	0.1171***	0.151
学习坚韧性	0.074***	0.116	0.061***	0.091	0.072***	0.105	0.0891***	0.130

续表

变量	模型 49：学习收获		模型 50：知识收获		模型 51：能力收获		模型 52：价值观收获	
	B	β	B	β	B	β	B	β
模型检验	F=215.580***		F=153.455***		F=184.078***		F=200.472***	
	调整后 R^2=0.334		调整后 R^2=0.265		调整后 R^2=0.302		调整后 R^2=0.320	
	D-W=2.018		D-W=1.947		D-W=2.050		D-W=2.051	

如表 4-50 所示，模型 53~模型 56 是控制人口学变量后学习力各维度对学习收获及各维度的影响情况。四个回归模型均成立，调整后 R^2 大于 0.25，解释程度理想。除年级会在知识收获和能力收获中产生影响外，其余人口学变量对学习收获及各维度均无显著影响。控制人口学变量后，学习交流性的正向预测作用仍最大。

表 4-50　控制变量后学习力各维度与学习收获回归分析模型系数（一）

变量	模型 53：学习收获		模型 54：知识收获		模型 55：能力收获		模型 56：价值观收获	
	B	β	B	β	B	β	B	β
常量	30.484***		36.014***		26.108***		29.329***	
学习批判性	0.048	0.061	0.097**	0.115	0.023	0.027	0.071**	0.083
学习建构性	0.146***	0.180	0.110**	0.129	0.164***	0.189	0.164***	0.189
学习交流性	0.178***	0.223	0.150***	0.177	0.210***	0.244	0.176***	0.205
学习策略性	0.136***	0.188	0.117***	0.153	0.166***	0.214	0.124***	0.160
学习坚韧性	0.074***	0.116	0.057***	0.084	0.075***	0.110	0.089***	0.130
性别（参照组：女生）	-0.068	-0.002	0.101	0.003	0.315	0.009	-0.619	-0.018
户籍（参照组：农村）	1.478	0.034	-0.043	-0.001	1.952	0.041	2.524	0.053
独生子女（参照组：否）	0.407	0.011	0.502	0.013	0.370	0.010	0.348	0.009
学校（参照组：京外）	0.428	0.010	1.322	0.030	0.462	0.010	0.487	0.011
单亲家庭（参照组：否）	1.712	0.029	1.113	0.018	3.051	0.048	0.971	0.015

续表

变量	模型 53：学习收获		模型 54：知识收获		模型 55：能力收获		模型 56:价值观收获	
	B	*β*	*B*	*β*	*B*	*β*	*B*	*β*
年级（参照组：初三）								
初一	0.402	0.012	2.549**	−0.073	3.726**	0.105	0.028	0.001
初二	−0.407	−0.012	3.330**	−0.094	2.553	0.071	−0.445	−0.012
父亲文化程度（参照组：初中及以下）								
大学及以上	−0.146	−0.004	0.134	0.004	−0.084	−0.002	−0.489	−0.014
高中或中专	0.404	0.011	0.100	0.003	1.027	0.026	0.085	0.002
母亲文化程度（参照组：初中及以下）								
大学及以上	0.812	0.024	0.705	0.020	0.391	0.011	1.338	0.037
高中或中专	0.293	0.008	0.554	0.014	0.020	0.001	0.307	0.008
模型检验	F=72.799***		*F*=52.392***		*F*=64.007***		*F*=68.274***	
	调整后 R^2=0.337		调整后 R^2=0.267		调整后 R^2=0.309		调整后 R^2=0.323	
	D-W=2.024		*D-W*=1.965		*D-W*=2.072		*D-W*=2.055	

（四）初中生学业压力、学习收获和学习力的曲线回归分析

研究发现，学业压力对学习收获和学习力有显著负向影响，学习力对学习收获有显著正向影响。虽然线性关系显著，但以往研究发现，适度的学业压力可以提高学习成绩，但当学业压力过小或过大，会对学习产生负面影响，导致学生的学习投入水平降低。[1] 因此，学业压力、学习力与学习收获之间也可能不是简单的线性关系，下面本书将进一步探究三者之间是否可能存在曲线关系。

1. 学业压力对学习收获的曲线回归

采用曲线估算方法，对学业压力与学习收获进行曲线回归拟合，根据拟合度筛选出最适合的曲线模型，得到了二次方拟合曲线。曲线回归的拟

[1] 曹新美，刘在花. 学校幸福感在中学生学业压力与学习投入之间的调节作用[J]. 中国特殊教育，2017(6)：86-90.

合模型和参数估计值见表 4-51，调整后 R^2 为 0. 092，表明学业压力可以解释学习收获 9. 2% 的变异量；F 值为 107. 358，说明曲线模型具有统计学意义。一次项系数和二次项系数对应的 P 值小于 0. 05，二次曲线关系显著，二次项系数大于 0，一次项系数小于 0，说明两者为 U 形曲线关系，曲线转折点为正值，转折点具有实际意义。

表 4-51　学业压力与学习收获曲线回归

变量	B	标准差	β	T
常量	81. 890	0. 921		88. 957 ***
学业压力	-0. 523	0. 046	-0. 658	-11. 325 ***
学业压力^2	0. 004	0. 001	0. 422	7. 262 ***
模型的检验	F=107. 358 *** 调整后 R^2 =0. 092			

前面结论中，学习收获会随着学业压力的增加而下降，两者的线性关系显著。但是通过曲线拟合发现，学业压力和学习收获的关系不是单调的直线。在学业压力处于较低水平时，此时学习收获呈现下降的趋势，但是当超过转折点后，学习收获开始随着压力增大呈现缓慢上升趋势。

2. 学业压力对学习力的曲线回归

采用曲线估算方法，对学业压力与学习力进行曲线回归拟合，筛选出最适合的曲线模型得到二次拟合曲线。曲线回归的拟合模型和参数估计值见表 4-52，调整后 R^2 为 0. 077，表明学业压力可以解释学习力 7. 7% 的变异量；F 值为 88. 412，说明曲线模型具有统计学意义。一次项系数和二次项系数对应的 P 值小于 0. 05，二次曲线关系显著，二次项系数大于 0，一次项系数小于 0，说明两者为 U 形曲线关系，曲线转折点为正值，转折点具有实际意义。

表 4-52　学业压力与学习力曲线回归参数值

变量	B	标准差	β	T
常量	71. 743	0. 851		84. 345 ***
学业压力	-0. 377	0. 043	-0. 517	-8. 838 ***

续表

变量	B	标准差	β	T
学业压力^2	0.002	0.001	0.276	4.710***
模型的检验	$F=88.412$*** 调整后 $R^2=0.077$			

研究发现学习力会随着学业压力的增加而下降，两者的线性关系显著。但通过曲线拟合发现，学业压力和学习力的关系不是单调的直线。在学业压力处于较低水平时，此时学习力呈现下降趋势，当学业压力超过转折点后，学习力开始随着压力增大出现缓慢上升，因为转折点接近最大值，整体来看学习力随着学业压力上升呈现下降趋势。

3. 学习力对学习收获的曲线回归

对学习力与学习收获进行曲线回归拟合，根据拟合度筛选得到了二次方拟合曲线。曲线回归的拟合模型和参数估计值见表 4-53，调整后 R^2 为 0.34，表明学习力可以解释学习收获 34% 的变异量；F 值为 543.319，说明曲线模型具有统计学意义。二次项系数对应的 P 值小于 0.05，一次项 P 值大于 0.05，并且二次项系数和一次项系数均大于 0，说明两者虽然为 U 形曲线关系，但曲线转折点为负值，转折点并不具有实际意义。

表 4-53 学习力与学习收获曲线回归参数值

变量	B	标准差	β	T
常量	47.854	2.897		16.521***
学习力	0.044	0.092	0.040	0.478
学习力^2	0.005	0.001	0.544	6.437***
模型的检验	$F=543.319$*** 调整后 $R^2=0.340$			

线性回归分析发现学习收获会随着学习力的增加而上升，两者的线性关系显著。根据曲线拟合发现，学习力和学习收获的关系可能并不是单调直线关系，但是通过转折点为负不具有实际意义这点可知，在学习力为正的区间，学习收获是单调上升的。所以曲线回归与线性回归的拟合结果接近，学习力对学习收获有显著正向影响。

综上所述，曲线回归的结果证实学业压力、学习收获和学习力理论上并不是单调的线性关系，呈 U 形曲线关系，都是先下降后上升。但是学业压力的转折点较大，上升区间较为缓慢，学习力的转折点没有实际意义，且线性模型与曲线模型拟合情况相近，可认为线性回归模型也能很好解释学业压力、学习收获和学习力之间的关系。

六、初中生学习与发展核心问题的相互关系

（一）初中生学业压力、学习适应和抗逆力的关系

1. 学业压力、抗逆力与学习适应的相关分析结果讨论

将学业压力各维度与学习适应各维度进行相关分析，发现学业压力各维度与学习适应各维度呈显著负相关。初中生学业压力得分越低，学习适应得分越高；学业压力得分越高，学习适应得分越低。学业压力是超出学习者应对能力的学习活动带来的心理压力，学习适应是个体根据自身需要及环境要求，不断调整自我，取得较好学习效果的能力。当初中生感受到较高的学业压力时，不仅损害身心健康，而且造成学习效率下降，学习成绩退步，出现学习适应不良的情况。

将学业压力各维度与抗逆力各维度进行相关分析，结果表明学业压力各维度与抗逆力各维度呈显著负相关。初中生学业压力得分越低，抗逆力得分越高；学业压力得分越高，抗逆力得分越低；学业压力对抗逆力有负向预测作用。学业压力较高的初中生，在生理和心理上都有不良反应，因此抵御困境的能力也会有所下降，导致抗逆力水平不高。

将抗逆力各维度与学习适应各维度进行相关分析，得到抗逆力各维度与学习适应各维度呈显著正相关。初中生抗逆力得分越低，学习适应得分越低；抗逆力得分越高，学习适应得分越高。抗逆力水平较高的初中生，在学习中遇到困难和挫折时，能够想方设法摆脱、忍受挫折的打击，具有较好的心理协调能力，迅速从逆境中恢复过来，实现原有的目标，因此不会出现学习适应不良的情况。

2. 学业压力、抗逆力与学习适应的回归分析结果讨论

在学业压力对学习适应的回归分析中，发现学业压力和学习适应呈显著负相关（B=-0.286，P=0.000），这验证了王立高❶的结论。在学业压力各维度对学习适应的回归分析中，学习适应可以被解释变异量为24.4%。任务要求压力（B=-0.242，P=0.000）、挫折压力（B=-0.082，P=0.01）、竞争压力（B=-0.066，P=0.02）和自我发展压力（B=-0.059，P=0.00）对学习适应均有显著负向影响。其中，任务要求压力影响最为显著，可见在初中生认知中，任务要求压力是造成学习适应不良的首要因素，某种程度上也表明初中生的学业负担并未减轻。面对日益增多的作业、考试，难度渐增的学习内容，初中生可能会对此产生厌恶心理，无心学习，出现学习适应不良的情况。此外，期望压力对学习适应具有显著正向影响（B=0.145，P=0.000）。该结论与相关分析的结论不一致，因相关分析是简单地、笼统地表示变量之间相关性的数据，并不考虑变量之间的共线性或其他影响；回归分析是剔除其他变量后的自变量与因变量的净相关，数据更为准确，本书以回归分析结论为准，即期望压力对学习适应有显著正向预测作用。其原因可能是教育期望体现的是教师、父母及重要他人对学生未来学业成就的愿景，而并非对其学习上的实际要求，因此期望往往意味着认可和鼓励。教师、父母都期望学生可以取得较好的成绩，未来接受良好的教育。这种期望对学生具有强烈的暗示和感染力，能够增强学生的自信，激发学生的学习动机，提高学生的学习主动性，进而取得优异成绩，实现学习的良好适应。面对家长、教师的殷切期望，初中生感受到爱与鼓励，更愿意将爱的压力转化为动力，积极、主动投入学习。由此可见，期望压力可以促进学生的学习适应。回归分析发现，期望压力对学习习惯适应（B=0.238，P=0.000）和学习态度适应维度（B=0.209，P=0.000）有显著正向影响；来自外界的期望使初中生获得激励性力量，帮助养成良好的学习习惯和端正的学习态度。

---

❶ 王立高.高职学生压力、情绪表达和学习适应的关系研究——基于广西壮族自治区的问卷调查[J].职业技术教育,2019,40(2):76-80.

在抗逆力对学业压力的线性回归分析中，发现抗逆力和学业压力呈显著负相关（$B=-0.249$，$P=0.000$），与宋潮[1]、安蓉[2]等人的研究结果相同。家庭抗逆力（$B=-0.115$，$P=0.000$）对学业压力的影响最为显著，与张琼[3]的研究结论一致，其研究发现心理弹性中的家庭支持维度对学业压力的解释程度最高。分析其原因，本书群体以北京、浙江等教育发达地区的初中生为主，父母受教育程度相对较高，给予子女良好的教育、适度的关注和足够的安全感，当子女遇到学业困境时平等交流、正确引导，从而使初中生感受到较高的家庭支持，增强了自我效能感，承受、调试学业压力的能力得以提高，从而缓解了学业压力。个人抗逆力（$B=-0.090$，$P=0.041$）对学业压力存在负向影响。个人抗逆力水平高的学生，拥有较多内在保护因素，如积极信念、坚强意志、合作能力等，能够以乐观、积极的态度对待学习，从而降低了学业压力。而社会抗逆力（$B=-0.040$，$P=0.377$）对学业压力无显著影响，可能是因为本书测量的是初中生所感知到的社会抗逆力，虽然学校和社会在客观上给予了一定的支持，但初中生并未有效感知，也并未对缓解学业压力提供帮助。这启示我们要扩大培养初中生抗逆力的范围，创造有利的社会氛围和校园环境，给予学生更多的外部支持，并构建家校命运共同体，实现家庭协同教育，同时从学生自身出发，培养学生的积极认知和乐观心态。

通过对抗逆力各维度与学习适应的回归分析发现，抗逆力和学习适应呈显著正相关（$B=0.423$，$P=0.000$），这与张鑫[4]、蔡颖[5]等人的研究结论一致，即抗逆力水平越高，学习适应越好。在抗逆力各维度对学习适应的回归分析中，学习适应可以被解释变异量为33.6%。个人抗逆力（$B=$

---

[1] 宋潮，王建平. 流动儿童社会支持与学业压力的关系：心理韧性的中介作用[J]. 心理学探新，2017(6)：561-566.

[2] 安蓉，裴燕燕. 大学生心理韧性在情绪智力与学业压力间的中介作用[J]. 中国学校卫生，2017(7)：192-195.

[3] 张琼. 气质性乐观对高中生学业压力的影响：心理弹性的中介作用[D]. 兰州：西北师范大学，2019：32.

[4] 张鑫. 高一学生社会比较、心理韧性与学习适应性的关系研究[D]. 石家庄：河北师范大学，2011：41-45.

[5] 蔡颖. 心理弹性与压力困扰、适应的关系[D]. 天津：天津师范大学，2010：95-117.

0.153，$P=0.000$）、家庭抗逆力（$B=0.073$，$P=0.000$）、社会抗逆力（$B=0.206$，$P=0.000$）均对学习适应有显著正向影响。其中，社会抗逆力是影响学习适应的首要因素。究其原因，社会因素包括国家、社区、学校；初中生正生活在一个富强、民主、文明、和谐的社会主义现代化国家，国家强大、民族振兴成为每个人强有力的支撑；社区建设是社会主义现代化建设的迫切要求，社区功能不断被强化，社区的治安管理、居住环境、文化娱乐、医疗卫生等服务多层次发展，提高了初中生在内的社区居民的生活水平和生活质量；初中生一天中大部分时间在学校中度过，学校里春风化雨的教师、亲密无间的伙伴，无一不给予力量。总体来说，国家、社区、学校都提供了较好的成长环境，形成外在保护力量，使初中生在应对学习困境时，能够保持良好的心态，寻求他人的帮助和支持，拥有在学习困境中迅速得到恢复和发展的能力，使自己的学习状态达到最佳水平，促进学习适应。

3. 学业压力、抗逆力与学习适应的曲线回归分析结果讨论

学业压力和学习适应的曲线回归结果表明，二者呈 U 形关系，随着学业压力的升高，学习适应呈现先下降后上升的趋势。学习中各种压力的存在，如考试成绩不理想、同学间的竞争、学习内容多且难度大等，需要学生调动心理资源去应对和调整，以实现压力和学习环境的动态平衡。而当学生感知到的压力越来越大，心理资源和能量不足以支撑，不能满足学习环境的要求时，可能会导致学习适应水平下降。当学业压力达到一定程度，学习适应出现转折，开始上升。这可能是因为学生经历重压以后，潜能反而被激发，压力转化为动力，激发学生主动应对学习中的困境，获得良好适应。

抗逆力和学业压力曲线回归结果表明，二者呈倒 U 形曲线关系，随着抗逆力水平的提高，学业压力呈现先上升后下降的趋势。分析其原因，当抗逆力水平较低时，个体所拥有的保护资源也较少，感受到学习上的压力事件较多，学业压力较大；而当抗逆力水平超过临界值时，个体意识到自己处于危险境地或困境，抗逆力被完全激发，主动调适、积极应对，形成健康的学习行为，减轻学业压力。因此，要注重培养学生适度的抗逆力水

平，从而降低学业压力，促进学生学习心理素质的健全发展。

抗逆力和学习适应曲线回归结果表明，当抗逆力处于中度水平时，学习适应逐渐上升，而当抗逆力水平过高或过低时，学习适应呈现下降的趋势。抗逆力水平适中的学生，不仅有较强的抵御挫折的能力，还可以通过高度的自我效能感、温暖的家庭支持和丰富的社会资源来应对学习中的困境，从而表现出较为理想的学习适应状态。

（二）初中生学业压力、学习收获和学习力的关系

相关分析结果表明，学业压力及各维度与学习收获及各维度呈显著负相关，学习力及各维度与学习收获及各维度呈显著正相关，学业压力及各维度与学习力及各维度呈显著负相关。其中，学业压力中任务要求压力对学习收获和学习力的负向影响最大，学习力中学习交流性对学习收获的正向影响最大。结果表明，初中生学业压力越大，学习力水平和学习收获越低，初中生学习力越高时，学习收获越大。

为进一步研究三者之间的关系，运用多元回归分析方法进行验证。为了消除人口学变量对结果的影响，设置虚拟变量进行转化，将人口学变量引入回归模型中。回归结果显示，人口学变量几乎对学业压力、学习收获和学习力无显著影响，只考虑预测变量的作用。进一步观察各变量影响系数大小，发现学业压力中任务要求压力和学习力中学习交流性的预测作用最明显，验证了相关分析的结论。

虽然研究发现学业压力、学习力和学习收获三者有显著线性关系，但考虑到拟合并不为完全直线，继续验证三者之间的曲线关系。研究发现，学业压力对学习收获和学习力并不是单调的线性关系，是 U 形曲线关系，都是先下降后上升趋势。但转折点较大，且上升区间较为缓慢，考虑到系统抽样的影响，可认为线性回归也能很好解释学业压力和学习收获以及学习力的关系。在学习力对学习收获关系中，虽然统计学模型上存在曲线回归，但根据转折点没有实际意义，学习力和学习收获之间存在较好的线性关系，线性回归同样可以很好解释学习力和学习收获的关系。

近年来国家对中高考的改革力度较大，尤其是对于考试科目进行了较大的调整。中考以往只考语数外理化五科的模式被彻底打破，曾经的主副科之分已经不复存在，初中生需要将史地生也作为重点科目参加模拟考试，并完成相应的家庭作业。考试标准的变化，使学习任务要求变高，进一步增加初中生日常学业压力。当压力逐渐增大之后，就会慢慢影响初中生完成学习的能力，最终影响学习收获。当前许多中学在教学模式上做出改革，课堂不单单只是教师授课，增加了小组活动讨论等环节，形式上变得更加新颖。鼓励学生沟通交流，培养学生合作学习的能力，会对初中生各学科的学习起到一定的帮助作用。当学习交流能力一旦形成后，不仅对学科知识学习有益，而且有助于锻炼日常生活和人际交往的能力，对形成正确的价值观也会起到一定的促进作用。在面对较大压力情况下，学习力水平较高的学生可以更好完成学习任务，取得更多的学习收获。

第五章

初中生学习与发展的内驱力

一、初中生学习力和抗逆力的描述性分析

（一）初中生学习力描述性分析

如表 5-1 所示，初中生学习力均值为 2.15，标准差为 0.34，说明初中生整体学习力水平稳定，学习力发展较好。学习力的各维度中学习坚韧性均值最大为 2.37，标准差为 0.68；学习交流性均值最小为 1.93，标准差为 0.49。这表明初中生学习力结构发展水平不均衡，学习坚韧性、策略性相对较好，交流性和建构性略差。

表 5-1　初中生学习力情况描述统计

变量	最小值	最大值	平均值	标准差
学习力	1	4	2.15	0.34
学习批判性	1	4	2.12	0.51
学习建构性	1	4	2.06	0.47

续表

变量	最小值	最大值	平均值	标准差
学习交流性	1	4	1.93	0.49
学习策略性	1	4	2.27	0.57
学习坚韧性	1	4	2.37	0.68

（二）初中生抗逆力描述性分析

如表 5-2 所示，初中生抗逆力水平均值为 3.153，标准差为 0.469，可见初中生的整体抗逆力水平较高。在三个维度中，社会抗逆力均值最大，标准差最小，表明初中生社会抗逆力水平较高，且其内部离散程度较弱，共性较大。

表 5-2　初中生抗逆力描述性分析

变量	最小资	最大值	平均值	标准差
抗逆力	1	4	3.1534	0.46875
个人抗逆力	1	4	3.1166	0.48116
家庭抗逆力	1	4	3.1398	0.55722
社会抗逆力	1	4	3.2038	0.47913

二、初中生抗逆力和学习力的人口学变量差异分析

（一）初中生抗逆力人口学变量差异分析

1. 初中生抗逆力性别差异分析

为比较初中生抗逆力及各维度在性别上是否存在显著差异，运用 SPSS 23.0 软件，对数据进行独立样本 *T* 检验（见表 5-3）。研究发现，不同性别学生在抗逆力及各维度均没有显著差异。总样本与分年级检验结果一致，表明性别可能不会对学生的抗逆力产生影响。

表 5-3　初中生抗逆力性别差异分析

	性别	均值	标准差	T
抗逆力	男	3. 1490	0. 47785	-0. 465
	女	3. 1581	0. 45906	
个人抗逆力	男	3. 1143	0. 49306	-0. 238
	女	3. 1191	0. 46842	
家庭抗逆力	男	3. 1369	0. 55769	-0. 249
	女	3. 1427	0. 55694	
社会抗逆力	男	3. 1956	0. 48833	-0. 249
	女	3. 2124	0. 46924	

2. 初中生抗逆力生源地差异分析

为比较初中生抗逆力及各维度在生源地上是否存在显著差异，运用 SPSS 23. 0 软件，对数据进行独立样本 T 检验（见表 5-4）。研究发现，生源地在抗逆力及各维度均达到显著差异。其中，城市生源学生在个人抗逆力、家庭抗逆力以及社会抗逆力等方面均高于农村学生，表明城市学生的抗逆力水平更高。

表 5-4　初中生抗逆力生源地差异分析

变量	生源地	均值	标准差	T
抗逆力	农村	3. 0862	0. 42952	-4. 141***
	城市	3. 1774	0. 47984	
个人抗逆力	农村	3. 0587	0. 43976	-3. 473***
	城市	3. 1373	0. 49377	
家庭抗逆力	农村	3. 0559	0. 51540	-4. 348***
	城市	3. 1697	0. 56855	
社会抗逆力	农村	3. 1439	0. 44010	-3. 604***
	城市	3. 2251	0. 49065	

不同年级学生抗逆力生源地差异检验结果显示，初二年级学生在抗逆力及各维度上存在显著的生源地差异，初三年级学生在抗逆力及个人抗逆力、家庭抗逆力维度上存在显著的生源地差异，如表 5-5 所示。

表 5-5　不同年级学生抗逆力生源地差异分析

变量	年级	生源地	均值	T
抗逆力	初二	农村	3.0453	-2.371
		城市	3.1253	
	初三	农村	3.0712	-3.565^{***}
		城市	3.2342	
个人抗逆力	初二	农村	3.0228	-1.981^{*}
		城市	3.0908	
	初三	农村	3.0344	-3.350^{***}
		城市	3.1916	
家庭抗逆力	初二	农村	3.0057	-2.562^{*}
		城市	3.1167	
	初三	农村	3.0465	-3.447^{***}
		城市	3.2368	
社会抗逆力	初三	农村	3.1328	-3.002^{**}
		城市	3.2742	

3. 初中生抗逆力是否独生子女差异分析

为比较初中生抗逆力及各维度在是否独生子女方面是否存在显著差异，运用 SPSS 23.0 软件，对数据进行独立样本 *T* 检验。研究发现，是否独生子女在抗逆力及各维度上均达到显著差异。其中，独生子女在抗逆力及各维度上显著高于非独生子女，表明独生子女的抗逆力水平更高（见表 5-6）。

表 5-6　初中生抗逆力是否独生子女差异分析

变量	是否独生子女	均值	标准差	T
抗逆力	是	3.1784	0.47426	3.590^{***}
	否	3.1044	0.45411	
个人抗逆力	是	3.1370	0.48555	2.839^{**}
	否	3.0768	0.47022	

续表

变量	是否独生子女	均值	标准差	T
家庭抗逆力	是	3.1707	0.56590	3.740***
	否	3.0791	0.53502	
社会抗逆力	是	3.2275	0.48353	3.333***
	否	3.1573	0.46724	

不同年级学生抗逆力是否独生子女差异检验结果显示，初三年级学生在抗逆力及各维度上存在显著差异，初二年级学生在抗逆力及个人抗逆力、社会抗逆力维度上有显著差异，如表 5-7 所示。

表 5-7　不同年级学生抗逆力是否独生子女差异分析

变量	年级	是否独生子女	均值	T
抗逆力	初二	是	3.1277	2.158*
		否	3.0514	
	初三	是	3.2329	3.296***
		否	3.0826	
个人抗逆力	初二	是	3.0976	2.160*
		否	3.0190	
	初三	是	3.1856	2.720**
		否	3.0582	
家庭抗逆力	初三	是	3.2397	3.509***
		否	3.0469	
社会抗逆力	初二	是	3.1803	2.410*
		否	3.0934	
	初三	是	3.2735	2.782**
		否	3.1428	

4. 初中生抗逆力水平家庭类型差异分析

为比较初中生抗逆力及各维度在是否单亲家庭方面是否存在显著差异，运用 SPSS 23.0 软件，对数据进行独立样本 T 检验。研究发现，是否单亲家庭在抗逆力上存在差异，其中家庭抗逆力维度有显著差异。单亲家庭学生的家庭抗逆力水平显著低于非单亲家庭学生（见表 5-8）。

表 5-8　初中生抗逆力是否单亲家庭差异分析

变量	是否单亲家庭	均值	标准差	T
抗逆力	是	3. 0768	0. 49556	-2. 382*
	否	3. 1605	0. 46580	
个人抗逆力	是	3. 0647	0. 50642	-1. 569
	否	3. 1214	0. 47872	
家庭抗逆力	是	2. 9890	0. 60433	-3. 954***
	否	3. 1538	0. 55085	
社会抗逆力	是	3. 1767	0. 50639	-0. 824
	否	3. 2063	0. 47670	

不同年级学生是否独生子女抗逆力差异检验结果显示，仅初一学生在抗逆力及家庭抗逆力维度上有差异，单亲家庭学生的抗逆力显著低于非单亲家庭的学生（见表 5-9）。

表 5-9　不同年级学生抗逆力是否单亲家庭差异分析

变量	年级	是否单亲家庭	均值	T
抗逆力	初一	是	3. 0574	-2. 341*
		否	3. 1862	
家庭抗逆力	初一	是	2. 9211	-4. 011***
		否	3. 1815	

5. *初中生抗逆力父亲文化程度差异分析*

为比较初中生抗逆力及各维度在父亲是否受过高等教育方面的差异情况，运用 SPSS 23. 0 软件，对数据进行独立样本 T 检验。研究发现，在抗逆力及各维度上，均达到显著差异。其中，父亲受过高等教育的学生在抗逆力及各维度上均高于父亲未受过高等教育的学生，表明他们的抗逆力更高（见表 5-10）。

表 5-10　初中生学业压力父亲是否受过高等教育差异分析

变量	父亲是否受过高等教育	均值	标准差	T
抗逆力	是	3.2044	0.47415	5.573***
	否	3.0960	0.45603	
个人抗逆力	是	3.1539	0.48459	3.955***
	否	3.0747	0.47400	
家庭抗逆力	是	3.2094	0.56048	6.412***
	否	3.0614	0.54320	
社会抗逆力	是	3.2499	0.48632	4.924***
	否	3.1518	0.46570	

不同年级学生父亲不同文化程度抗逆力差异检验结果显示，在家庭抗逆力维度上，各年级学生均有显著差异，各年级中父亲受过高等教育的学生抗逆力水平显著高于父亲未受过高等教育的学生（见表 5-11）。

表 5-11　不同年级学生抗逆力父亲是否受过高等教育差异分析

变量	年级	父亲是否受过高等教育	均值	T
抗逆力	初二	是	3.1753	4.185***
		否	3.0351	
	初三	是	3.2588	3.997***
		否	3.0974	
个人抗逆力	初二	是	3.1278	3.140**
		否	3.0189	
	初三	是	3.2127	3.618***
		否	3.0628	
家庭抗逆力	初一	是	3.1987	2.326*
		否	3.1170	
	初二	是	3.1798	4.624***
		否	2.9970	

续表

变量	年级	父亲是否受过高等教育	均值	T
家庭抗逆力	初三	是	3.2655	3.862***
		否	3.0771	
社会抗逆力	初二	是	3.2182	3.767
		否	3.0892	
	初三	是	3.2981	3.505***
		否	3.1523	

6. 初中生抗逆力母亲文化程度差异分析

为比较初中生抗逆力及各维度在母亲是否受过高等教育方面是否存在显著差异，运用 SPSS 23.0 软件，对数据进行独立样本 T 检验。研究发现，母亲文化程度在抗逆力及各维度均有显著差异。其中，母亲受过高等教育的学生在抗逆力及各维度上均高于母亲未受过高等教育的学生（见表 5-12）。

表 5-12 初中生学业压力母亲是否受过高等教育差异分析

变量	母亲是否受过高等教育	均值	标准差	T
抗逆力	是	3.1941	0.48304	4.287***
	否	3.1106	0.44952	
个人抗逆力	是	3.1445	0.49289	2.852**
	否	3.0873	0.46695	
家庭抗逆力	是	3.1999	0.57049	5.332***
	否	3.0766	0.53597	
社会抗逆力	是	3.2380	0.49717	3.521***
	否	3.1678	0.45690	

如表 5-13 所示，不同年级学生母亲不同文化程度抗逆力差异检验结果显示，在家庭抗逆力维度上，各年级的学生均有显著差异，母亲受过高等

教育的学生家庭抗逆力水平显著高于母亲未受过高等教育的学生。

表 5-13　不同年级学生抗逆力母亲是否受过高等教育差异分析

变量	年级	母亲是否受过高等教育	均值	T
抗逆力	初二	是	3.1508	2.743**
		否	3.0583	
	初三	是	3.2555	3.555***
		否	3.1131	
个人抗逆力	初三	是	3.2111	3.301***
		否	3.0755	
家庭抗逆力	初一	是	3.1990	2.258*
		否	3.1198	
	初二	是	3.1538	3.302***
		否	3.0223	
	初三	是	3.2620	3.450***
		否	3.0950	
社会抗逆力	初二	是	3.1990	2.651**
		否	3.1078	
	初三	是	3.2935	3.021**
		否	3.1687	

7. 初中生抗逆力水平年级差异分析

为比较初中生抗逆力及各维度在年级方面是否存在显著差异，运用 SPSS 23.0 软件，对数据进行单因素方差分析（见表 5-14、表 5-15）。研究发现，抗逆力及各维度的组间均至少有一组与其他组有显著差异。事后检验发现：在抗逆力及个人抗逆力、家庭抗逆力、社会抗逆力维度上，初一与初二、初二与初三有显著差异，其中初三学生抗逆力水平最高，初二学生抗逆力水平最低。

表 5-14　初中生抗逆力年级差异分析

	年级	均值	标准差	F
抗逆力	初一	3.1761	0.46146	8.280***
	初二	3.1011	0.48420	
	初三	3.1947	0.45001	
个人抗逆力	初一	3.1369	0.47381	6.183*
	初二	3.0702	0.49877	
	初三	3.1532	0.46062	
家庭抗逆力	初一	3.1612	0.54776	7.123**
	初二	3.0831	0.57252	
	初三	3.1908	0.54312	
社会抗逆力	初一	3.2303	0.47147	8.184***
	初二	3.1500	0.49392	
	初三	3.2403	0.46223	

表 5-15　不同年级学生抗逆力多重比较

	控制组	实验组	均值差	显著性
抗逆力	初一	初二	0.07505	0.000***
		初三	-0.01863	0.467
	初二	初三	-0.09368*	0.001**
个人抗逆力	初一	初二	0.06674	0.003**
		初三	-0.01633	0.535
	初二	初三	-0.08306	0.002**
家庭抗逆力	初一	初二	0.07812	0.003**
		初三	-0.02957	0.332
	初二	初三	-0.10769	0.001***
社会抗逆力	初一	初二	0.08029	0.000***
		初三	-0.01000	0.703
	初二	初三	-0.009029	0.001***

（二）初中生学习力人口学变量差异分析

1. 初中生学习力水平性别差异分析

为比较初中生学习力及各维度在性别上是否存在显著差异，运用 SPSS 23.0 软件，对数据进行独立样本 *T* 检验（见表 5-16）。研究发现，除学习坚韧性外，其他维度均无显著差异，男生的学习坚韧性水平要好于女生。

表 5-16　初中生学习力性别差异分析

变量	性别	均值	标准差	*T*
学习力	男	62.32	15.96	0.76
	女	61.82	13.84	
学习批判性	男	66.74	21.88	0.98
	女	65.86	18.79	
学习建构性	男	66.05	21.83	-0.12
	女	66.16	18.29	
学习交流性	男	68.07	22.09	-1.68
	女	69.56	18.47	
学习策略性	男	62.18	24.08	0.21
	女	61.97	21.06	
学习坚韧性	男	48.58	27.23	2.70**
	女	45.58	23.73	

不同年级学习力性别差异检验（见表 5-17）发现，初三年级学生学习坚韧性在性别上有显著差异，男生的学习坚韧性水平要远远好于女生。总体差异和分年级差异结果一致，表明学习坚韧性在性别上有显著差异。

表 5-17　不同年级初中生学习力性别差异分析

变量	年级		均值	标准差	*T*
学习坚韧性	初三	男	54.41	27.66	2.72**
		女	47.58	21.00	

2. 初中生学习力水平是否独生子女差异分析

为比较初中生学习力及各维度在是否独生子女方面的差异情况，运用 SPSS 23.0 软件，对数据进行独立样本 *T* 检验，如表 5-18 所示，学习交流性在是否独生子女上有显著差异，表明独生子女的学习交流性好于非独生子女。

表 5-18　初中生学习力是否独生子女差异分析

变量	是否独生子女	均值	标准差	*T*
学习力	是	62.36	14.91	1.29
	否	61.44	15.19	
学习批判性	是	66.76	20.11	1.48
	否	65.31	21.33	
学习建构性	是	66.55	20.02	1.56
	否	65.04	20.70	
学习交流性	是	69.38	20.21	2.12**
	否	67.32	21.02	
学习策略性	是	62.10	22.72	0.07
	否	62.03	22.59	
学习坚韧性	是	47.03	25.52	-0.38
	否	47.50	26.07	

不同年级是否独生子女学习力差异分析（见表 5-19），显示初二年级学生的学习力、学习批判性和学习建构性有显著差异，独生子女的学习力水平高于非独生子女。

表 5-19　不同年级学生学习力独生子女差异分析

变量	年级	是否独生子女	均值	标准差	*T*
学习力	初二	是	60.64	14.84	2.01**
		否	58.42	14.54	
学习批判性	初二	是	65.22	21.22	2.20**
		否	61.68	21.71	

续表

变量	年级	是否独生子女	均值	标准差	T
学习建构性	初二	是	65.43	20.74	2.48**
		否	61.58	20.38	

3. 初中生学习力水平生源地差异分析

为比较初中生学习力及各维度在生源地方面的差异情况，运用 SPSS 23.0 软件，对数据进行独立样本 T 检验，如表 5-20 所示，学习策略性在生源地上有显著差异，表明城市学生的学习策略性好于农村学生。

表 5-20　初中生学习力生源地差异分析

变量	生源地	均值	标准差	T
学习力	农村	62.79	15.06	0.95
	城市	61.95	14.98	
学习批判性	农村	66.77	20.80	0.43
	城市	66.24	20.43	
学习建构性	农村	66.71	20.50	0.61
	城市	65.98	20.18	
学习交流性	农村	68.92	20.31	0.15
	城市	68.74	20.51	
学习策略性	农村	61.55	22.02	2.41**
	城市	64.75	22.77	
学习坚韧性	农村	46.80	27.48	-0.29
	城市	47.24	25.31	

不同年级学习力的生源地差异分析，显示初一和初三年级学生在学习力、学习批判性、学习建构性和学习交流性方面都存在显著差异，并且城市学生的学习力水平要远远大于农村学生，尤其在初三年级中差距比初一年级要大；在学习策略性上，初一年级存在显著差异，城市学生的学习力水平同样要好于农村学生的学习力水平（见表 5-21）。

表 5-21 不同年级学生学习力生源地差异分析

变量	年级	生源地	均值	标准差	T
学习力	初一	城市	67.57	16.22	4.09***
		农村	62.32	14.79	
	初三	城市	64.34	14.57	-2.25**
		农村	57.84	12.38	
学习批判性	初一	城市	71.93	19.83	3.41***
		农村	66.23	19.54	
	初三	城市	69.48	19.78	-2.24**
		农村	60.67	18.84	
学习建构性	初一	城市	71.48	20.48	3.21***
		农村	66.10	19.52	
	初三	城市	68.39	19.98	-2.12**
		农村	59.96	18.87	
学习交流性	初一	城市	73.05	20.52	2.51**
		农村	68.81	19.64	
	初三	城市	71.69	20.54	-2.12**
		农村	63.45	19.69	
学习策略性	初一	城市	70.28	21.23	3.75***
		农村	63.38	21.57	

4. 初中生学习力水平家庭类型差异分析

为比较初中生学习力及各维度在是否单亲家庭方面的差异情况，运用SPSS 23.0软件，对数据进行独立样本T检验，如表5-22所示，是否来自单亲家庭在各维度上均没有显著差异，说明是否单亲家庭对初中生学习力没有显著影响。

表 5-22 初中生学习力是否单亲家庭差异分析

变量	是否单亲家庭	均值	标准差	T
学习力	是	60.39	16.73	-1.58
	否	62.25	14.83	

续表

变量	是否单亲家庭	均值	标准差	T
学习批判性	是	65.28	25.16	-0.71
	否	66.43	20.01	
学习建构性	是	64.69	25.47	-0.97
	否	66.23	19.69	
学习交流性	是	67.26	25.25	-1.03
	否	68.92	19.98	
学习策略性	是	60.15	27.29	-1.19
	否	62.26	22.20	
学习坚韧性	是	44.60	28.97	-1.40
	否	47.41	25.35	

对不同年级初中生学习力是否单亲家庭的差异分析，显示在学习力、学习批判性和学习策略性上，初三年级学生有显著差异，非单亲家庭学生的学习力水平要远高于单亲家庭学生的学习力水平（见表5-23）。

表5-23 不同年级学生学习力是否单亲家庭差异分析

变量	年级	是否单亲家庭	均值	标准差	T
学习力	初三	是	57.22	16.80	-2.54**
		否	64.41	14.21	
学习批判性	初三	是	61.73	28.20	-1.98**
		否	69.42	18.94	
学习策略性	初三	是	50.00	27.80	-2.17**
		否	61.55	21.75	

5. 初中生学习力水平的父亲文化程度差异分析

为比较初中生学习力及各维度在父亲文化程度是否存在显著差异，运用SPSS 23.0软件，对数据进行独立样本T检验，如表5-24所示，学习力、学习批判性、学习交流性和学习坚韧性在父亲是否受过高等教育上有显著差异，父亲受过高等教育的学生学习力水平高于父亲未受过高等教育的学生。

表 5-24　初中生学习力父亲是否受过高等教育差异分析

变量	父亲是否受过高等教育	均值	标准差	T
学习力	是	62.83	15.17	2.85***
	否	60.92	14.67	
学习批判性	是	67.20	20.52	2.48**
	否	64.94	20.37	
学习建构性	是	66.66	20.18	1.61
	否	65.21	20.31	
学习交流性	是	69.60	20.54	2.33**
	否	67.46	20.33	
学习策略性	是	62.23	22.66	0.38
	否	61.85	22.72	
学习坚韧性	是	48.43	25.81	2.87***
	否	45.15	25.36	

不同年级初中生学习力在父亲是否受过高等教育上的差异分析（见表5-25），显示初一和初二年级学生在学习力、学习建构性和学习策略性上有显著差异，父亲受过高等教育的学生学习力水平高于没有受过高等教育的学生，初二年级学生的学习力水平差距大于初一年级。在学习交流性方面，初二和初三年级学生有显著差异，父亲受过高等教育的学生学习力水平高于没有受过高等教育的学生。在学习批判性，初二年级有非常显著差异，父亲受过高等教育的学生学习力水平高于没有受过高等教育的学生。

表 5-25　不同年级学生学习力父亲文化程度差异分析

变量	年级	父亲是否受过高等教育	均值	标准差	T
学习力	初一	是	64.57	15.12	1.81**
		否	62.44	15.25	
	初二	是	61.98	15.57	3.53***
		否	57.52	13.37	

续表

变量	年级	父亲是否受过高等教育	均值	标准差	T
学习批判性	初二	是	66.50	21.57	4.37***
		否	61.25	20.91	
学习建构性	初一	是	68.00	19.86	2.09**
		否	66.81	19.62	
	初二	是	66.18	20.80	2.96***
		否	61.91	20.36	
学习交流性	初二	是	68.93	20.94	3.22***
		否	64.25	20.69	
	初三	是	72.54	20.09	2.55**
		否	66.11	21.53	
学习策略性	初一	是	67.09	21.59	2.75***
		否	63.13	21.57	
	初二	是	62.10	24.00	2.94***
		否	57.24	22.87	

6. 初中生学习力水平母亲文化程度差异分析

为比较初中生学习力及各维度在母亲文化程度是否存在显著差异，运用 SPSS 23.0 软件，对数据进行独立样本 T 检验，如表 5-26 所示，学习力、学习交流性和学习坚韧性在母亲是否受过高等教育方面有显著差异，母亲受过高等教育的学生学习力水平高于母亲未受过高等教育的学生。

表 5-26 初中生学习力母亲是否受过高等教育差异分析

变量	母亲是否受过高等教育	均值	标准差	T
学习力	是	62.66	15.17	2.12**
	否	61.26	14.72	
学习批判性	是	66.93	20.45	1.63
	否	65.45	20.52	

续表

变量	母亲是否受过高等教育	均值	标准差	T
学习建构性	是	66.40	20.05	0.81
	否	65.67	20.52	
学习交流性	是	69.60	20.55	2.27**
	否	67.55	20.32	
学习策略性	是	62.16	22.59	0.19
	否	61.97	22.82	
学习坚韧性	是	48.19	25.63	2.23**
	否	45.66	25.70	

不同年级初中生学习力在母亲是否受过高等教育上的差异分析（见表5-27）显示，初一和初二年级学生在学习批判性、学习建构性和学习策略性方面有显著差异，母亲受过高等教育的学生的学习力水平高于母亲未受过高等教育的学生，初二年级学生的水平差距大于初一年级。初二年级学生在学习力和学习交流性方面有显著差异，母亲受过高等教育的学生学习力水平高于母亲未受过高等教育的学生。

表5-27　不同年级学生学习力母亲文化程度差异分析

变量	年级	母亲是否受过高等教育	均值	标准差	T
学习力	初二	是	61.88	15.49	4.12***
		否	57.70	13.56	
学习批判性	初一	是	69.00	19.93	-2.34**
		否	66.10	19.28	
	初二	是	66.63	21.42	3.68***
		否	61.18	21.07	
学习建构性	初一	是	68.97	19.51	-2.03**
		否	65.67	20.12	

续表

变量	年级	母亲是否受过高等教育	均值	标准差	T
学习建构性	初二	是	66.07	20.61	2.76***
		否	62.10	20.62	
学习交流性	初二	是	68.98	21.14	3.27***
		否	64.25	20.44	
学习策略性	初一	是	66.18	21.58	-2.45**
		否	63.75	21.63	
	初二	是	61.80	23.85	2.53***
		否	57.65	23.14	

7. 初中生学习力水平年级差异分析

为比较初中生学习力及各维度在年级方面是否存在显著差异，运用 SPSS 23.0 软件，对数据进行单因素方差分析，如表 5-28 所示，所有维度的组间至少有一组与其他组有显著差异，初三年级学生的学习力水平高于初一和初二年级的学生。从表 5-29 多重比较分析可见，初一、初二和初三年级在学习策略性上有显著差异。初一与初二、初二与初三年级学生在学习批判性、学习建构性、学习交流性和学习力上有显著差异。学习坚韧性在初一与初二年级、初二与初三年级、初一和初三年级差异显著。

表 5-28　初中生学习力年级差异分析

变量	年级	均值	标准差	F
学习力	初一	59.96	14.77	14.21***
	初二	63.30	15.19	
	初三	63.88	14.51	
学习批判性	初一	64.12	21.42	8.75***
	初二	67.29	19.71	
	初三	68.86	19.82	
学习建构性	初一	64.24	20.70	5.94**
	初二	67.10	19.80	
	初三	67.79	19.99	

续表

变量	年级	均值	标准差	F
学习交流性	初一	66.81	20.94	7.05**
	初二	69.60	19.86	
	初三	71.10	20.57	
学习策略性	初一	59.89	23.61	10.56***
	初二	60.70	21.66	
	初三	64.67	22.42	
学习坚韧性	初一	44.71	25.28	8.26***
	初二	47.84	26.24	
	初三	50.94	24.71	

表 5-29　不同年级学生在学习力上多重比较分析

变量	控制组	实验组	均值差
学习力	初一	初二	3.34***
		初三	-0.57
	初二	初三	-3.92***
学习批判性	初一	初二	3.16***
		初三	-1.56
	初二	初三	-4.73***
学习建构性	初一	初二	2.85***
		初三	-0.69
	初二	初三	-3.54***
学习交流性	初一	初二	2.79***
		初三	-1.50
	初二	初三	-4.29**
学习策略性	初一	初二	4.77***
		初三	3.97***
	初二	初三	-0.80

续表

变量	控制组	实验组	均值差
学习坚韧性	初一	初二	3.13***
		初三	-3.09***
	初二	初三	-6.23***

三、初中生抗逆力和学习力结果分析与讨论

（一）初中生抗逆力人口学变量差异结果分析与讨论

1. 初中生抗逆力性别差异讨论

研究发现不同性别学生的抗逆力水平均没有显著差异，在个人抗逆力（$T=-0.238$，$P=0.812$）、家庭抗逆力（$T=-0.249$，$P=0.804$）和社会抗逆力（$T=-0.249$，$P=0.403$）等方面趋于相似。排除了年级因素的影响后，依旧发现初中生抗逆力在性别上没有显著差异。这与王枫的研究结论一致。❶ 初中生正处在生理、心理急剧变化的时期，也是抗逆力的关键发展期，无论男生、女生都会产生认知、情绪、自我意识的变化，都可能面临着心理上的困扰，在遇到外部挫折和压力时抗逆力都会发生作用，因而抗逆力在性别上并没有显著差异。但女生抗逆力总分比男生略高，可能是因为女性的社会角色更加感性、柔软，擅长与他人建立亲密关系，在困境中能够及时获得帮助或得以宣泄，对待逆境持乐观态度，呈现较高的抗逆力水平。

2. 初中生抗逆力生源地差异讨论

初中生抗逆力及各维度在不同的生源地有显著差异，城市学生在个人抗逆力（$T=-3.473$，$P=0.000$）、家庭抗逆力（$T=-4.348$，$P=0.000$）和社会抗逆力（$T=-3.604$，$P=0.000$）上均高于农村学生。这与王枫❷的研

❶ 王枫. 中学生抗逆力的测量与团体干预研究[D]. 上海:上海师范大学,2013:42.

❷ 王枫. 中学生抗逆力的测量与团体干预研究[D]. 上海:上海师范大学,2013:43.

究结论一致。可能是由于城市学生所处环境更为优越，父母受教育程度普遍较高，社区提供人性化关怀，学校管理严格，师生关系亲密融洽，使城市学生在家庭、社会以及个体感受上有较高的支持力，因而抗逆力水平较高。

3. 初中生抗逆力是否独生子女差异讨论

独生子女个人抗逆力（$T=2.839$，$P=0.005$）、家庭抗逆力（$T=3.740$，$P=0.000$）和社会抗逆力（$T=3.333$，$P=0.001$）均显著高于非独生子女。与王枫[1]的研究结论不太一致，其研究结果为独生子女和非独生子女在抗逆力上不存在显著差异。独生子女作为家庭教育资源的唯一拥有者，充分享受来自父母全方位的照料与培育。作为父母唯一关注的对象，独生子女受到的呵护更多，拥有更为充裕的物质条件。这使他们更易在心理支持和问题解决的过程中发展出较好的抗逆力。而非独生子女在家庭中较容易受到父母的忽视，因而可能心思敏感，更少地感受到来自父母以及周边环境的支持。这可能使他们以较为消极的心态面对挫折和逆境。

4. 初中生抗逆力家庭类型差异讨论

是否单亲家庭的学生在家庭抗逆力（$T=3.740$，$P=0.000$）维度上有显著差异，在个人抗逆力（$T=-1.569$，$P=0.117$）和社会抗逆力（$T=-0.824$，$P=0.410$）维度上没有显著差异。即单亲家庭学生的家庭抗逆力水平显著低于非单亲家庭学生。分年级分析发现，仅初一学生的家庭抗逆力水平在是否单亲家庭上存在显著差异（$T=-4.011$，$P=0.000$）。其原因可能如下：在单亲家庭中，家庭功能不健全，家庭气氛不融洽，父亲或母亲角色的缺失使子女较少地得到情感温暖和理解，较少地感受到来自家庭、父母的支持与力量。这导致其家庭抗逆力水平较低，心理发展也面临更多的潜在风险。

5. 初中生抗逆力父母文化程度差异讨论

初中生抗逆力在父母是否受过高等教育上有显著差异（父：$T=5.573$，$P=0.000$。母：$T=4.287$，$P=0.000$）父母受过高等教育的学生抗逆力显著

---

[1] 王枫. 中学生抗逆力的测量与团体干预研究[D]. 上海：上海师范大学，2013：44.

高于父母未受过高等教育的学生。这与王枫❶的研究结论不太一致，其认为父母的受教育程度对个体抗逆力水平没有显著影响。其仅针对上海市中学生进行研究，且父母文化程度本身并不存在较大差异，本书研究对象涉及不同省市，且近半数父母未接受过高等教育，研究群体的不同可能导致结果的不同。受过高等教育的父母倾向于采用民主型的教养方式，给予子女更多的情感温暖，营造出平等和谐的家庭氛围。他们会将子女视作独立个体，给予恰当的空间，用尊重、真诚来换取子女的信任。正因如此，父母受过高等教育的学生，能够从父母处得到较多的理解、支持，拥有抵御困境的力量。

6. 初中生抗逆力年级差异讨论

不同年级学生在抗逆力及各维度上均有显著差异，其中，初三学生抗逆力水平最高，初二学生抗逆力水平最低。这与王枫❷研究结论不太一致，其发现抗逆力水平随年龄增长而下降，年级越高，抗逆力水平越低。可能与调查群体以及调查时间有关系。本书调查时间是在中考结束后，初三学生卸下了初中最重的负担，经历人生第一次重大考验，心理能力有较大发展，因而表现出较高的抗逆力水平。中考压力相应下移到初二学生，面对较重的学业负担、师生亲子关系等人际困扰以及其他可能出现的挫折情境，甚至这一时期生理机能的剧烈变化和自我意识的不断发展，都需要个体调用各种身心资源和外部支持力来进行有效应对。由此，导致初二学生抗逆力水平的下降。

（二）初中生学习力人口学变量差异结果分析与讨论

1. 初中生学习力性别差异讨论

研究发现，不同性别学生在学习坚韧性（$T=2.70$，$P<0.01$）上存在显

---

❶ 王枫. 中学生抗逆力的测量与团体干预研究［D］. 上海：上海师范大学，2013：45-46.

❷ 王枫. 中学生抗逆力的测量与团体干预研究［D］. 上海：上海师范大学，2013：43.

著差异，男生在学习坚韧性方面要好于女生，与吉安亚❶和田玲❷等人研究结论基本一致。初三年级学生学习坚韧性（$T=2.72$，$P<0.01$）在性别上有显著差异，男生的学习坚韧性水平要远远好于女生。可能是进入青春期后，在心理成长方面，女生表现得更加细腻，遇到挫折后可能比较脆弱，坚韧性不足，所以会出现学习坚韧性低于男生的现象。

2. 初中生学习力是否独生子女差异讨论

是否为独生子女在学习交流性（$T=2.12$，$P<0.01$）上存在显著差异，独生子女的学习交流水平优于非独生子女，与吉安亚❸研究结论一致。初二年级学生是否独生子女在学习力（$T=2.01$，$P<0.01$）、学习批判性（$T=2.20$，$P<0.01$）和学习建构性（$T=2.48$，$P<0.01$）上有显著差异，独生子女的学习力水平高于非独生子女。调查样本中独生子女的比例较高，父母容易将重心放在独生子女的教育上，会在孩子成长过程中注重沟通交流，因此，独生子女的学习交流性会好于非独生子女。

3. 初中生学习力生源地差异讨论

初中生学习力的学习策略性（$T=2.41$，$P<0.01$）存在生源地显著差异，农村学生的学习策略性不如城市学生好。不同户籍的学生在学习力、学习批判性、学习建构性和学习交流性上都存在显著差异，并且城市学生的学习力水平要远远高于农村学生，尤其在初三年级中差距比初一年级要大；在学习策略性上，初一年级存在显著差异，城市学生的学习力水平同样要高于农村学生的学习力水平。城市学生相较于农村学生更能接触到优质教育资源，教育条件决定城市学生在素质教育中更有优势，在学习力培养方面更好。尤其是进入到初三阶段，学习力对于学业影响更大。综上，城市学生的学习力水平高于农村学生。

❶ 吉安亚. 中小学生学习力、学习动机与学业成绩的关系［D］. 西宁：青海师范大学，2016：32-33.

❷ 田玲. 中小学生学习力结果及其发展特点［D］. 沈阳：沈阳师范大学，2012：43-44.

❸ 吉安亚. 中小学生学习力、学习动机与学业成绩的关系［D］. 西宁：青海师范大学，2016：33-34.

4. 初中生学习力家庭类型差异讨论

学生学习力及各维度在是否单亲家庭方面没有显著差异。与学习收获情况类似，除了家庭教育，初中生主要以学校教育为主，学校对于初中生学习力的培养起主要作用，尤其是在初中阶段学习力水平快速发展，学校教育的作用更加明显。但在分年级结果中，学习力（$T=-2.54$，$P<0.01$）、学习批判性（$T=-1.98$，$P<0.01$）和学习策略性（$T=-2.17$，$P<0.01$），初三学生存在显著差异，非单亲家庭的学生学习力水平要远高于单亲家庭的学生。完整的家庭结构对于学生的学习力发展有很大影响，尤其是在初中阶段面对中考时，非单亲家庭的学生学习力会更高一些。

5. 初中生学习力父母文化程度差异讨论

父母是否受过高等教育对于学生学习力水平有影响，父亲受过高等教育在初一到初三年级都有不同差异表现，母亲是否受过高等教育主要在初一和初二年级有显著差异，综合发现在同一学习力水平，年级越高，父母受过高等教育的学生比没有受过高等教育的学生水平差距越大，这与吉安亚[1]的研究结论一致。来自父母是高学历家庭的孩子，能够接受来自父母更优质的家庭教育，学历水平高的父母在孩子学习力发展中会起到关键作用，能够更好地给予学习方法的指导，进行学业规划方面的沟通，所以高学历父母对于孩子学习力发展有积极的促进作用。随着年级升高，高学历父母对学生学习力水平发展的影响越大。

6. 初中生学习力年级差异讨论

初中生学习力及各维度在年级上有显著差异。初三年级好于另外两个年级，初一年级学习力得分较低。田玲[2]和吉安亚[3]的研究发现，学习力在年级上存在显著差异，随着年级升高学习力水平更好。初一学生的学习可能主要依赖于教师的讲授以及家长的督促，这可能造成其学习力水平发展

---

[1] 吉安亚. 中小学生学习力、学习动机与学业成绩的关系[D]. 西宁：青海师范大学，2016：36-37.

[2] 田玲. 中小学生学习力结果及其发展特点[D]. 沈阳：沈阳师范大学，2012：44-45.

[3] 吉安亚. 中小学生学习力、学习动机与学业成绩的关系[D]. 西宁：青海师范大学，2016：37-38.

不足。初三学生已经完整接受了三年的初中教育，个体的心智成熟度及同伴学习、自主学习能力等均有较大提升，而且有一定的知识和方法积累，因此，学习力水平发展最好。

四、初中生抗逆力对学业压力和学习适应的调节作用分析

为考察抗逆力在学业压力和学习适应之间的调节作用，以学习适应为因变量，以学业压力、抗逆力以及二者的乘积项即交互项为因变量，进行层次回归分析。首先将各变量进行中心化。正式做调节作用分析时，首先纳入7个人口学变量（性别、年级、生源地、是否独生子女、是否单亲家庭、父亲文化程度、母亲文化程度），作为回归分析的第一层；其次，将因变量学业压力、抗逆力，作为回归分析的第二层；最后，将学业压力、抗逆力以及交互项作为第三层，进行分层回归。结果如表5-30所示，当变量学业压力和抗逆力进入回归方程之后，决定系数 R^2 为0.433，在两者的交互作用作为第三层变量进入回归方程后，决定系数 R^2 变为0.438。R^2 变化量为0.005，并且交互作用的回归系数显著，说明存在学业压力和抗逆力的交互作用，也就是说抗逆力在学业压力和学习适应中发挥调节作用。

表5-30　抗逆力的调节作用分析模型系数

变量	模型1：人口学变量		模型2：学业压力与抗逆力交互模型		模型3：学习适应	
	B	β	B	β	B	β
常量	2.824***		2.181***		1.609***	
学业压力			-0.217***	-0.325	-0.209***	-0.313
抗逆力			0.369***	0.473	0.363***	0.465
交互项					-0.080***	-0.074
性别（参照组：男生）	0.054***	0.073	0.050***	0.068	0.049***	0.067
生源地（参照组：农村）	0.004	0.005	-0.017	-0.020	-0.016	-0.019
独生子女（参照组：是）	-0.031	-0.040	-0.013	-0.016	-0.012	-0.016

续表

变量	模型 1：人口学变量		模型 2：学业压力与抗逆力交互模型		模型 3：学习适应	
	B	β	B	β	B	β
单亲家庭（参照组：是）	0.107***	0.081	0.048*	0.037	0.051*	0.039
初二（参照组：初一）	−0.106***	−0.138	−0.059***	−0.077	−0.060***	−0.078
初三（参照组：初一）	−0.022	−0.025	−0.034*	−0.038	−0.033*	−0.037
父亲文化程度（参照组：受过高等教育）	−0.076**	−0.104	−0.033	−0.045	−0.030	−0.042
母亲文化程度（参照组：受过高等教育）	−0.003	−0.003	0.003	0.004	0.003	0.004
模型的检验	F=12.905*** 调整后 R^2=0.049		F=146.644*** 调整后 R^2=0.432		F=138.176*** 调整后 R^2=0.437 D-W=1.988	

在抗逆力的调节作用检验中，加入学业压力与抗逆力的交互项后，决定系数 R^2 升高（$\Delta R^2=0.005$），并且交互项的回归系数显著（$B=-0.080$，$P=0.000$），说明存在学业压力和抗逆力的交互作用，即抗逆力在学业压力对学习适应的影响中发挥调节作用。抗逆力水平较低的初中生，在学业压力较高时，学习适应较差；而抗逆力水平较高的初中生，在学业压力较高时，学习适应状况也能较好。

抗逆力水平较高的初中生，认知、情绪、意志和行为等方面的综合品质与外界资源、条件、环境达到最佳匹配，也就是内部保护因素和外部保护因素的组合，当困境袭来时，能以最有效的途径激发出来。当抗逆力水平较高的初中生遭受学习中的压力和挫折时，抗逆力被激活，在个人抗逆力维度上，初中生会积极调整认知，明确精神信念，保持乐观的态度，有效应对压力；在家庭抗逆力维度上，初中生会与父母沟通交流，缓解压力；在社会抗逆力维度上，个体也会积极寻求社区、学校等各界人士的帮助，以各种形式达到对抗学业压力的效果，最终实现良好适应。当抗逆力较低的初中生感受到较高的学业压力时，既不会自我调节，也不会寻求他人的支持与帮助，以消极的态度对待，甚至会采用逃避的方式，最终导致学业倦怠，学习成绩下降，学习适应不良。

五、初中生学习力对学业压力和学习收获的调节作用分析

由相关分析、聚类分析和回归分析结果可知，学习力对学业压力和学习收获都有一定影响，学业压力可能会通过学习力，最终影响学习收获。采用分层回归分析方法，验证学习力在学业压力和学习收获之间是否存在调节作用。分层回归结果如表 5-31 所示，其中在第一层未加入交互项之前，学业压力对学习收获有显著负向影响，学习力对学习收获有显著正向影响，调整后 R^2 为 0.341；当第二层引入交互项之后，调整后 R^2 增加到 0.348，R^2 变化量为 0.007，说明对于学习收获的解释程度增加了 0.7%，新增解释达到了显著水平，学业压力和学习力对学习收获显著性没变。这表明，学习力可以调节学业压力和学习收获的关系，通过调节作用图可进行直观分析。

表 5-31　学习力调节效应分析

变量	B	标准差	β	T
常量	26.819	0.018		0.124***
学业压力	-0.123	0.018	-0.123	-6.752***
学习力	0.54	0.018	0.54	29.555***
模型的检验	F=548.416***			
	调整后 R^2=0.341			
常量	35.472	0.018		0.567***
学业压力	-0.122	0.018	-0.122	-6.703***
学习力	0.56	0.02	0.56	28.489***
学业压力＊学习力	0.039	0.014	0.052	2.744***
模型的检验	F=362.249***			
	调整后 R^2=0.348			

图 5-1 更加直观地呈现学习力和学业压力之间的交互作用。为了更加清晰分析学习力对于学业压力和学习收获之间的调节作用，以学习力的平均分上下一个标准差为理论指标，分为一般学习力水平和较好学习力水平两组，用回归方程计算在不同组别学习力水平下，学业压力对学习收获的影响。结果表明，一般学习力水平组的学业压力对学习收获的影响始终小于较好学习力水平组的学业压力对学习收获的影响。这表明在学业压力大的情况下，学习力水平较高的初中生，其学习收获要比学习力水平一般的初中生大。

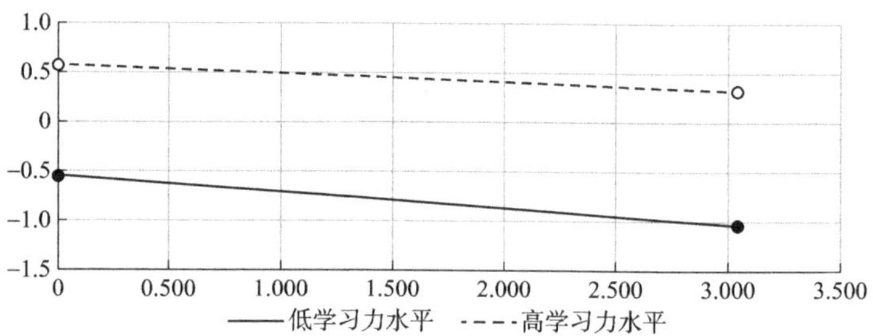

图 5-1　学习力和学业压力的交互作用

为进一步验证学业压力对学习收获的影响，以及学习力在学业压力与学习收获之间是否起调节作用，本书通过建立分层回归模型，验证学习力在学业压力和学习收获之间的调节效应。分析结果表明，学习力在学业压力与学习收获影响之间存在调节作用，具体表现为一般学习力水平组的学业压力对学习收获的影响，始终小于较好学习力水平组的学业压力对学习收获的影响。这表明在学业压力大的情况下，学习力较好的初中生，其学习收获要比学习力水平一般的初中生收获要大。

第六章

初中生抗逆力和学习力类型及差异

一、初中生抗逆力类型及差异分析

（一）初中生抗逆力类型的聚类分析

为进一步了解初中生抗逆力情况，根据初中生抗逆力具体指标得分对初中生进行分析，因样本量较大，采用 *K*-均值聚类分析法。以个人抗逆力、家庭抗逆力、社会抗逆力三维度的均值作为基本变量，对样本进行聚类分析，结果发现存在三种不同抗逆力类型的学生，结果如表 6-1 所示。

表 6-1　初中生抗逆力三种类型和案例数分布

类型	维度		
	1	2	3
个人抗逆力	2.97	2.26	3.72
家庭抗逆力	2.97	2.01	3.87
社会抗逆力	3.05	2.37	3.82

续表

类型	维度		
	1	2	3
样本量	1557	149	594
百分比/%	67.7	6.5	25.8

由表 6-1 可知，初中生主要存在三种不同的抗逆力类型。

（1）健康型。这类学生抗逆力处于中间水平，各维度得分较平均，没有特别高或低的维度，相对比较稳定，表明他们对社会、家庭和自我的感受比较平衡，心态比较健康。这类学生处在最佳状态和不佳状态之间，他们一般有着相对完善的保护因素，家庭、学校、社区、同伴都提供了较好的生长环境，只要个体稍微努力，就可以把抗逆力发展到相对更高的水平。这类学生占 67.7%，根据其特点将其命名为健康型。

（2）发展型。这类学生抗逆力指标得分普遍较低，虽略高于理论中位数，但远低于调查群体的平均水平（个人抗逆力 $M=3.1166$，家庭抗逆力 $M=3.1398$，社会抗逆力 $M=3.2038$）。在三个维度中，家庭抗逆力水平尤其偏低，表明这些学生可能处在特殊的家庭结构中，这也与调查中单亲家庭学生占 194 人的数据基本吻合。这些学生可能在家庭中并没有得到情感上的有效支持，没有积极的心态和坚韧的毅力，情感冷漠，自尊及自我效能感较低，自身缺乏积极的保护因素，并且会比较离群、不信任他人；同时，外部生活环境也不能给予他们有效的、良性的保护因素。在遇到困境时，个体会遭遇混乱，不能及时进行自我调整、获得良性发展，出现一系列心理问题。这类学生的抗逆力水平还需进一步提升，占调查样本的 6.5%，综合其特点，将其命名为发展型。

（3）积极型。这一类型学生抗逆力及各维度得分均处于较高水平，各维度均值都大于 3，远高出平均水平。其中，家庭抗逆力均值最高，表明这类学生处在较好的家庭氛围中，能感受到父母的情感支持与温暖。同时，这类学生生活在富有关怀的环境中，获得同伴、学校或社区的关心与期望，感受到被爱，并能积极参与集体生活、社会生活，在其中发挥一定作用。生活在保护性的外在环境中，这类学生一般对自己充满信心，有肯定性的自我评价，拥有健康的自我意识、强大的自我价值感，高度自我接纳，拥有乐观的人生态度，积极与他人交往，也更易于面对学业上的挫折，调整学业压力。这类学生占调查样本的 25.8%。综合其特点，将其命名为积极型。

（二）不同抗逆力类型学生学业压力差异分析

为比较不同抗逆力类型学生在学业压力上是否存在显著差异，运用 SPSS 23.0 软件，对数据进行单因素方差分析，如表 6-2、表 6-3 所示，各维度的组间均至少有一组与其他组有显著差异。检验发现，不同抗逆力类型学生在学业压力及各维度方面均达到显著差异。其中，发展型学生的学业压力显著大于积极型和健康型学生。

表 6-2　不同抗逆力类型的学生在学业压力方面的差异分析

变量	抗逆力类型	个案数/例	均值	标准差	F
学业压力	发展型	149	2.4302	0.59195	69.547***
	积极型	594	2.0273	0.64542	
	健康型	1557	2.3075	0.47465	
任务要求压力	发展型	149	2.4325	0.56664	75.682***
	积极型	594	2.0284	0.62071	
	健康型	1557	2.3115	0.46097	
竞争压力	发展型	149	2.4539	0.71437	53.097***
	积极型	594	2.0517	0.73594	
	健康型	1557	2.3389	0.55772	
挫折压力	发展型	149	2.3356	0.63556	62.651***
	积极型	594	1.9113	0.66953	
	健康型	1557	2.1966	0.53009	
期望压力	发展型	149	2.4911	0.63114	49.684***
	积极型	594	2.1394	0.69779	
	健康型	1557	2.3944	0.49958	

续表

变量	抗逆力类型	个案数/例	均值	标准差	F
自我发展压力	发展型	149	2.4379	0.72881	51.711***
	积极型	594	2.0059	0.76411	
	健康型	1557	2.2962	0.58502	

表 6-3　不同抗逆力类型学生在学业压力方面的多重比较

变量	控制组类型	实验组类型	均值差	显著性
学业压力	发展型	积极型	0.40286	0.000***
		健康型	0.12269	0.007**
	积极型	健康型	-0.28016	0.000***
任务要求压力	发展型	积极型	0.40406	0.000***
		健康型	0.12101	0.006**
	积极型	健康型	-0.28305	0.000***
竞争压力	发展型	积极型	0.40221	0.000***
		健康型	0.11506	0.030*
	积极型	健康型	-0.28715	0.000***
挫折压力	发展型	积极型	0.42432	0.000***
		健康型	0.13899	0.005**
	积极型	健康型	-0.28532	0.000***
期望压力	发展型	积极型	0.35168	0.000***
		健康型	0.09673	0.046*
	积极型	健康型	-0.25495	0.000***
自我发展压力	发展型	积极型	0.43203	0.000***
		健康型	0.14168	0.011*
	积极型	健康型	-0.29035	0.000***

（三）不同抗逆力类型学生学习适应差异分析

为比较不同抗逆力类型学生在学习适应上是否存在显著差异，运用 SPSS 23.0 软件，对数据进行单因素方差分析，如表 6-4、表 6-5 所示，各维度的组间均至少有一组与其他组有显著差异。检验发现，不同抗逆力类型学生在抗逆力及各维度方面均达到显著差异。其中，发展型学生的学习适应水平显著低于积极型和健康型学生。

表 6-4　不同抗逆力类型的学生在学习适应方面的差异分析

变量	抗逆力类型	个案数/例	均值	标准差	F
学习适应	发展型	149	2.5088	0.23934	64.283***
	积极型	594	3.1811	0.41218	
	健康型	1557	2.7829	0.26622	
学习方法适应	发展型	149	2.3054	0.44925	47.369***
	积极型	594	3.1017	0.51564	
	健康型	1557	2.6832	0.33408	
学习习惯适应	发展型	149	2.6023	0.37470	31.624***
	积极型	594	3.2549	0.57833	
	健康型	1557	2.8423	0.40133	
学习态度适应	发展型	149	2.4989	0.34263	35.682***
	积极型	594	3.0871	0.50515	
	健康型	1557	2.7357	0.34065	
学习环境适应	发展型	149	2.6980	0.34665	30.440***
	积极型	594	3.2925	0.55324	
	健康型	1557	2.8920	0.36641	
身心适应	发展型	149	2.4396	0.33793	57.273***
	积极型	594	3.1693	0.39988	
	健康型	1557	2.7613	0.26051	

表 6-5 不同抗逆力类型学生在学习适应方面的多重比较

变量	控制组类型	实验组类型	均值差	显著性
学习适应	发展型	积极型	-0.67228	0.000***
		健康型	-0.27406	0.000***
	积极型	健康型	0.39822	0.000***
学习方法适应	发展型	积极型	-0.79634	0.000***
		健康型	-0.37778	0.000***
	积极型	健康型	0.41856	0.000***
学习习惯适应	发展型	积极型	-0.65256	0.000***
		健康型	-0.23998	0.000***
	积极型	健康型	0.41259	0.000***
学习态度适应	发展型	积极型	-0.58824	0.000***
		健康型	-0.23683	0.000***
	积极型	健康型	0.35141	0.000***
学习环境适应	发展型	积极型	-0.59452	0.000***
		健康型	-0.19401	0.000***
	积极型	健康型	0.40052	0.000***
身心适应	发展型	积极型	-0.72973	0.000***
		健康型	-0.32170	0.000***
	积极型	健康型	0.40804	0.000***

聚类分析发现，不同抗逆力水平的学生，在学业压力和学习适应上有显著差异。

（四）初中生抗逆力类型结果分析与讨论

发展型学生抗逆力得分普遍较低，学业压力及各维度显著高于其他两个类型的学生，在学习适应及各维度上显著低于其他两个类型的学生。这说明发展型学生抗逆力水平低，承受较大的学业压力，学习适应较差。发展型学生通常以消极、被动的心态面对事情，自我效能感低，学习中很容易因为作业难度大、外界期望高、自我要求高等产生压力，但又不能自我调控，导致出现学习适应不良的情况。

健康型学生抗逆力得分较为平均，各维度得分相差无几，表明对社会、家庭和自我的感受比较平衡，处在最佳状态和不佳状态之间。健康型学生能够感受到来自家庭、学校、社区、同伴的支持，在遇到学业困境时能够从容应对。这类学生的抗逆力也最具潜力，稍加引导和努力便可达到较高水平。

积极型学生抗逆力得分普遍偏高，在学业压力及各个维度上显著低于其他两个类型的学生，在学习适应及各维度上显著高于其他两个类型的学生。这说明积极型学生抗逆力水平高，承受较小的学业压力，学习适应较好。积极型学生通常对自我有较强的认同感，能够接纳自我，具有高度自尊，并且以乐观、积极的态度看待事情。因而在学习中较少感受到压力，即使遇到困境也可以及时、有效应对。

聚类分析初步发现，抗逆水平力高的学生，学业压力小，学习适应好；抗逆力水平低的学生，学业压力大，学习适应差，进一步验证了三者关系和抗逆力的调节作用。

二、初中生学习力类型及差异分析

（一）初中生学习力类型的聚类分析

根据初中生学习力指标得分对初中生学习力类型进行分类，通过潜类别分析发现，随着分类的增多，似然比 Log（L）和评价指标赤池信息准则（Akaike Information Criterion，AIC）、贝叶斯信息准则（Bayesian Information Criterion，BIC）及调整后的贝叶斯信息准则（Adjusted BIC，aBIC）的值不断地减小，说明拟合程度越来越好，其中分成 3 类 Entropy（熵）值最高，似然比（Lo-Mendell-Rubin，LMR）值达到显著水平，对应 P 值小于 0.01，因此，选择 3 个潜在类别的分类，如表 6-6 所示。

表 6-6 潜在类别分析的各项指标比较

指标/模型	2	3	4	5
Log（*L*）	-71 741. 03	-61 725. 76	-58 179. 62	-45 205. 82
AIC	143 640. 06	123 663. 52	116 625. 24	90 923. 64
BIC	144 111. 69	124 296. 42	117 419. 34	92 123. 86
aBIC	143 860. 68	123 959. 62	116 996. 76	91 310. 91
Entropy	0. 98	0. 99	0. 98	0. 96
LMR	***	***	0. 18	0. 37
BLRT	***	***	***	***
类别概率	0. 81/0. 19	0. 08/0. 73/0. 19	0. 03/0. 18/0. 64/0. 15	0. 10/0. 11/0. 38/0. 10/0. 31

注：BLRT：Bootstrapped likelihood ratio test，采用 Bootstrap 的似然比。

每个类别中被试（学生）归属于每个潜在类别的平均归属率从 98. 9%到 99. 1%（见表 6-7），这说明 3 个潜在类别分类模型结果可信，进一步获得 3 个潜类别在各指标上得分的剖面图。

表 6-7 各潜在类别被试的平均归属率

被试	归属率		
	C1	C2	C3
C1	0. 98	0. 01	0. 00
C2	0. 01	0. 99	0. 02
C3	0. 00	0. 00	0. 99

作图时，把每个题项的条目聚集在一起，即对应图中的 X1～X7 条目为学习批判性，X8～X14 条目为学习建构性，X15～X19 条目为学习交流性，X20～X22 条目为学习策略性，X23～X26 条目为学习坚韧性。这样可以更清楚地看到初中生在每个维度上的答题情况。

从图 6-1 可知，C1 类别的学生在学习批判性、学习建构性、学习交流性、学习策略性和学习坚韧性上的各项指标得分均值，相比其他两个类别都偏低，但学习坚韧性得分较高，仅次于第三类别的学生，高于第二类别的学生。这一类别所占比例为全体被试的 8%，这一类别学生在学习批判性、学习建构性、学习交流性、学习策略性的得分远低于其余两类，定义为“刻板型”学生。

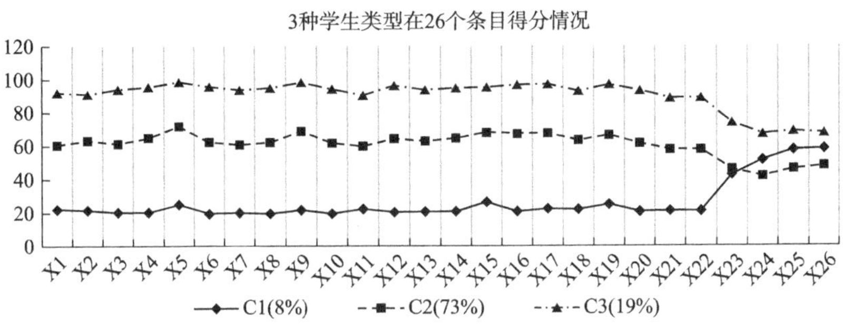

图 6-1　初中生学习力潜在类别剖面图

C2 类别的学生占比最大，占据了 73%，在学习批判性、学习建构性、学习交流性、学习策略性和学习坚韧性各项指标得分均值大于第一类并且小于第三类，但在学习坚韧性部分，第 23～26 题目的得分很低，是三类学生中最差的。这四道题目主要表现初中生在日常学习中遇到挫折后恢复学习的能力，该类学生在这些题目得分较低，说明较容易受到挫折，因此定义为“易挫型”学生。

C3 类别学生的比例达 19%，在学习批判性、学习建构性、学习交流性、学习策略性和学习坚韧性各项指标得分均值显著高于前两个类别。除了学习坚韧性 4 道题与第一类得分很接近，其余题目得分均大于另外两类，在学习力各维度的表现都很好，定义为“卓越型”学生。

同样以学习批判性、学习建构性、学习交流性、学习策略性、学习坚韧性五个指标均值为基本变量，采用快速聚类的方法对样本进行聚类，发现初中生存在 3 种学习力类型，与潜在类别研究结果一致。

从表 6-8 可以看出，初中生主要存在以下 3 种学习类型。

第一种类型在学习力各维度上都表现出较高的发展水平，百分制计分方式下各维度均值都大于 70，远高出平均水平。其中，学习交流性均值最高。该类型的突出特点是学习力发展水平最高、发展稳定。综合指标特点，将其命名为“卓越型”学习者，共 634 人。

表 6-8　初中生三种学习力类型

指标	卓越型	易挫型	刻板型
学习批判性	78.91	67.54	34.71
学习建构性	77.46	68.17	33.58
学习交流性	79.12	71.16	37.32
学习策略性	72.21	65.25	27.18
学习坚韧性	73.01	31.57	63.73
样本量	634	1 312	337

第二种类型在学习力坚韧性维度与其他维度表现出了很大差异。除学习坚韧性外其余均值整体水平较高，学习交流性最高，学习坚韧性最低。突出特点在于学习力发展较稳定，但学习坚韧性比其他两类学生低很多，这类学生共 1 312 人，人数较多，综合以上特点，将其命名为“易挫型”学习者。这些学生虽然学习情况好，但遇到挫折可能会出现较大波动，是后续教育过程中亟须关注的群体，容易在心理健康方面埋下隐患。

第三种类型在学习力各维度的均值都较低，学习策略性最低仅 27.18，但学习坚韧性均值较高达到 63.73。此类学生突出特点在于，学习力的发展水平不高，尤其是学习策略性均值没有达到 30，远低于平均水平，学习的能力和方法较差，但是学习坚韧性水平很高。从中可以看出这一类型的学习者缺乏学习策略，表现出刻板学习的现象，不注重学习的策略和交流，但学习的坚韧与持久性较好，反而容易让他们不能正视自己的学习问题，不利于改进。这类学生共 337 人，日常学习成绩不理想，加上心理抗压能力强，可能会成为稳定的“差生”，综合以上特点，将其命名为“刻板型”学习者。

（二）不同学习力类型学生学业压力差异分析

为比较不同学习力类型学生在学业压力上是否存在显著差异，运用 SPSS 23.0 软件，对数据进行单因素方差分析，如表 6-9 所示，所有维度的组间至少有一组与其他组有显著差异，卓越型学生的学业压力要大于其余两类学生。多重比较结果发现，所有维度中不同类型的学生两两之间差异显著（见表6-10）。

表6-9 不同学习力类型学生学业压力差异分析

变量		卓越型	易挫型	刻板型	F
学业压力	均值	63.53	60.10	54.54	83.45***
	标准差	19.71	19.32	24.12	
自我发展压力	均值	62.35	59.03	54.72	63.28***
	标准差	24.55	23.09	27.32	
竞争压力	均值	63.24	60.17	54.32	82.06***
	标准差	22.82	22.17	26.71	
任务要求压力	均值	60.37	58.22	54.35	68.79***
	标准差	20.24	18.92	23.08	
期望压力	均值	61.62	59.27	53.41	75.77***
	标准差	20.68	20.06	24.50	
挫折压力	均值	70.06	67.81	59.95	68.28***
	标准差	21.78	22.09	26.36	

表6-10 不同学习力类型学生在学业压力上多重比较

变量	控制组	实验组	均值差
学业压力	卓越型	易挫型	-12.84***
		刻板型	-7.89***
	易挫型	刻板型	4.94***
自我发展压力	卓越型	易挫型	-13.05***
		刻板型	-7.73***
	易挫型	刻板型	5.26***
竞争压力	卓越型	易挫型	-14.42***
		刻板型	-8.41***
	易挫型	刻板型	6.01***

续表

变量	控制组	实验组	均值差
任务要求压力	卓越型	易挫型	-11.53***
		刻板型	-9.10***
	易挫型	刻板型	2.43***
期望压力	卓越型	易挫型	-12.96***
		刻板型	-6.84***
	易挫型	刻板型	6.12***
挫折压力	卓越型	易挫型	-12.27***
		刻板型	-7.39***
	易挫型	刻板型	4.88***

（三）不同学习力类型学生学习收获差异分析

为比较不同学习力类型学生在学习收获上是否存在显著差异，运用SPSS 23.0 软件，对数据进行单因素方差分析，如表 6-11 所示，所有维度的组间至少有一组与其他组有显著差异，卓越型学生的学习收获远高于其余两类学生。从多重比较的结果可以看出，所有维度中不同类型的学生两两之间差异显著（见表 6-12）。

表 6-11　不同学习力类型学生学习收获差异分析

变量		卓越型	易挫型	刻板型	F
学习收获	均值	76.68	69.53	56.51	166.75***
	标准差	13.71	13.44	23.45	
知识收获	均值	75.23	68.72	55.97	130.83***
	标准差	14.85	14.72	24.51	
能力收获	均值	75.52	69.05	55.95	131.58***
	标准差	15.35	14.92	24.43	
价值观收获	均值	79.29	70.82	57.61	169.22***
	标准差	15.38	14.34	24.42	

表 6-12 不同学习力类型学生学习收获多重比较分析

变量	控制组	实验组	均值差
学习收获	卓越型	易挫型	7.14***
		刻板型	20.17***
	易挫型	刻板型	13.02***
知识收获	卓越型	易挫型	6.50***
		刻板型	19.26***
	易挫型	刻板型	12.75***
能力收获	卓越型	易挫型	6.47***
		刻板型	19.57***
	易挫型	刻板型	13.09***
价值观收获	卓越型	易挫型	8.46***
		刻板型	21.68***
	易挫型	刻板型	13.21***

（四）初中生学习力类型结果分析与讨论

通过对初中生学习力指标进行潜类别和聚类分析后，将初中生分成了三种学习力类型。首先通过潜变量类别分析，发现目前初中生的学习情况分为 3 类要比 2 类更加全面，分成 4 类不优于 3 类情况下，选择 3 类最合适。之后通过潜类别剖面图以及观察聚类分析各类别得分情况后，分别命名为卓越型、易挫型和刻板型学习者。

卓越型学生在各项学习力得分上都处于较高水平，尤其是在学习交流性和学习建构性上，得分领先于其他维度。此类学生在日常生活中，会表现出很强的思维逻辑性和表达能力，平常学习中善于思考问题，遇到不同的事情会和老师同学探讨，学习力水平很高，所以称为卓越型学习者。易挫型学生表现出的特点是在学习批判性、学习策略性、学习建构性和学习交流性方面与卓越型学生相差不大，但在学习坚韧性上得分很低，甚至是三种类型里面最低的。在日常生活中表现出努力学习，积极上进的一面，成绩上也不差，但遇到不会的问题或者考试失利的时候会容易受挫，表现出低落的一面，日常学习和成绩波动起伏较大，学业压力大，并且容易出现心理问题。刻板型学生除学习坚韧性外，四个维度得分都不高，在学习方法选择、思考问题的方式及与人沟通方面能力不够，学习中会表现出不注重方法，一个劲儿地学，导致学习效率低下。但是此类学生的学习坚韧性水平高，虽然成绩不理想，但不会轻易受到挫败，会呈现刻板学习的态势。从数量分布来看，目前初中生刻板型学习的学生最少，易挫型学生最多，说明初中生的心理问题不容小视。对不同类型学生进行学业压力和学习收获的差异分析，发现三类学生在学习收获和学业压力上都存在显著差异。卓越型学生在学习收获和学业压力上都高于另外两类学生，刻板型学生各项压力都最低，但学习收获也最少，易挫型学生的收获和压力水平处在中间。这说明卓越型学生虽然成绩理想但也存在很大压力，易挫型学生压力水平也不低，且学习收获不理想。

易挫型学生占比较大也反映出了一个问题，目前初中生心理健康情况不是很理想。整体上初中生学习坚韧性水平都较低，挫折压力很大，并且从易挫型学生在学习坚韧性上的得分低于刻板型学生这一点来看，初中生学习上的韧性不足，受到挫折容易产生很大波动，形成较大的学业压力。从样本中大部分学生为独生子女这一点来看，他们可能从小生长在优越的环境里，缺乏磨炼，遇到问题后很难马上恢复调整，容易产生心理问题，目前初中生抑郁等心理问题越来越突出，也可能是一个信号。

不同学习力类型学生在学业压力和学习收获上存在显著差异，卓越型学生的学习收获较高，但学业压力也大。三种类型学生的学习特点都很鲜明，卓越型学生学习力水平较高，学习收获会更好，但同时也会感知到更大的学业压力。刻板型学生没有掌握好正确的学习方法和学习策略，学习力水平较低，但是学习坚韧性较好，感知到的学业压力低，学习收获最少。易挫型学生表现为容易受挫，遇到挫折和困难恢复能力不够，该类学生的学业压力和学习收获与卓越型学生接近，比刻板型学生高，说明该类学生的学业压力较大。

第七章

初中生学习与发展问题的改善建议

研究发现，初中生学业压力、学习适应、学习收获、抗逆力和学习力水平受生源地、家庭结构、年级、父母文化程度等因素影响较大，且抗逆力在学业压力与学习适应之间起调节作用，学习力在学业压力与学习收获之间起调节作用。学业压力对学习力和学习收获有负向影响，学习力对学习收获有正向预测作用。为帮助初中生缓解学业压力、提升抗逆力水平、促进学习适应，提高学习收获，在数据分析的基础上，从学生、家庭、学校、政府四个方面提出相应对策与建议，促进学生学习与发展。

一、学生明确学业发展规划，提升情绪调节能力

（一）制定合理目标，保持适度压力

研究发现，期望压力对学习适应有显著正向影响（$\beta = 0.145$，$P = 0.000$），即期望压力越大，学习适应就越好。而在期望压力维度中，不只包括来自父母、教师的期望，也有来自个体的成就目标压力。因此，初中生在学习中，应为自己设置合理、恰当、实际的目标，这些目标会转化为

学习道路上的动力，促进学习的良好适应。目标的作用是指引和激励，若制定的目标过低，唾手可得，会降低个体学习积极性，影响目标的激励水平和最终学习效果；若目标过高，如夜空中的星辰般遥不可及，则会打击个体自信心，使其失去奋斗动力。因此，目标显得尤为重要。初中生应结合自己的实际情况，遵循 SMART 原则，即具体（Specific）、可衡量（Measurable）、可实现（Attainable）、有相关（Relevant）、有期限（Timebound）等原则，制定自己能力范围内的成绩目标。如下次考试进步 5~10 名，目标量化具体，有时间限制，又不过于夸张，这样的目标在学习过程中才会带来适度的压力，进而转化为动力，促进学习。

（二）保持积极情绪，从容应对压力

积极情绪的扩展-建构（Broaden-and-build）理论认为：各种具体的积极情绪，如高兴、满足、胜任感、轻松和爱等，虽然表现的方式不同，但都有拓宽瞬间知行能力、增强个人资源（如扩展注意力、增强人的精力、心理调节能力等）、提升主观幸福感的功能。积极的情绪可以帮助初中生在感受到较大的学业压力时，保持正确认知，增强心理调节能力，从容应对，最终实现学习的良好适应。因此，初中生在面临较大的学业压力时，应控制消极情绪，端正心态，积极面对，迎难而上；可以暂时将注意力从消极事件转移；也可以利用反向思维，从不利因素中找到有利因素；亦可以通过言语、动作等暗示来调控情绪。

（三）正确看待挫折，提高学习坚韧性

根据描述统计和聚类分析结果，初中生目前学业压力及各维度均值都超过了理论参照值，且挫折压力（$\bar{x}=62.96$）最大，学习力水平中学习坚韧性（$\bar{x}=47.17$）最低，并且易挫型学生（57.47%）占比最大。这需要学生正确看待自己的学习行为，要主动做好学习规划，有意识地提升自己的规划执行力和抗压能力，把意志品质的培养纳入自身的学业成长规划中。

回归分析结果显示，挫折压力对学习收获（$\beta=-0.021$）有显著负向影响，学习坚韧性对学习收获（$\beta=0.074$）有显著正向影响。这说明提升初中生应对挫折能力，对降低学业压力至关重要。目前，初中生遇到挫折恢复调整能力较弱，感知到挫折带来的压力较大，因此在遇到挫折后，加强学习的坚韧性对初中生来说非常重要。

处在学习黄金时期的初中生面临着各种各样的挑战，面对学业压力尤其是挫折带来的压力，要培养自己良好的心态来迎接挑战。要意识到压力并不可怕，当压力来临时我们都会有各种各样的不良反应，如焦虑、紧张、失眠、出汗等，还要认识到这是人们面临压力的正常的反应。尤其在面对失败的时候，要明白失败并不可怕，在学习过程中都会遇到各种各样的问题，一道题目不会，一次考试没考好都是正常现象，重要的是从这次失利中总结，找到自己在学习上存在的问题，有的放矢，提高自己的学习能力。失败是成功之母，遇到挫折后只要处理得当，不仅不会给我们的生活造成负担，还会使我们产生前进的动力，帮助我们更好成长。掌握了正确的学习方法，即使会经历一些坎坷和磨难，通过努力也会在学习上取得成功。

（四）加强合作学习，提升学习交流力

研究发现，竞争压力对学习收获（$\beta=-0.015$）有显著负向影响，表明竞争学习环境可能不利于学生的整体发展。学习交流性对学习收获（$\beta=0.181$）有显著正向影响，并且影响最大。综上可知，当前初中生的学习环境因中考高优质教育资源名额的限制，学习过程中可能存在竞争大、缺乏学习交流等情况。如果学生不重视，学校和家长忽视学生的合作学习，长此以往就会影响初中生的综合收获，不利于学生全面发展。单纯从“总想超过某个同学的学习成绩（$\bar{x}=57.63$）”和“我喜欢向他人学习，也喜欢与他人交流合作（$\bar{x}=69.85$）”两个题项得分来看，学生相对更倾向于合作学习，但总体竞争心态也比较重。两个题项各自的百分比更清晰地说明了该问题。“总想超过某个同学的学习成绩”的学生，表示完全没压力占16.58%、压力小占40.29%、压力大占36.94%、压力很大占6.19%。而

"我喜欢向他人学习，也喜欢与他人交流合作"的学生，表示完全不符合占3.5%、不符合占10.11%、符合占62.45%、完全符合占23.95%。合作学习要比竞争学习的环境更有利于学生发展，所以在学习过程中比起注重与同学的竞争，提倡交流式的合作互助学习更能促进学生的成长。

从"强基计划"和高中育人方式改革来看，学习力在学生成长过程中占据着重要作用，都提倡学生的合作学习、团队学习。目前中考政策调整，初中生除了要学习语数外主科，还要对史地政、物化生学科有很好的掌握。每个学生都有自己擅长和不擅长的科目，想要全面学好知识，应该改变同学是竞争者的思想，在日常生活中遇到不会的问题，与同学沟通探讨，互相合作才能学会更多的知识。研究发现，同伴支持在学业压力和抑郁之间起一定的缓冲作用。目前考试排名营造了一个竞争的学习氛围，许多学生在学习目标上更关注排名，过度关注学习名次无形中加大了自身的学业压力，甚至把排名相近的学生当作假想敌，失去了许多和同学合作交流的机会。初中生要改变这样的氛围，要学会发现同学身上的优点，除了课上和老师的学习，课下要加强和同学的交流，很多时候老师的话语不能很快理解，但是同龄人之间的讲解可能会更加有效，在给别人讲解知识的同时也可以加深自己的理解，对自身学习成绩的提高和发展都有很大帮助。诸多研究证明，朋辈合作学习对学习发展有较大的促进作用。

（五）注重学习方法和效率，强化学习策略意识

回归分析结果显示，学习策略性对学习收获（$\beta=0.133$）有显著正向影响，说明制定合理的学习策略，对初中生学习收获会有帮助，可以起到事半功倍的效果。制定学习策略是一个长期的过程，很难短期快速提升成绩排名，但当学习策略性养成后，能力会体现在整个学习生涯中，对于学生整体发展十分有利。问卷中"在学习中，我会按照计划组织自己的学习"（$\bar{x}=64.41$）得分表明学生有较强的学习计划意识。在当前信息化社会背景下，伴随着碎片化学习的兴起，知识量呈现急剧增长态势，如果学生没有

学习策略，盲目学习会浪费时间。

因此，初中生要树立时间观念，在学习中有良好的规划，根据时间和环境制定不同的学习内容，提高学习效率，提升学习收获。在应用学习策略过程中，也是思维能力的体现。能力收获包括批判性思维能力，同样说明培养批判思维能力对于提高整体学习收获的促进作用。初中阶段的学习更加注重对学生思维能力的培养，已经不是对知识的简单死记硬背，许多都是需要经过思考推导才可以得出，所以在学习过程中，要注重学习方法和学习效率，有意识地强化自身的学习策略意识，注重思维的培养，更加全面地理解问题，建构知识图谱便于消化吸收知识，从而提高学习能力，提升学习质量。

（六）培养学习力，提高在线学习质量

分层回归结果显示，学习力在学业压力与学习收获的关系中起调节作用，调整 $R^2=0.007$，并且在学业压力较高的情况下，学习力水平高的学生可以在学习中取得更好的学习收获，所以提升学习力水平，对初中生全面发展有重要意义。当前，互联网高速发展，网络教学快速崛起，当学生不方便到学校或者教师不方便当面授课时，互联网就可以打破空间和时间的限制，网课也已经慢慢融入日常教学生活中。学习力是学生完成整个学业任务的能力，学习力水平高的学生可以适应不同的学习情况，无论是线上网课还是线下课堂学习，都可以较好地完成学业任务，保证在线学习的质量。未来网络课堂的比重会不断加大，初中生要学会适应在没有老师直接监督的情况下，在网课学习中保持和线下课堂同样的专注度，培养线上学习能力，不受网络游戏诱惑等，一心一意听课，线上课堂也保持良好的学习习惯，遇到问题积极思考，及时和教师进行沟通互动。提高在线学习能力，适应不同环境下的学习，做到在家和在校有同样的学习效果，保质保量完成学习任务，随时可以衔接线下课堂，利用网络弥补知识的不足，促进自身全面发展。

（七）敞开心扉，主动寻求他人帮助

研究发现，社会抗逆力对学习方法适应（$\beta=0.137$，$P=0.000$）、学习习惯适应（$\beta=0.272$，$P=0.000$）、学习态度适应（$\beta=0.265$，$P=0.000$）、学习环境适应（$\beta=0.279$，$P=0.000$）、身心适应（$\beta=0.076$，$P=0.024$）均有显著正向影响，即社会抗逆力有助于个体实现学习的良好适应。研究发现，社会支持能够使个体以更加弹性的方式去解决生活压力问题，同时社会支持可以减少生活压力造成的消极影响，促进个体身心健康发展。[1] 因此，当遭遇困境时，个体应勇于敞开心扉，主动寻求他人帮助，建立社会支持系统，借助他人的力量缓解学习上的压力。

受文化背景影响，初中生同样存在内向害羞、不善言辞，不愿向他人展示自己的弱点，有困难也不主动开口寻求帮助等特点。初中生应认识到，寻求帮助是克服困难、解决问题、获得提升的有效策略，并不是对他人的依赖，也不是低能力的表现。反而，寻求帮助是促进个人完成任务、学业进步的适应性策略，是比直接放弃、消极等待、无用坚持更有效的方法。在正确求助行为的基础上，初中生应辨别有效的施助者，可以根据问题所在、他人能力以及是否乐于助人等多方面来决定求助的对象。当遇到学习困境或心理问题时，可以选择寻求班级内部擅长该学科的同学帮助，可以向自己的好友求助，可以在课间请老师指点迷津，可以回家向父母宣泄，也可以进行心理咨询，接受专业的心理援助。求助不是能力低下的表现，当身处困境时，若愿意敞开心扉，则有无数人会在身后伸出援手。他们会陪伴你一起度过难关，迎接更好的自己。在线教学过程中初中生的课业负担并不曾减少，相对来说少了同伴学习的氛围和正常的户外活动，会对个体的心理产生一定的影响，更需要通过多方途径寻求解决和疏导，也要积极地向家长和老师表达自身的诉求，以便对自身学习状态进行更好的调适。

---

[1] 郑照顺．青少年生活压力与辅导［M］．广州：世界图书出版公司，2003：270.

二、家庭设置合理成长期望，给予有效心理支持

（一）为孩子成长设置合理期望值，缓解期望压力

根据学业压力描述统计结果，父母的期望压力已成为初中生学业压力的主要来源。可见父母行为对孩子学业压力的产生及应对方式具有至关重要的作用。每个家长都期望自己的孩子能够成龙成凤，在学习上取得好成绩，但是家长要清楚地认识到孩子的实际情况及每个孩子的差异，不能盲目设定过高的期望，总以“别人家孩子”的标准要求自己的孩子。家长过高的期望会导致孩子的努力得不到父母的认可，长此以往将使孩子对学习产生厌烦情绪，导致孩子心理上背负沉重的负担，不利于孩子的健康成长。许多父母认为学习好就“一好百好”，使一些孩子形成了“只有学习好了才能对得起父母”的观念，这使孩子形成了巨大的学业压力，尤其是一些学习成绩不理想的学生可能会形成自卑心理。家长要明确孩子的成长是全方位的，学习知识是很重要，但比这更重要的是培养孩子健全的人格，要帮助孩子发现自己身上的闪光点，肯定自己。通过不断关心孩子在学校的表现，了解孩子目前的学习情况，和学校加强沟通，对孩子有一个合理的期望值，使他们可以“跳一跳，够得着”，激发学习动力，促进全面发展。

（二）创建良好的家庭教育氛围，减少挫折压力

研究发现，高学历父母所培育的孩子学习成绩更加优异，尤其是父母知识储备更加丰富时，在对子女的学业辅导和日常学习上更加注重方法。因此，父母学历越高，学生的成绩越好。父母文化程度不断提升，为孩子营造一种良好的家庭氛围，对于培养孩子学习力、提高孩子的学习收获和缓解学业压力具有重要的作用。初中学生正处于青春期，他们在家庭生活中表现出独立与依赖共存的心理特点，依恋父母的同时又希望能够自己做主。父母要了解孩子的这一特点，在注重教育的同时，不要给孩子过重的

心理负担，否则可能适得其反。尤其是当前初中生的挫折压力普遍较大，当孩子遇到困难或挫折时，家长要适时引导和分析问题，而不是一味指责、批评，帮助学生缓解挫折压力。

差异分析结果显示，是否独生子女在学业压力方面有显著差异，非独生子女压力大于独生子女。在非独生子女的家庭，不能对孩子过分要求苛责，也不能简单横向对孩子进行比较，给孩子一定压力的同时又要与孩子经常沟通。对孩子在学习中遇见的问题要多听听孩子的想法，耐心地分析问题，讨论彼此之间的分歧，给孩子独立思考的空间，鼓励孩子自己解决问题，培养解决问题的建构和策略能力。与此同时，父母要多给孩子情感上的关怀，使孩子体验到家庭的温暖，对于缓解学业压力、培养学习力和提高学习收获具有重要的作用。

（三）注重方式方法的引导，考虑两性差异

研究显示，初中生竞争压力和挫折压力在性别上有显著差异，初中生中女生比男生体验到更多的压力，这与刘明艳的研究结论相符。[1] 这一现象源于两性间的心理特征差异，父母要认识到女生没有男生那么活跃，男生喜欢追求新鲜事物，女生则相对安静。如果成长过程中积攒的压力无处释放，长此以往可能会导致抑郁等严重的心理问题。根据差异分析结果，初中女生比男生感受到更多的竞争压力和挫折压力。女生进入青春期比男生要早，对于学习竞争等更加关注，加上敏感等特点，经历挫败后所承受的竞争压力和挫折压力大于男生。在此期间对于女生要更加细心，父母都应该对女孩子有足够的关心，当出现学习成绩不稳定的时候要多鼓励，不要过多指责，避免造成过重的心理负担。家长要做的是帮助孩子树立一个长期自我成长的目标，给孩子成长的时间，让孩子的心灵拥有成长的原动力，让其充分相信自己拥有成长的潜力。

---

[1] 刘明艳. 中学生学习压力源、学习倦怠与睡眠质量的关系及其模型建构[D]. 福州：福建师范大学，2010：43-49.

（四）采用积极教养方式，给予情感温暖与支持

研究显示，父母是否受过高等教育对初中生学业压力、学习适应和抗逆力均有显著影响。也就是说，父母未受过高等教育的初中生学业压力大，抗逆力低，学习适应差。这可能是因为未受过高等教育的父母通常会采用严厉惩罚、过分干涉等教养方式，使子女表现出逆反、闭锁、冷漠等消极特征，在应对困境时采用逃避的方式，导致学习适应不良。研究发现，家庭给予孩子温暖与支持，可以有效减轻其学业压力。[1] 这启示家长们应转变教养方式，给予子女情感上的温暖和理解。受我国传统文化和独生子女政策的影响，存在“棍棒底下出孝子”的严厉式家长、全权负责的专制型家长，以及对子女言听计从的溺爱式家长。首先，家长们要意识到严厉惩罚、过分干涉、过分保护都是不可取的，要反思自己的教育方式。很多时候，不是孩子做错了什么，而是家长的错，但家长碍于面子以及在家庭中的权威地位，羞于承认。家长要反思自己在教育孩子过程中的错误：是否总是否定孩子？是否对孩子溺爱？是否在家中过于严厉？是否足够关照孩子的心理问题？……意识到自己的不足才能做出好的转变。其次，家长要不断提高自己的思想境界、文化素养和知识水平。律人者必先律己，教人者必先受教。要想教育好孩子，家长必须具备基本的素养。文化程度是一方面，用心陪伴、言传身教、正确的教育理念在教育孩子的过程中会发挥更大的作用。即使是文化程度较低的父母，也应该不断充实自己，树立正确的“三观”，采用科学的教养方式。温暖的家庭、适度保护的环境可以增强子女的独立性，提高适应能力。适当减少惩罚，少一些严厉、拒绝和否定，多一些温暖和支持，可以使子女产生信任与安全感，养成良好的自我意识和学习习惯，促进身心健康发展，帮助他们遇到学业困境时积极调节，努力适应。

---

[1] 刘秀英. 家庭给予孩子温暖支持可以减轻他们的学业压力——“影响初中生学业压力的家庭因素研究”的发现[J]. 少年儿童研究，2018(2)：3-15.

（五）主动表达爱与期望，形成适度期望压力

研究发现，期望压力对学习适应以及学习习惯适应和学习态度适应维度有显著正向作用，即初中生感受到的期望压力越大，学习适应越好，有助于养成良好学习习惯、端正学习态度。线性回归发现，期望压力对抗逆力有显著正向影响；曲线分析也发现，当个体感知到一定程度的学业压力时，抗逆力水平也会相应提高。也就是说，初中生感知到的期望压力越大，抗逆力水平越高。但这种期望并不是对子女的学业提出过分的、不切实际的要求，而是对子女未来学业成就的愿景与期盼。期望对于子女未来成就并不具有决定作用，但作为一种激励性的心理能量，可以驱动子女积极谋求学业成就。首先，家长要转变观念，相信每个人特别是自己的子女都有成功的潜能，不能因为子女一时的落后而对其全盘否定。其次，要确定合理的期望目标，这个目标应该是子女经过自己的努力可以达到的目标。期望过高相当于拔苗助长，不利于孩子身心发展。因此，家长对孩子的要求应基于其兴趣和实际能力水平。最重要的是，父母应不吝啬于表达对子女的爱与鼓励，对子女的学业成就保持期待并让子女感知到这份期望。受传统文化的影响，中国式父母总是将对子女的爱意深深地藏在对子女的严厉教育中，羞于表达对子女的爱与鼓励。没有得到过爱的孩子很难懂得爱，因为他们所感受到的东西太过于贫瘠，因此家长应主动表达对子女的爱，让子女感受到爱与被需要，才会有前进的动力。例如，孩子在模拟考试中取得了小进步、孩子担任运动会开幕式领操、孩子帮助了同学，家长应注意到这些微小的改变并及时进行表扬、激励，肯定他们点滴的进步，让他们体会到努力之后的收获。当然，父母不能总是在口头上表达，这份信念也应该转化为具体的行动，如陪伴孩子完成家庭作业而不是自己早睡让孩子独自熬夜，主动与孩子讨论学习中遇到的问题和取得的进步，周末可以和孩子一起去天文馆、图书馆开拓视野，和孩子一起不断学习。

父母的态度和行为会内化为子女自身的信念，将父母的关注与期望转化为积极的学习态度和生活态度，影响学习动机和自我概念，进而主动应

对学习中的困境，激发抗逆力，并实现良好的学习适应。

（六）建立爱的联结，培养家庭抗逆力

研究发现，是否独生子女、单亲家庭对学业压力、学习适应和抗逆力均有显著影响。也就是说，生活在不同家庭类型中的初中生，如非独生子女、单亲家庭的孩子，会感受到更大的学业压力，抗逆力水平较低，学习适应差。这是因为他们在家庭中不能感受到父母全部的支持与理解，与父母沟通少，家庭凝聚力差，应对困境时缺乏有效的家庭保护因素来支撑他们，结果导致一系列问题的发生。因此，要发挥家庭对子女的培养、教育作用，需要建立家庭成员之间有意义的爱的联结，培养家庭凝聚力。通过固定的家庭外出活动、家庭成员生日等提供沟通的机会，培养良好的互动方式，在家庭成员之间建立支持网络。尤其是在有特殊结构的家庭中，沟通和联结是必不可少的。

在多子女家庭中，父母容易忽视家庭教育问题，对头胎子女要求严厉但又态度不佳、缺乏耐心，将过多精力投在二胎子女身上，导致子女之间出现矛盾，头胎子女与父母、弟妹关系疏远。父母不能忽略任何一个孩子的成长，不能因为二胎而忽略长子女的学习和生活需要，要与子女们平等交流，鼓励子女们的和谐、平等相处；及时与子女们进行情感沟通，让他们都能意识到爸爸妈妈的关爱，建立起牢固的情感的联结。

在单亲家庭中，父母不能因为家庭结构的破裂而忽略对子女的关心、教育。单亲家庭子女更渴望也应该得到更多来自父母的爱护，虽然父母之间感情破裂，但不应影响对孩子爱的付出。父亲或母亲更要加强与子女的沟通，不能把婚姻破裂的负面情绪传递给子女，降低父或母角色缺位对子女的影响，给予子女足够的安全感和温暖，建立起更加牢固的联结，两个人的家庭更要拥有空前的、无缝隙的凝聚力。若有新家庭成员的加入，必须充分考虑子女的心理感受，否则会对其造成不可逆的心理伤害。此外，分年级差异分析发现，初一学生在抗逆力及家庭抗逆力维度方面差异显著，单亲家庭学生的抗逆力显著低于非单亲家庭的学生。学校应尤其重视与这

部分学生的家长建立联系，提醒家长主动与子女进行沟通，在物质、精神方面给予子女应有的照料。家校协同，共同提高学生的抗逆力水平。

三、学校营造合作学习氛围，注重潜在能力培养

（一）营造合作学习氛围，淡化竞争压力

研究发现，学生竞争压力和挫折压力较大，女生的竞争压力显著高于男生。初一与初二、初二与初三年级学生都有显著差异，初二学生承受较大的学业压力，因此可以针对他们设计压力管理、缓解压力的心理健康教育内容和团体辅导活动，注重学生之间的朋辈教育，营造合作学习氛围，淡化分数比较和竞争意识。

描述统计和方差分析结果发现，学业压力在不同年级存在显著差异，初二学生压力最大。这一点与赵晓旭[1]、刘明艳[2]的研究结果不一致，他们研究发现初三学生的压力最大。本书调查时间在2019年7—8月，初三学生刚结束中考，初二学生马上成为准初三的学生，可能导致压力下移。林惠茹的研究发现，初二的课程学习内容比初一更深，再加上初二全面进入青春期后出现人际交往问题，初二开始出现学生分化的现象，初二学生的压力会更大。[3] 学校要根据不同年级的学习特点及时进行干预。首先，对初二学生开设调节社交压力、培养积极应对方式的心理健康教育课程。针对初一学生要开展学习适应课程，帮助初一新生尽快融入初中学习生活。针对初三要开展学业辅导的课程，建立专门的心理咨询和辅导室，由经过培训的专门教师从事心理健康教育的咨询与辅导工作。其次，还要做好学校心理工作的宣传，通过广播、宣传栏等方式使学生了解到有关压力调节、良

---

[1] 赵晓旭. 初一、初二学生学业情绪和学业压力的现状、关系及对策[D]. 天津：天津师范大学，2013.

[2] 刘明艳. 中学生学习压力源、学习倦怠与睡眠质量的关系及其模型建构[D]. 福州：福建师范大学，2010：43-49.

[3] 林惠茹. 深圳特区初二年级幸福课探究——以东湖中学为例[D]. 武汉：华中师范大学，2012：26-28.

好应对方式培养的常识，同时宣传学校心理教育部门的职能，当学生遇见心理问题的时候，可以想到求助心理教师帮助自己疏解不良情绪。最后，作为学校教育的一个重要方面，心理健康教育要担负起有效教育的职责，学校可以面向不同年级的同学开展心理健康教育讲座、心理健康教育课等活动，让学生学会自我心理调适的方法，提高自身心理免疫力，以积极的应对方式来面对各种挑战。在正常的课程教学活动和心理健康教育、实践活动等设计中，注重学生潜能的挖掘和培养，使其成为学生学习与发展源源不断的动力，真正为后续高中和大学学习奠定能力基础。

（二）考虑年级和地区差异，开发心理健康教育课程

不同生源地学生在学业压力、学习收获和学习力上存在显著差异，农村学生的学习力和学习收获水平不如城市学生，但是农村学生的学业压力更大。这一点与王勍的研究结果不一致，他的研究发现城市学生的压力更大。[1] 造成这个现象可能是因为城市的生活条件明显好于乡村，农村的孩子想要获取更优质的教育资源需要更加努力，把学习作为改变命运的途径，希望通过优异的学习成绩走出农村，心理上会背负着较大的压力。由于农村的生活相对较为闭塞，知识和信息更新速度较慢，受教育的水平低于城市，学生学习力发展和学习收获较低。首先，教师应注重对来自农村地区学生的辅导，虽然农村学生底子薄弱，但是学生有上进心，提高教师教学质量可以帮助他们取得更大的收获。优秀的教师要善于抓住学生的学习特点，对农村和城市学生不同的学习习惯等对症下药，在有限的时间内尽可能地帮助学生掌握大量的知识，从而减轻学生的课业负担，提高学习成绩。这就要求教师在教学过程中要充分备课，使学生更加容易理解所学内容，提高学习效率。其次，教师要充分信任所有学生，对待农村和城市的学生一视同仁，不过度照顾也不区别对待，这对于减轻学生学业压力、提高学习力水平具有积极的促进作用。最后，教师要注重和学生沟通，构建一个

---

❶ 王勍. 中学生成就目标定向、时间管理倾向与学业压力的相关研究[D]. 福州：福建师范大学，2008：23-24.

与学生平等交流的平台，对学生有一个积极合理的期望。来自农村的学生可能会遇到生活上的问题，及时发现交流，建立畅通的沟通平台可以促使师生双方相互了解，及时化解矛盾，创建一个良性的师生互动的空间，从而减轻学生的学业压力，促进不同地区所有学生的全面成长。

（三）设置弹性学习任务，缓解任务要求压力

回归结果表明，在学业压力中，任务要求压力对学习收获是负向影响，并且影响最大，可以看出目前初中生的学业任务负担很重，这不利于提高整体学习收获。本书调查的“任务要求压力”主要包括作业、竞赛和考试三大方面。当前，初中生的升学压力因不断变化调整的政策而逐渐加大，中考作为学生人生中经历的第一次大型升学考试，家长、学校都十分重视，学校会通过日常作业、模拟考试等训练学生应考能力。学科竞赛作为中考加分的重要一环，许多学校会在放学后开展培训班，针对有特长的学生进行训练，争取拿到考试加分。种种任务摆在一起，让时间有限的学生会感受到更大的负担，过大的压力可能会适得其反，不利于学生成绩的提高，所以调整学习任务是学校减压工作的重要一环。

研究发现，学习建构性对学习收获有正向影响，学习建构性是一个长期的学习过程，对学生综合发展有促进作用，学校不能忽视对学生建构能力的培养。学习建构中包括处理好学习任务，所以学校应设置更加弹性的学习任务，让学生通过主动建构，减轻来自任务的压力。教师对家庭作业可以采取弹性制度，如必做题和提高题部分，让学生根据自己的安排自主选择一部分必须完成的题目、一部分可以之后完成的题目，合理的弹性制度可以帮助学生自主学习，提升学生的学习能力，也可以减轻繁重的学业压力。在一部分知识讲授中，除了笔头作业，还可以改变形式适当增加动手作业，减轻作业量的同时还可以培养学生的实践能力，一举两得，这些也都可以有效缓解学生的任务要求压力。

（四）根据不同类型学生，提供差异化学习指导

研究发现，初中生学习收获中，知识收获均值最高，价值观收获和能力收获的均值比知识收获低，说明尽管学生在知识学习方面表现良好，但是能力和价值观培养还不够。这表明当前教学过程中仍较为注重知识传授，且这个指标相对比较显性。学生的发展是全面和综合的，成绩只是其中一个方面，学校要根据不同学生的性别、年级、心理健康水平等提供个性化的学习指导。

根据学习力各指标的聚类分析，发现初中生存在卓越型、易挫型和刻板型三种学习类型，且易挫型学生（57.47%）占比较大也反映出了一个问题，目前初中生心理健康情况不是很理想。整体上初中生学习坚韧性水平都较低，挫折压力很大，且易挫型学生学习坚韧性得分低于刻板型学生，表明初中生学习韧性不足，受到挫折容易产生很大波动，形成较大的学业压力。这些应成为学校教育关注的重点。

虽然升学率是学业评价的重要指标，但学校要认识到对于学生学习的评价不仅仅只有成绩，除了知识的学习，学生能力和价值观的养成同样十分重要，要改变以成绩来定等级的观念，给学生一个可以全面成长的空间，让学生明白成绩并不是唯一的衡量标准。

学校可以开设课外选修课程打破传统课程的局限，从语言表达、逻辑思考、数据分析能力等方面设置课程内容，教师要注意和文化课程讲授的区别，让学生亲力亲为，加强对学生综合能力的培养，除了知识传授和能力培养，还应注重价值观的引导和塑造。学校要抓好初中生思想政治教育的工作，进入青春期阶段的学生正是价值观养成的关键时期，一旦形成错误观念就会对学生的未来产生不良影响。学校可以通过丰富多样的形式，日常广播、文艺会演、主题班会等形式进行宣传，采用有趣的故事以及视频等形式，学生通过接触自己喜欢的内容慢慢学习，潜移默化地形成良好的是非观念，为培养正确的价值观打好基础。

（五）关注学生优势，提升个人抗逆力

研究发现，个人抗逆力水平最低。因此，教师应该关注学生个体自身的抗逆力水平，通过关注学生的优势帮助学生唤醒内在保护因素。

优势视角理论源于社会工作领域，以个体具有主观能动性、可以改变、应该被尊重为基础，主张发现个体的闪光点而不是关注其问题，强调通过关注“我是”“我能”“我有”三类内在保护因素来提升个体的抗逆力水平，从而激活内在能力，唤醒个体自尊，协助个体走出困境，实现良好适应。在问题视角下，初中生本人及其周围的人都将其表现视作严重的问题，如压力大、没有掌握学习方法、学习成绩差、厌学等。而在优势视角下，转换角度看待问题，主张发现闪光点而不是存在的问题，关注初中生在这些不良学业表现后做出的积极反应，挖掘内在潜力。在教育教学和心理辅导过程中，引导学生发现自我的独特之处、成功经验、重要他人给予的支持，唤醒学生内在保护因素，帮助学生搭建外在保护因素。同时，初中阶段教师在学生心中仍处于绝对权威地位，教师的一言一行都会对学生造成很大的心理影响。教师应通过观察学生的优势对其进行鼓励，放大学生身上的闪光点，而不是揪着错误不放，让学生感受到自己是被关注和支持着的，从而增强安全感和自信心。

（六）建立亲社会联结，培养社会抗逆力

回归分析发现，社会抗逆力维度的回归系数为 0.206，对学习适应的影响最为显著。以往研究发现拥有良性人际关系的学生陷入危机和困境的概率相对较小。生活在和谐的人际关系中，有来自教师、同学的帮助，形成外部保护，在压力袭来时能够迅速调动内外资源，达到良好适应。初中生的主要活动场所在学校，人际关系也围绕着学校展开，因此学校是帮助初中生激发抗逆力、实现良好学习适应的关键场域。学校有责任和义务帮助学生建立社会联结，构建和谐的人际关系网络，形成积极保护因子。学校

里常见的联结有师生、生生、家校三种，因此学校工作也应着重这三个方面：①构建平等、民主、对话的师生关系。在教育教学工作各环节，增加师生之间的沟通。教师要理解、尊重、爱护学生，做学生的引路人、领航者；学生要树立尊师重教的观念；充分发挥教师的主导作用但又不忽略自身的主体地位；实现师生之间平等对话，构建和谐的新型师生关系。②开设丰富多彩的课外活动，增强同伴联系。学校应通过篮球赛、运动会、文艺会演、游学、科技节等课外活动，增加学生之间相处的机会。在课堂学习与课外活动中，学生互相学习知识与技能，锻炼人际交往、合作交流的能力，相互激励、相互感染，收获友情，发挥同伴群体在维护、发展抗逆力水平中的重要作用，当压力来袭时实现良好适应。③建立家校联结。学校应主动加强与家长的联系、沟通，可以邀请家长作为志愿者参与学校的教学等各项活动，开设专家讲座为家长提供帮助孩子健康成长的知识与技能，设立“学校开放日”邀请家长参观、参与学校工作。家长也应主动与班主任、任课教师联系，了解学生学习的动向，家校之间形成较强的联结，实现家庭学校协同教育，共同关注学生的学习与成长。尤其是应对突发事件，学生可能面临较大的心理压力，学校和家长适时沟通，帮助学生正确看待社会问题的同时，建立个体对社会及自我的责任意识，提升个体和社会抗逆力水平。

（七）培养专业师资，建设抗逆力心理健康教育课程体系

虽然心理健康教育越来越受到国家、社会和学校的重视，但在实施过程中并非如此。2012年，教育部组织专家修订了《中小学心理健康教育指导纲要》（以下简称《纲要》），要求各地各校要制订规划，逐步配齐心理健康教育专职教师，专职教师原则上须具备心理学或相关专业本科学历。每所学校至少配备一名专职或兼职心理健康教育教师，并逐步增大专职人员配比，其编制从学校总编制中统筹解决。《纲要》同时要求“学校应将心理健康教育始终贯穿于教育教学全过程。全体教师都应自觉地在各学科教学中遵循心理健康教育的规律”。据调查，北京部分中学采取隔周上一次心

理课，有些中学初二以后就没有心理课程。所调查学校部分心理健康教师非专业出身，这可能会影响对学生开展正规专业的心理辅导，提供相应的心理援助。北京城区尚且如此，经济欠发达、教育欠发达地区的情况就更不乐观。

心理健康教育是提高初中生心理素质的重要课程，是实施素质教育的重要内容；而班级心理健康活动课是学校开展心理健康教育工作的重要途径。因此，建议学校增加心理健康课程量的同时，开设培养初中生抗逆力专门理论和实践课程，通过理论教学和相应的实践活动培养青少年的抗逆力。抗逆力课程涉及压力处理、挫折应对、学习适应等维度。心理健康教育课的设计，要从学情出发，根据学生心理发展的年龄特征和存在的问题，有针对性地开展教学。总体上，初二学生承受较大的学业压力，因此应针对他们设计压力管理、缓解压力的内容，培养抵御挫折的能力；而初一女生的竞争压力显著高于初一男生，初二女生的自我发展压力显著高于初二男生，可以为她们专门设计积极应对、缓解压力的团体辅导活动。描述性分析发现，初中生在学习方法适应上表现最差，可以通过主题探究活动，实现知识的融合，帮助学生掌握科学的学习方法；初一学生在学习环境适应维度上表现较差，应开展帮助他们适应新环境、建立和谐人际关系的课程，引导他们正确认识到初中和小学学习要求的不同，尽快适应快节奏、难度大、内容丰富的中学生活。初一、初二、初三学生均在学习态度适应上存在显著的性别差异，各年级的男生学习态度适应均不如女生，可以针对这一点为全体男生设计正确认识学习、端正学习态度的心理课程。此外，本书中虽然初三学生学业压力有所下降，但在实际学习过程中，由于升学这一重大压力事件的出现、逼近，不少学生会出现学业压力增大的现象，针对他们应加强考前辅导，强调学习与考试的过程，淡化对学习结果的认识，提升其自我效能感。

这也与《纲要》的要求一致：帮助学生加强自我认识，客观地评价自己，认识青春期的生理特征和心理特征；适应中学阶段的学习环境和学习要求，培养正确的学习观念，发展学习能力，改善学习方法，提高学习效率；积极与老师及父母进行沟通，把握与异性交往的尺度，建立良好的人际关系；鼓励学生进行积极的情绪体验与表达，并对自己的情绪进行有效管理，正确处理厌学心理，抑制冲动行为；把握升学选择的方向，培养职业规划意识，树立早期职业发展目标；逐步适应生活和社会的各种变化，着重培养应对失败和挫折的能力。

除了心理学知识的传授，心理课更重要的是给学生体验的机会，发挥学生的主体性、主动性，让学生参与、收获、领悟，通过情景体验、角色扮演、讨论分析等多种形式的辅导活动，让学生进行体验式学习，在活动中通过亲身体验逐步建立正确的自我意识，提升自我效能感，实现抗逆力水平提升和良好的学习适应。

（八）关注学习和心理需求，开展个别辅导

研究发现，大部分学生抗逆力水平高、学习适应较好，但也存在一定数量学习适应不良的学生，占全体被试的19.1%。这部分学生应当是教师重点关注的对象，对于他们，要有针对性地开展个别辅导。每个班级都或多或少有几个比较特殊的学生，这就需要班主任或心理教师给予额外的关注。首先，在进行个别辅导之前，应细心观察，了解学生在学习、生活中的表现和情绪变化，初步发现学生的问题所在，为教育工作的进一步展开奠定基础。其次，个别辅导并不是教育性的谈话；在辅导过程中，教师应注意倾听，而不是着急作出判定；对学生不可露出批评、指责等负面情绪；进行恰当引导，而不是强硬的指示、指令；设身处地站在学生的角度进行思考，启发学生进行自我反思，帮助学生找到解决问题的方法。通过个别辅导，帮助学生重新建构起保护因素，激发学生积极的自我意识，正面应对压力，积极自我调节，实现良好的学习适应。

通过聚类分析发现存在三种抗逆力类型，对不同抗逆力类型的学生，教师也应给予不同的辅导。其中，发展型学生抗逆力得分普遍偏低，表明自身缺乏积极的保护因素，同时外部环境也不能给予他们良性保护因素。对于这部分学生，教师应进行积极干预，如通过课堂提问等为其提供参加有意义活动的机会，主动表达对学生的高期望，帮助其增强自我效能感，

从而建立起内在保护因素。教师应创造关爱、支持的班级氛围，帮助其建立良好的师生、生生关系，增强学生的亲社会倾向。此外，这类学生家庭抗逆力水平尤其偏低，教师应加强与其父母的联系，引导父母转变观念，加强亲子沟通；家校共同努力为学生搭建外在保护因素。

四、政府优化教育资源配置，改革教育评价体制

（一）优化教育资源配置，缩小城乡教育质量差距

研究发现，不同生源地的学生在学业压力、学习适应和抗逆力上有显著差异。农村学生的学业压力显著高于城市学生，但抗逆力水平较低，学习适应差。可能是城乡教育资源配置不合理，农村地区教育发展水平低。由此，政府应优化资源配置，促使教育资源向经济欠发达地区倾斜，实现真正意义上的教育公平。首先，要加大财政经费投入力度，缩小欠发达地区和发达地区之间的教育经费差距，增加农村地区学校数量、改善农村学校的基础设施等硬件条件。教师是欠发达地区学校教育发展的关键，因此，需要加强教师队伍建设，保障教师资源的公平配置；进一步完善教师人才培养引进政策和保障机制，吸引更多优秀、有才干的教师扎根于基层。其次，大力推动教育信息化建设。教育信息化是实现教育资源流动、教育资源共享的有效手段。拥有优质教育资源的学校，可以借其向偏远地区输送教学内容。为深化教育信息化，政府不仅要推动信息技术发展，为信息化教学提供技术支持，还要培训专业信息化教学教师，完善激励机制以缓解一线教师的负担。通过进一步推广应用教育信息化，可以扩大优质教育资源覆盖面，缩小区域、城乡差距，大力促进教育公平，助推脱贫攻坚，让中国所有的学生能在同一片蓝天下共享优质教育、通过知识改变命运。

（二）构建社会支持系统，提升抗逆力水平

农村和城市学生在学习态度适应上无显著差异，表明农村学生在主观

上也拥有较为端正的学习态度，但整体农村学生学业压力大、抗逆力水平低、学习适应差，这些也可能更多受到外部因素的影响。农村学生多为留守儿童，家庭教育相对缺失，生活环境相对较差，外部支持系统不健全。社会各界应协调发展，提高农村学生的社会支持力。如在各村、各社区建立青少年心理服务中心，通过宣传心理健康知识、走访留守儿童家庭、结对互助等多种形式构建起农村初中生的社会支持系统；也可以通过建立寄宿制学校，在提供便利条件的同时进一步丰富其校园生活，使农村初中生感受到更多的来自教师、同学的支持。

调查发现一个特殊群体——农村借读生，他们并非在农村地区就读，而是因跟随父母外出务工在城市中学借读。农村借读生由于最终仍需回原籍参加中考，校园归属感低，人际关系困难，带来一定的学业压力。研究表明，借读生在学习焦虑、孤独倾向和自责倾向方面与正取生存在显著性差异，这种差异主要来自学校对待他们的态度，借读生的家庭教育以及自身认知能力的发展。[1] 因此，社会各界应共同努力，为农村借读生构建社会支持系统。除了均衡城乡教育发展水平，吸引农村学生就近入学，政府应加强学籍管理，出台便于农村借读生就读的政策；各学校应尽可能同等对待，引导借读生融入班集体，使其有归属感。

（三）改革教育评价体制，缓解升学压力

学业压力五个维度中，期望压力的平均值最大，其次是竞争压力。这表明初中生承受着一定程度的期望压力和竞争压力。出现这一现象的原因是高考压力向下传导，社会过度关注中高考，教师、学生、父母都抱有升入重点院校的强烈期望，加剧了竞争。当今社会，持唯分数论、唯升学论观点的大有人在，高考仍然是改变命运的唯一选择，千军万马过独木桥的现象仍然存在。有的用人单位一味要求“985”“211”“双一流”高校毕业生，使“文凭至上”成为学生和家长不得不崇奉的信念。这是目前我国基

[1] 甘诺，陈辉. 借读生与正取生心理健康状况的调查研究［J］. 上海教育科研，2001（6）：32-34.

础教育的一大弊端。虽然近年来一直在推进教育改革，大力发展素质教育，但升学评价指标仍以分数为主。处在这样的社会氛围下，初中生面对中考压力和下移的高考压力，学业压力较大，继而引发一系列心理问题。由此，深化教育评价体制改革迫在眉睫。政府应继续推进多轨制教育评价体系的建设，提高职业教育等不同渠道在升学体系中的地位，提供给学生更多选择，培养技能型、学术型的不同人才。目前，自主招生逐渐取消，“强基计划”出炉，选拔综合素质优秀、基础学科拔尖的学生，受众群体大大增加，这一举措为成绩优秀但缺乏资源的寒门学子提供了新的机遇。此外，职业教育仍承受着较大的偏见，高技能人才的市场需求率较高，技工类学生的就业前景广阔，但家长、学生却仍持有对工人的刻板印象，认为工人是下层、不光彩的劳动者，将职业教育视为迫不得已的最后选项。因此，政府应推动职业教育发展，教育资源适度向职业教育倾斜，保障教学设施等硬实力，提高师资、课程教学等软实力；增加校企合作，为职业院校学生提供保障和发展空间。通过大力发展职业教育，改变社会的刻板印象，引导更多学生选择感兴趣又适合自己的职业教育。职业教育和普通教育并轨发展，为学生提供多种成才途径，如此一来，为追求升学而增加的学业压力就会逐渐转化为追求个性发展和能力提升的内在驱动力。